THE WORLD AT MY FEET

慕景强 著

脚下的世界

中南大学出版社
www.csupress.com.cn

2015清明浙江开化越野跑

2015上海马拉松

2015浙江义乌半程马拉松，作者(左一)的首马，左二行云，左三野狼

巴黎塞纳河畔晨跑

参加单位组织的钱塘江边跑步活动

盛夏环跑西安古城墙

浙江兰溪乡村马拉松途中(右,作者;左,跑友邢老师)

清晨的巴黎卢浮宫广场

法国阿维尼翁古城外的跑步者(作者夫人)

法国阿维尼翁古城郊外晨跑

巴黎凯旋门前香榭丽舍大街

巴黎埃菲尔铁塔前跑过

法国尼斯海边英国人大道晨跑

法国马赛海边晨跑，远处是伊夫岛

墨尔本晨跑回来同学家门前留影

悉尼慈善跑途中风景,远处是歌剧院和海港大桥

冬天的墨尔本菲利普湾

晨跑澳洲凯马(Kiama)小镇海岸

跑过悉尼歌剧院

澳洲东海岸湖区(Lake Entrance)晨跑海岸风光

澳洲东海岸湖区(Lake Entrance)晨跑海岸风光

跑步广州珠江南岸

跑过杭州西湖长桥

2015香港马拉松三人组(从左至右：作者、丘丘、勤勤)

2015广州马拉松跑过猎德大桥时拍摄的风景

2015浙江德清青梅竹马(作者夫妇)

2016武汉马拉松之黄鹤楼前留影

跑步阳关

作者夫人晨跑上海长风公园

晨跑重庆朝天门码头

与同学在大连马拉松起点

跑步意大利威尼斯所见风光 ——运河

意大利威尼斯Lido岛荒凉的海滩

跑步所见意大利威尼斯风光 ——面具

跑步所见意大利威尼斯风光 ——贡多拉

佛罗伦萨古城东门　　　　佛罗伦萨古城北门

佛罗伦萨古城西门

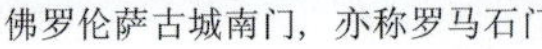

佛罗伦萨古城南门，亦称罗马石门

大雨中晨跑意大利佛罗伦萨留影，流浪汉帮忙拍摄，不甚清晰

晨跑罗马之台伯河天使桥

晨跑梵蒂冈圣彼得大教堂广场

清晨跑过罗马西班牙阶梯的身影

晨跑罗马大竞技场

晨跑罗马斗兽场

作者日常跑步路线——钱塘江四季日出风景

2015清明浙江开化越野赛奖牌

2016苏州金鸡湖半马奖牌

2015浙江莫干山红叶越野赛奖牌

2015杭马奖牌

30 YEARS

Level Ⅰ Professional Running Coach

Mu Jing Qiang

IS RECOGNIZED AS HAVING COMPLETED ALL REQUIREMENTS OF THE RUNNERS SERVICE LAB COACHING EDUCATION LEVEL Ⅰ PRC PROGRAM IN CHINA AND IS ENTITLED TO ALL THE BENEFITS AND PRIVILEGES APPERTAINING THERETO.

runners SERVICE LAB Founder

runners SERVICE LAB

Valid From 31th, Oct 2016 to 31th, Oct. 2017

RSLab Ⅰ级教练证

序

放下手机，去空气里跑跑

冯唐

跑步：

我中学的同桌一直生得壮实，以前常住美国，最近常住北京，常运动，总发给我各种她跑步的路线图，路线图总在我生长的垂杨柳附近，总说一起去跑步，毫无私情，仿佛小时候在八十中、三里屯附近溜达。有次我正巧在，于是一起去，从广渠门向南，沿着护城河外圈跑到永定门，再换到护城河内圈折返，一身汗让我又一次深切地体会到跑步的好处。

跑步，你救过我两次，如今是第三次救我。

第一次是在小学。我从小多病，小学三年级之前总被父母带着去复兴门附近的儿童医院，那个儿童医院很大，后来我熟悉得常常指点父母哪里是哪里。小学三年级之后的一个班主任很严肃地和我谈，身体这样下去不行啊！我说，这样，以后我走路的时候就跑，一路小跑，跑习惯了，身体或许就好了。后来，我就严格执行了，从小学门口到我家，跑十分钟，我书包叮当作响，我跑上三楼，跑进家门时，我爸炒的菜就上桌了。我爸说，他一听到我书包的响声就葱姜下锅，我跑进家门，菜就刚熟。我跑去报亭买报，我跑去副食店买散装白酒，我跑去工厂洗澡，后来，我真不用去儿童医院了。

第二次是在军校。我在念北大之前，在信阳陆军学院军训了一整年。到军校报到的时候，我一米八零，一百零八斤，一年之后，离开军校的时候，一百五十斤。在军校，每天早上六点起，跑半小时步，再吃饭，每顿早饭两个馒头，每个馒头比我脑袋都大。

一年军校的底子让我吃了二十年，这二十年的运动只有念书、思考、饮酒、写作、开会、坐车、乘机。我到了四十岁前后的时候发现，底子吃没了，再不锻炼，再不用“你”，身体就不行了。还是一百三四十斤，但是和以前的分布不同了，二十年前是一棵树，抵抗万有引力，昂扬挺立，现在是一口袋劈柴，顺着万有引力，就坡下驴。还是念书、写作，但是两三个小时之后，腰背就痛得叫喊，再也没有物我两忘、晨昏恍惚的状态了。

所以又想起在过去救过我两次的“你”，重新开始跑步。随身的行李箱里永远放一双跑鞋、一条短裤、两件换洗的圆领衫，我继续原来的野路子，按照以下五个原则跑步：

第一，敢于开始。和写作一样，最难的是开始。开始是成功的一半，挤出一个小时，逼逼自己，放下手机，去风里跑跑，风会抱你。

第二，必须坚持。又和写作一样，不想再继续的时候，再坚持一下，会越跑越轻松。听各路“神仙”说，如果想有效果，至少跑半个小时，最好一个小时。

第三，忘掉胜负。又和写作一样，本来就没有输赢，不和这个世界争，也不和别人争，更不要和自己争。争的结果可能是一时牛逼，也可能是心脑血管意外，后者造成的持续影响大很多。

第四，享受成长。跑起来之后，会很快发现，渐渐地，一千米不是问题了，渐渐地，三千米不是问题了，渐渐地，一万米不是问题了。身体很贱，给它足够时间适应，它就能干出很多让你想不到的事儿。又和写作一样，三年一本书，十几岁开始写起，四五十岁的时候，你就写完了十本书。

第五，没有终极。又和写作一样，涉及终极的事儿，听天，听命。让自己和身体尽人力，其他不必去想，多想无益，徒增烦恼。

在这五个跑步原则下，你给我带来十个好处：

第一，欣快。肉体运动，肌腱伸缩，坚持一段时间，内啡肽和多巴胺分泌加强，不用药品不用酒精，自然欣快。

第二，甜睡。跑到量之后，身体持续微微热，倒头便睡，一觉到天亮，做梦都梦到睡觉。

第三，能吃。跑完之后，洗个澡，真饿啊，上菜之前恨不得把筷子当成竹子吃了。等菜上来，狂吃，因为跑步已经耗掉了好几百大卡，心里毫无压力。

第四，能瘦。规律跑步之后，体重能抵抗年岁的压力。人过了四十，很多事儿逐渐看开，但是一觉儿醒来，发现腰身还能套进大学时代的牛仔裤，还有肉眼可及的髂骨和腹肌，还是会开心地笑出声来。

第五，去烦。与其一起搓饭，不如一起流汗。年纪大了之后，聚在一起常常不知道说些什么，尽管没去过南极，但是也见过了风雨，俗事已经懒得分析，不如一起一边慢跑，一边咒骂彼此生活中的奇葩。

第六，感受。航空业的确已经很发达了，行万里路不再是牛逼的标准之一，但是很多小时候走过的路我们还没重新走过，和读老书一样，再走一次，再跑一次，很多复杂的感受会超出语言表达的极限。另外，很多小时候没走过的路还是该走。尽管生长在北京，但北京很多好玩的地方我还是没去过，所以找个晴天，跑十公里，去牛街吃羊杂。

第七，充电。长期写作一次次地提醒我，不跑步不行了。如果一天写完五千字，不跑一小时，第二天便完全写不出蹦蹦跳跳的段落和句子了。四十岁之后的春节，我只做三项运动：写作、跑步、陪父母吃饭听他们骂街。

第八，放下。跑步能让脑子暂时停止思考，把脑子的闪存清空，绝大多数的纠结抹平。如果还放不下，就再跑五公里。放下之后再拿起，心神中会多出很多新意。

第九，偶遇。我在跑步中遇上过黑莓、很多毛的狗、不知名的花、不知名的面目姣好的女子。

第十，独处。没有其他人、没有经常看手机的一个小时，胜却人间无数。

跑步，谢谢你。

自序

跑步元年叙事

慕景强

第一次知道叙事研究是在华东师范大学的课堂上，那还要回到略有些遥远的2002年，主讲人是拥有众多“粉丝”的“学术男神”（当年还没有这个称呼，现在写来也只有这个词可以达意）教科院院长丁刚先生。每次课上，我们有限的几个学生坐在教育系小楼的教室里听丁刚叙述自己的和别人的教育故事，课间休息时，吸烟的学生则和老师互相敬烟，亲密无间。

这门课程我学得并不好，好在丁老师仁心宽厚，我只是以一篇《叙述我自己的教育故事》交了作业，其实完全不得“教育叙事”之法。唯一的收获是利用作业之机我系统地回顾了自己中小学的教育历程，装模作样地分析了一番，稿子至今还在我的电脑里，成为真正的历史资料了。

研究方法上，我们大都很熟悉量的研究，也就是通过测量、计算和分析，以求达到对事物本质的把握。相对应的还有“质性研究”，我所学的叙事研究就是质性研究的一种运用形式，具体应该叫“教育叙事研究法”，教科书上的定义是：教育工作者——教师以叙事、讲故事的方式表达对教育的理解，就是通过教育教学主体——教师的叙说来描绘教育行为、进行意义建构，并使教育活动获得解释性的意义理解。它一般不直接定义教育是什么，也不直接规定教育应该怎么做，只是给受教者讲一个或多个教育故事，让受教育者从故事中体验教育是什么或应该怎么做。多数情况下，该方法是教师本人采用讲故事的方式叙述自己的教育经历和体验，其实质是反思自己的教育教学实践，以叙事的方式反思并改变自己的教育教学生活。

其实，教育案例研究法、教育个案研究法与教育叙事研究法非常接近。我这里之所以扯上这么多叙事研究的往事，主要是想说明，这本书要做的是一件“跑步叙事（研究）”。时间就锁定在2015年3月1日开始之后的一整年。

为什么要专门研究2015年的跑步呢？难道仅仅是因为那一年我开始跑步了？

不尽然。

2015年在中国跑步（马拉松）运动发展史上是具有重要意义的一年，我把这一年定义为中国的跑步元年。（似乎也有其他跑者有过这个提法，我不确定是否我是第一个，如果有人早于我，这也并非抄袭，跑者所见略同罢了）

为什么说2015是跑步元年？下面用数据说话。

先看国家的官方统计：

2015年全国马拉松赛事数量和参赛人数实现了爆炸式的增长。在中国田径协会注册备案的马拉松及相关运动赛事达到了134场，较上一年增长了83场，增幅超过160%，其中全程马拉松53场，半程马拉松43场，10公里赛事13场，百公里赛事4场，其他距离赛事12场。全国马拉松赛事数量从2010年的13场到2015年的134场，5年间增长了近10倍。

从覆盖区域上看，马拉松赛事已经涵盖了全国23个省和4个直辖市自治区的79个城市，较2014年增加了34个城市。全国已有84%的省区市拥有1场或多场马拉松赛事。2015年150万的参赛人数也涵盖了国际上近90个国家与地区和各行各业的长跑爱好者。从总体上看，无论是覆盖面积还是参赛人数都有了大幅度的增加。

2015年电视直播的马拉松赛事超过50场，其中22场赛事由中央电视台转播，30多场赛事由地方电视台转播。同时进行网络视频直播的马拉松赛事也超过30场。

2015年，中国马拉松在取消了赛事审批的同时，坚持放管结合，马拉松行业规范进一步加强，马拉松赛事的品质也得到了稳步提升。2015年全国获得中国田径协会金牌赛事的有15个，银牌赛事13个，铜牌赛事23个。继北京、厦门、扬州、上海马拉松获得国际田联金标赛事，东营及兰州马拉松分获国际田联银、铜标赛事外，重庆马拉松也首度荣获国际田联铜标赛事。

以上数据信息引自中国田径协会官方网站，这只是官方登记注册的数据，还有庞大的未注册、民间赛事呢。因为从2015年开始，国家取消了马拉松的赛事审批，就以笔者所在的举办赛事最踊跃的浙江省为例：2014年，浙江人数上千的跑步比赛只有个位数，而到了2015年，浙江的越野、马拉松赛事就达到了71场。不光在城市举办比赛，就连乡镇也在举办比赛，比如笔者本人就参加过兰溪乡村马拉松、杭州民间马拉松之类的多场赛事。2015年路跑很热门，就连笔者所在的单位也开始组织了，虽然只是5公里沿江（钱塘江）跑。

跑步元年，我个人的跑步叙事有什么意义呢？

其实我本人是比较反感凡事都要追求意义，比如挂在嘴边的现实意义、历史意义、政治意义、革命意义……我们也经常被问到旅行的意义、长征的意义、生命的意义……这类问题特别多地出现在政治、历史、地理类课程的考题中，也就是说从上学开始几乎每张试卷都有关于追寻意义的若干考题。

除了过“有意义”的生活，我们可否也追寻一种“无意义”的生活或者活动？不是生活本身无意义，而是不那么功利地凡事都去要追求个意义或者目的，认为达不到预设的目的或者意义就是失败的。这样的话往往是还没开始就背负上意义的负担。

跑步，有什么意义？

伤不伤关节了？瘦不瘦小腿了？会不会晒黑了？什么时间跑好呢？跑步要吃些什么了？跑步要先迈哪条腿了？是脚尖先着地好还是脚跟先着地好呢？是操场跑好还是公路上跑好呢？哪个牌子的鞋好呢？跑步能不能找到男朋友啊？马拉松会不会跑死人啊……

我只想说，提出这样问题的人太累了，等论证完该不该去跑步黄花菜都凉了，你先纠结吧，我去跑步了。

事情很简单，为什么不跑出去试一试？跑步又不是让你上战场有可能有去无回，跑个步想那么多干嘛。

但对于一些无意义不欢的读者，我还是尝试列出几条我这本跑步元年记录的意义。

1. 个人跑者视角的中国跑步元年历史记录

2015 年是中国的跑步元年，这是可以充分证明的。将来肯定有官方修史记录中国发生的跑步盛事，中国的跑步史是由成千上万个普通跑者组成的，个人视角的忠实记录是中国跑步史必不可少的组成部分，也会为宏观叙述历史提供佐证和补充。本书就是这样一种跑步的个人记录。

2. 普通跑者的成长案例——健身最佳方式之一

跑步是最佳的有氧运动之一，相对于另外两种(单车和游泳)，跑步更易于入门执行，很少受场地和器材限制并且易于上手。本书忠实地记录了作者由一个最初只能跑几百米到最终完成全程马拉松的蜕变历程，在保持健康体魄的同时，结交了多方朋友，丰富了业余生活，亦促进了工作。

3. 运动健身——初跑者的个人锦囊

作者的切身体验是：在每一次跑步日记(记录)之余，也就是每一次跑步活动之后，无论是日常训练还是马拉松比赛，都在末尾总结出一些心得，或者说是跑步小贴士，短小精悍，范围、内容几乎涵盖了初跑者可能遇到的所有问题，包括技术的、心理的、装备的、营养的等。

4. 跑步——新的旅行方式

一直以来，传统的旅行方式有骑车、徒步、搭车、飞机、火车等，作者开创(并非首创)了旅游的新方式——跑步去旅行，跑步既是旅游方式，又是旅游内容。背包里必带的行李是一双跑鞋，以跑步的方式去游览、观察、体验当地生活，看不一样的风景，体验别样的人生。本书还提供了一些城市的跑步路线。

5. 跑步——当今最时尚的运动

跑步不仅是环保健康的运动，更是一种时尚的运动。众多影视节目都聚焦跑步，众多时尚大咖、金融、企业名人、政界要员也纷纷加入跑步运动。特别是马拉松，前些年除了专业运动员外，跑步几乎是老年人或者说是成年人的专利，现在参与群体呈现平均化，各个年龄段的都有，特别是年轻一族，跑步已经成为一种时尚，谁的衣橱里如果没有几套跑步服那就是落伍的标志。运动装备品牌几乎都增加了跑步系列。

决定开始跑步那一天并不是个十分适合跑步的天气，有当时的跑步日记为证：

2015 年 3 月 1 日　晴　轻微霾

学校开学第一天，新学期有新面貌，加之春节期间跑了几次，感受到乐趣，决定从开学第一天开始加入跑步一族。

计划先从 3 公里起步。

下班后，到旁边理工大学运动场跑步 5 圈(400 米一圈，标准田径场)，运动场距离家中小区 500 米，往返路上一直跑刚好 3 公里。

专业装备没有，只是普通运动鞋、长衣裤(天气原因)。一圈不到，气喘得厉害，速度很慢，勉强坚持下来。

只因为那一天是寒假后开学第一天，一直在学校工作的我对这个日子很重视(也包括 9 月 1 号)。当天记录文字很少，看得出体感并不好，也没有心情写太多，因为第一天的跑步并非愉悦的经历。

第二天的日记文字更少：

2015 年 3 月 2 日　雾霾　轻度污染

下班后坚持跑步 3 公里，嗓子难受。运动场能见度不高。

也就是从第二天跑步以后，开始关注空气质量预报，下载 APP，之后每次跑步之前查看 PM2.5 值成了必需，其实有些时候很明显空气质量不错，就不用查询了。关键是有些灰蒙蒙的时候，给自己一个佐证，轻度污染就不出门跑了。一般时候，一周之内仅有 4 天可以勉强锻炼。

写这篇序时，已经过去一年多了，但我依然清晰地记得理工大学操场上那个跑得很慢的女学生，确切地说是那个女学生的背影，因为我一直没追上。

我当时给自己定目标，跑步一周后增加到 5 公里。第一周，速度极慢，看着运动场上的学生，特别是一个亦常来跑步女学生，明明看起来跑得很慢，自己在后面跑起来就是追不上，可见自己有多慢。

自序：跑步元年叙事

第一次动了跑马拉松的心是2015年3月9号，那一天我记载到：

2015年3月9日　晴　星期一

新一周开始尝试5公里跑步。运动场10圈，加小区往返运动场共计5公里。

今天浏览爱燃烧网站，看有没有合适的比赛，发现正在报名的离杭州最近的比赛是4月19号的义乌马拉松（半程）。虽然自己现在跑5公里都吃力，但想想，如果坚持不懈，离比赛还有一个半月，是有希望完成比赛的，关门时间3小时，应该可以。

于是，果断报名，我要跑人生的第一个半程马拉松。

家人听说之后都说我疯了，说没必要挨那个累。

那一段日子异常关注空气质量。三月也是杭州空气质量最差的日子，雾霾成了常客。偶尔还有PM2.5指数超过200的重度污染，根本无法开窗，更别说出门跑步了。

有些时候只能晚饭后强行夜跑理工大学的运动场。

为啥说是强行呢？因为天气有些不允许，轻度霾是有的，可霾也挡不住一颗要跑半程马拉松的心。操场上不怕死的人很多，也有带孩子来散步的，无视路灯下远处已经模糊的凯恩大酒店的霓虹灯。

我的首个半马——义乌半马在我的跑步叙事里没有显示，原因很简单，自以为是地训练准备，最后靠毅力完成了比赛，成绩2小时9分。加之不懂得赛后拉伸，以及排酸，导致后来一周都腿部不适，特别大腿酸痛，上下楼梯尤其困难，也没心情详细记录。后来当我系统地学习了跑步知识后，也开始做私兔带朋友跑步时，特别注意讲解首马的赛前赛后注意事项。这些经历是一个跑马的人必不可少的。

首马之后，我的跑步理论、跑步实践，特别是跑步故事也逐渐丰富起来，本书中也多有表现。一年中，前后积累了20余万字的资料，都是严格按照跑步时间的先后顺序排列，每篇日记有一个概括主题的标题，120余篇日记中，去除一些日常晨跑训练多有重复的内容，最终保留了89篇日记。严格按照时间分为春夏秋冬四个部分。也就是说，本书分成四个部分，有跑过四季的寓意。

当跑步成为旅行方式，我们会看到哪些不一样的风景？

当每一座旅行城市我都跑步逛过，那是一种怎样的体验？

当跑步成为身体的必须，我们的生活又会发生怎样的变化？

当每天都能在跑步中看到日出东方，我们会有怎样的心情？

当跑步成为约会的前提，那将会是怎样的生活节奏？

当跑步成为聚会话题的中心，那将会是一个怎样的圈子？

当身边不断有人因你加入跑步健身队伍，那是怎样一种欣慰？

当跑步……

这是一种怎样的跑步人生？

以上所有问题，本书告诉你。

至于本书的书名，脚下的世界，其实写这篇序言的一年前我就已经确定，有当时的日记为证。

2015 年 8 月 15 日　广州　阴雨 25℃　机场

15 天的行程，说长不长，说短不短，但感觉是匆匆而过。

墨尔本回程广州很顺利，预料中的准时。

广州转机杭州，也是一如既往的，预料中的延误。无聊等飞机的时候翻出了前几天买的那本澳版英文书 *The World at My Feet*，我翻译成《脚下的世界》，或许将来我可以用这个名字写一本书。书的作者 Tom Denniss 就是澳洲人，622 天跑了 26000 公里，成为最快环跑地球的人。测算下来，每天至少一个马拉松的距离，况且还包括极热、极寒天气，包括安第斯山翻越等艰苦条件。

书上信息透露，跑步界牛人太多，早之前就有多人环跑地球，还有女汉子，Tom 是用时最短的。Tom 本身就是运动员出身，马拉松个人最好成绩是 2 小时 49 分。

看大神的神奇事迹，自己也只能神往，无法复制，我也没有复制的想法。马拉松毕竟是个极限运动，并非人人适合。“人的一生一定要跑一场马拉松”之类的励志鸡汤背后大都是显而易见的商业目的。跑步终究只是一个健身方式，不是创纪录的工具。

跑步看风景，世界大不同。

飞机也从南半球飞到北半球，舷窗下的澳洲大陆、太平洋、马来群岛美丽异常。

2016 年 10 月 9 日　重阳日　于杭州

目　录

跑过四季——春

一、香港　星光大道——跑步维港，电影不再是唯一

2015 年 3 月 28—29 日　香港　晴

42 岁的我端坐在港铁普通车厢里。长长的车身穿过重重的并不险峻的山谷，蜿蜒着向九龙半岛挺进。3 月浸润肌肤的雨雾，将山川涂得一片浓绿。过了九龙塘，转观塘线进入地下，瞬间开始拥挤，其中有拿着免费繁体字版报纸字里行间寻找什么的老人，有挎着公文包穿着干练执着于手机的上班族，还有表情肃然眼睛乱转的初次来港者。这里很少有人聊天说话，每到一站，下去一批，马上又上来一批，以及倏忽闪过的地铁站台内广告板等一切的一切，看上去竟同岳敏君那些让人抑郁的人物群像画一般。罢了罢了，又是香港，我想。

作为自诩的资深影迷，已经连续第二年来香港参加电影节。上海电影节就不用说了，每年必到，每次至少看 10 部影片。香港电影节是迄今为止我唯一可以几无禁忌地接触境外最新影片的机会（语言障碍等各种原因，还没有考虑戛纳、柏林、威尼斯等知名电影节），但是也只能利用周末疯狂看上两天，所以一般都是饥不择食的状态。

今年也不例外，我早早就订好了宾馆。综合考虑看电影、交通、经济等方面的因素之后，我预定了旺角新天地酒店，这个酒店不仅离旺角地铁站非常近，而且离朗豪坊（去年电影节在此看了几部片子的电影院）也近。

28 号自罗湖口岸入境香港后，我轻车熟路地来到新天地入住，然后便是电影盛会，不细说。今年的香港行除了电影，还计划增加新内容，那就是最近上瘾的跑步。

3 月 29 号一早，5 点多钟，夜场电影也没有耽搁我起床跑步的生物钟。穿着一身跑步装备，我轻手轻脚地出了酒店大门，不想惊醒还在“值班”的前台。

我早已看地图研究好线路，旺角到维多利亚港不过地铁三站路，是最佳的跑步距离和路线，顺便还可以逛一下早晨的维港和星光大道。

出酒店门右转再左拐上了上海街，一路向南慢跑预热，香港街道很狭窄，正街虽稍宽，虽然时间尚早很少有机动车，但不敢也不应该去跑步，只能沿着更加逼仄狭窄的人行道前行，路上只有清扫垃圾的人已开始工作，偶尔某个街角和房廊下还有流浪汉在酣睡，不注意就会踩到别人。当然也有另一特色行业依然营业，这一行业在这一带街边像集中经营一样，粉红色调暧昧的灯箱、橱窗在已然晨曦洒满的街上特别亮眼，诱惑依然。它们多是在楼道口，往里面看则是狭窄的楼梯，向上或向下通往地下室。楼道口矮矮的椅子上翘着腿坐着的则是衣着有些

暴露的女孩，我要稍微避一下才可以安全通过。灯箱上有广告，多是港式表达：大波北妹、清纯学生妹等。看到这些我立马想到的就是达斯汀·霍夫曼主演的电影《毕业生》的海报。

心猿意马中，跑过上海街，拐上钵兰街，穿过庙街。清晨的庙街一片寂静，没有了电影中的嘈杂。过了庙街拐上弥敦道，弥敦道是九龙主干道，人行道也相对宽敞些，但我一路几乎没有碰到晨起锻炼的人。难道我是一个另类？是我起早了，还是跑步地点不对？

疑惑间，过了地铁佐敦站，前面一条大马路就是柯士甸道，这也是一条主干道。等候红灯时，我继续小步颠着，跑步不能停，遇红灯最好原地跑。

再往前继续跑，忽然右边一个门牌吸引了我——尖沙咀警署。仔细看了下，门面不大，院子空无一人，里面应该有值班的人。初入贵帮地界，不熟悉路数，也没敢拍照，怕电影里的镜头重现。这是闻名天下的香港警匪片中最常出现的警署之一，不知当年发哥、狄龙、李修贤、成龙他们是否真的在这里拍过电影。

香港不大，九龙半岛就更小，转眼间，过了警署就是尖沙咀商业街了，我无法相信这就是昨晚灯红酒绿、摩肩接踵的尖沙咀，各路国际大牌都很落寞，角落里是流浪汉的天堂。

在新鲜的路上跑步很少疲劳，因为大脑不时被眼前的新鲜景物所刺激，会冲淡跑步惯常的重复疲劳感。在半岛酒店入地下通道，穿过梳士巴利道就是维多利亚港湾景区了，这里有电影胜地，每年香港电影节举办的主会场之一——香港文化中心、太空馆等，当然还有著名的星光大道，这就是我今早跑步的目的地。

星光大道是跑步胜地，也是港人最常晨练的地方之一。我赶到时六点一刻的样子，大道上跑步的人已经有一些了，独自跑步的比较多，看来跑步是更适合一个人的健身方式。往右拐是天星轮码头，距离太近，咫尺之遥，于是我向左转弯，也就是向东，沿着星光大道跑。

天阴，没有日出盛景，维多利亚港似乎也刚刚醒来，只有几艘货轮经过。我对星光大道已经非常熟悉，地面的手印、地上的雕塑、摄影的场景、李小龙的截拳道，这么早，已有游客在拍照留影，我不停留，径直向东。跑步已近40分钟，进入最佳状态，身体发热，精神亢奋，不愿停步，步伐也进入机械匀速状态。出了星光大道继续沿着海湾跑，估计一公里左右，到了尖东码头，脚下的路变得复杂，似乎前面也偏离了海湾，估计看不到海景了，于是返回。

返程走新路，出了文化中心那个地下通道，拐向人们喜欢在此排队拥挤购买奢侈品的海港城，跑过海港城右转进入九龙公园，公园里有天鹅和百鸟园，在公园一处高地上晨练的人非常多，一如内地的公园，只不过相对小一些罢了。公园在中心偏北位置修了盘旋上山跑步道，适合跑步者练习上下坡，山虽不高，但跑起来也很锻炼人。

返回的路已经不那么顺畅，行人渐多，为安全着想，不敢再左顾右盼。为免麻烦，直接从上海街跑回驻地——旺角新天地酒店。

夫人刚起床，今天的电影节时间才刚刚开始。

酒店楼下不远就是一家翠华餐厅。

小贴士

海港城二楼运动城内有跑鞋专柜，品牌云集，某些原因无法进入大陆市场的Brooks跑鞋此处有卖。本人不能免俗，电影间隙，逛海港城，入手心仪已久的Brooks跑鞋两双，平路和越野各一。

二、浙江　开化——百马人生

2015 年 4 月 4—6 日　浙江衢州开化　风　大雨

下淤村口前有两块地，一块地种的是油菜，另一块地种的也是油菜。

我选择了住在音坑乡下淤村的农家乐，而不是组委会安排的开化县城的新东方大酒店，因为比赛不是唯一目的，最大限度地亲近自然，接触油菜“花海”才是吸引我报名的最初动因。

我是冲着“穿越花海，奔跑开化”这一宣传口号来参加“开华农业杯”2015 开化国家公园越野赛的。虽然从年 3 月开始已经断断续续练习跑步月余，但加起来也不过跑了十几次，在此之前从没有参加过任何跑步比赛，十足的菜鸟一个，所以只是报了 10 公里组(还有 20 公里组)，纯粹是抱着看风景的目的。

严格来说，入住地并非传统意义上的农家乐，应该叫村办农家乐，因为不是住在村民家中，而是住在由村委会统一管理的“村办招待所”，虽然在村里，也和村民房屋在一起，但是总感觉缺了些什么，可能是因为一楼那个宾馆式的吧台和穿工作服的工作人员，而不是纯正农家乐女主人边在厨房忙着切菜边招呼客人入住的场面。

房间倒是蛮干净，一如这山清水秀的开化乡下。同屋的阿亮早已登记入住，我们之前 QQ 联系过，但也只知道名字。走进房间时，阿亮正戴着耳机，听着手机里的音乐，打理自己的参赛包，铺满了一床的装备看得我有些眼晕。看我进来，他摘下了耳机，打过招呼。

阿亮是广东人，我也理解了之前 QQ 联系时为什么说叫他阿亮即可。阿亮很阳光，身材修长，长相帅气，声音洪亮，不说话还以为是北方人。阿亮用典型的广东味普通话告诉我，他现正在广州某大学读大三，最喜欢跑马拉松，喜欢全国各地去跑，经常利用寒暑假、课余时间到处报名参加跑步、越野赛。阿亮这次在开化报的是 20 公里组，从号码布上看得出来(不同组别颜色不同)。

阿亮很健谈，我坐下来听他的跑马经。对于我这个菜鸟，他说的一切都那么新鲜，以前对于跑步的认知都来自于网上，这次终于有了一个真正的几乎跑遍国内知名马拉松的大神坐在我眼前，当然是要取一下经了。

阿亮称呼我为慕老师，显然，在跑步方面，阿亮足可以做我的老师。

让我惊讶的是，阿亮这样一个见过大阵仗的人怎么会从广州赶来浙江开化参加这么小的一个越野赛，阿亮回答是“穿越花海”吸引了他。马拉松、越野赛经常在风景绝佳的地方举办，这给跑步增加了新的内容——到一地跑个马拉松，顺便旅旅游。

阿亮细数国内马拉松，如数家珍般，北马（北京马拉松）、上马（上海马拉松）、杭马（杭州马拉松）、厦马（厦门马拉松）……还说他在上马跑出了个人最好成绩，全马（全程马拉松）进入了4小时以内，并引以为傲。关于半马（半程马拉松），我说自己可能会去尝试，阿亮说扬马（扬州马拉松）只有半程最有名因为它是经过国际田联认证的……

我不时插话，问些初级问题，阿亮则不时蹦出一些我不懂的专业词汇，什么配速、腹式呼吸、极限状态了……

阿亮还向我展示他的装备：跑鞋、跑步专用表、太阳镜、弹力腿套、能量胶、盐丸等，看得我眼花缭乱，听得我云里雾里。当然，阿亮讲的最多的还是各地跑马见闻和每一个马拉松的特点，或许在普通人眼里马拉松都是一样，42.195公里，跑完就是。而在阿亮眼里，每一地马拉松都有十足的当地特色，除了风景、美食，还有当地的风土人情。

这个阿亮不简单！

昨天一场大风雨将照片上宣传的开化漫山遍野的油菜花海几乎悉数扫光。虽然没有了亮眼的黄，略有遗憾，但并没有削减阿亮的兴致，满眼绿色环绕的江南村庄更是别具风情。况且开化特有的美食——清水螺蛳还在纪录片《舌尖上的中国》介绍过，清水鱼还在，开化龙顶茶还在，而且明前茶正当时。

2015年4月5日 浙江衢州开化　晴

今天是清明节，今天是比赛日。

有人扫墓祭祖，有人度假郊游，我们越野长跑。

花海不在田野还在，虽没有了耀眼的黄，却多了养眼的绿。

早早起床，按照网上经验，提前两小时吃早饭，但对于习惯早起的我来说还是有空余时间的，因为比赛时间是9点开始，5点半起床的我还是有大把时间可以欣赏开化音坑乡下淤村的田园景色。

下淤村就在河边，前几日大雨的洗礼后，河边大片的油菜花田已经变成绿色，偶尔有顽强的几点黄还在枝头，江南特有的晨雾弥漫江面，看不清远方，也看不见未来。一只小船突然就出现在眼前，有如从秘境中来，原来是起得更早的渔民，竹篙撑了几下，已然到了岸边，拴好缆绳，提鱼篓上岸，顾不得湿滑。我上前好奇询问收获，仅数尾大小不一的昂刺鱼，问后才知这是正常收获，方知自己昨天晚餐一盘吃了渔民一早的收成，对昨晚的价格也就释然了。

教条得很，赛事组委会要求7点钟准时到村中指定的农家就餐，虽然不是比赛专业餐，但稀饭馒头及当地特色包子也足以满足需要。餐后乘组委会大巴赶到出发点——村头镇孔山村，那里已然彩旗招展，人头攒动了。典型的江南山村景象：村头广场，一条小河，河边一棵巨大的百年古树，树下有祠堂。有组织的彩妆打扮的村民舞巨龙列队相迎，以龙为界，也就自然划分出了比赛组别：21 公里组和 10 公里组。

有拍照留念的，也有准备拉伸的，我们只有 10 公里，所以也没做什么准备，只是看大家准备，四处逛逛看新奇。

经过了一系列繁琐程式化的各级各类领导、赞助商代表讲话后，终于由一位大领导发令枪响。

比赛开始了。

人间四月天，春意正盎然。既然是越野，就不可能沿着大路跑，田野、山野，一场周边都是油菜花田的越野跑开始了。

田埂狭窄，平时一般仅容一人通行，起跑后几百人当然无法迅速进入，只好按顺序进入田野，那些想要成绩争名次的就有了不满，有的要晚十几分钟才到正途，加之前几天的大风雨，有些地方还很湿滑，无法发挥，可能这也就是越野的乐趣和特点，赛道无法预测，只能自己适应。

我和夫人同报了 10 公里组，即花海组，是来看风景的，也就不在意先后出发的顺序。跑跑停停，黛瓦白墙，古树溪流，绿野黄花成了我们的战场、拍照摆 pose（姿势）的战场和秀跑步姿势的秀场，姿势不好看，辜负了美景，重新跑过，再拍一次。忽然发现身后有好镜头，返回去再重新跑过。

沿途的村民极为热情，将特色节气食品清明果摆出来供大家随便品尝，香蕉、饮料、水更是几乎随时可以拿到，我们只有 10 公里，虽然以前从来没有跑过这个距离，但在不断变换的风景和不断翻新的特色吃食面前，还是觉得没怎么费力就快到终点了，路牌提示还有一公里，村头的大树已经可见，许多选手不想太早结束，已经在路边开始结伴拍照，摆各种 pose，邻近终点的油菜花田里还布置了许多玩偶、卡通形象。动画片《熊出没》的玩偶最讨人喜欢，与其合影要排队。没有争着跑向终点的景象发生，这里看不出比赛的氛围，只是到了最后几百米，围观村民呐喊声才刺激了大家做冲刺状跑向终点，过计时点后，工作人员马上善解人意地为你挂上完赛奖牌。

奖牌——我的第一块跑步奖牌，虽然称不上真正的跑步比赛，我和夫人用了一个半小时才把这 10 公里花海玩下来，但意义重大。

这开启了我的跑步时代，也开启了夫妻共同参加并完成比赛的时代。

奖牌极为漂亮，以开化地图为底，设计成叶子的形状，不似常见的或圆或方的奖牌。这样，我的奖牌库里也不再只有自行车比赛的奖牌，品种丰富了。

据组委会消息，这是国内首场以花为主题的越野赛，赛道全程设在油菜花田中（天公不作美，大雨浇没了）。

由于不在一个组别，场地也不在一起，比赛时我没有看到阿亮的影子。

比赛结束时，大家都在终点秀奖牌，摆 pose 拍照留念，组委会还设置了一块签名版，巨大的那种，许多选手都签名留念。这时，我看到了一脸轻松的阿亮正准备签字，便站在他身后没有打扰他，看他写什么。

“百马人生 ——小亮君 2015 年 4 月 5 日”

阿亮不假思索，很熟练地写下了这行字，看来经常如此写，或者早就打好腹稿。

“百马”？难道是一百场马拉松？

很显然是的。

一百场马拉松，一生，那是怎样的人生？

阿亮现在不过 20 岁，大学在读，我愣在那，看着阿亮签完字，放下笔，潇洒地转身离去，竟然忘了打招呼。

依稀记得昨天阿亮说过，他下月去参加扬马（扬州马拉松，5 月 17 日），是第几次参加我忘了。

赛后我带了些开化龙顶茶回杭州，但再也没有泡出开化的味道。很显然，开化龙顶离不开开化的山泉水。一如传说中的杭州龙井茶和虎跑的水。

开化回来后，几乎每次跑步我都会想起“百马人生”，本书截稿前，我也已经跑了两个“全马”了。

希望还能碰到阿亮。

小贴士

比赛顺便旅游是个不错的选择，如果能携家带口一起旅游最好了，有利于家庭和谐。建议选择风景秀美，非巨大城市举办的小型比赛，往返交通的便利性也是个考虑的因素。

三、杭州　下沙——晨跑遇大神

2015 年 5 月 13 日　晴

这是个下过雨的早晨，我躺在床上，听见一群野画眉在窗子外边声声叫唤。

一如既往，我起了床。

今天是嘉兴半马前的最后一次跑步训练，计划 8 公里。

出小区大门后跑向钱塘江边，不到一公里的样子，后面传来奇怪的声音，我以为是垃圾车，声音越来越近才回头看一下，原来是一个跑步的年轻人，明显是追着我上来的。用眼角余光打量，年轻人专业跑步打扮，脚上爱瑟士跑鞋，上衣是某马拉松的纪念衫，没看清。

打招呼后，我以为他会继续跑下去，因为看速度明显比我快许多，便示意他继续，我说我速度慢，跟不上，他坚持说：“没关系，带着你跑。”

于是我稍加快些，他稍放慢些，边跑边聊天。

这明显是一跑步大神的口气，说全马 3 小时多，经常在理工公园（我杭州家里小区附近的一个公园，靠近浙江理工大学，我们习惯称之为理工公园，其实官方名字是消防公园）练习跑步，有一些跑友，邀我以后也加入。

大神还说他今天是从高沙跑过来的，要沿江边跑一圈后再从一号路回去，我盘算了下，有 20 多公里，表示羡慕。他说：“很平常，我经常 20～30 公里的距离晨练。”

我另眼相看，也有些不信。

但我的速度确实跟不上，不一会就有些气喘无法聊天了，按照网上的跑步知识，跑步刚好能说话的状态是最佳的，于是我有意识地慢了下来，年轻人也跟着慢了下来，不一会，到了江边，我要折返了。年轻人继续沿江折向南。

我返回，继续用我自己的节奏。但刚才的几公里加速跑，已让我有些用力过度，毕竟今天只是计划慢跑，为周日的嘉兴半马做准备，没想到被年轻人搅了局。但愿不要影响到周日的发挥。

大神都有自己的跑步哲学，说起大神，不得不提长跑大神浙江人陈盆滨，就是那个 100 天连续跑 100 个马拉松的神人，他在第 50 个马拉松时，刚好跑到杭州。

惊叹于大神的体能与恢复能力，全马连续跑 100 个，难道他就不需要排酸吗？据网上消息，大神有专业的补给团队，当然跑后拉伸恢复也会有专人负责，记得陈盆滨大神还说，感谢某赞助商的营养调配，自己连续跑了几十个全马，体重竟然不降。第48天浙江海宁盐官开跑那一段的陪跑嘉宾是张朝阳，并以4小时54分53秒完成。张朝阳说这是他人生第一次全马，竟然也5小时内完成，令人惊叹。

身为搜狐董事局主席兼CEO的张朝阳也加入了跑步队伍，这足以证明这股跑步热潮之热的程度。据张朝阳自己说，他备战马拉松不到两个月时间，但已先后突破10公里、半马、30公里、全马。每天都跑7到10公里，提高得很快。“迷上”了跑步的张朝阳觉得跑步是一种生活的状态，这种状态在给他带来健康的同时，更能让他抵达哲学上的思考。

张朝阳表示，跑步是一种信仰，他的目标是在拉萨跑一次马拉松。

祝各位大神顺利。

小贴士

跑步是一个人的事，可以牺牲自己的训练计划陪比自己配速慢的跑友跑，为了乐趣或其他；但不能为了面子，打乱自己的节奏，强跟比自己快的跑友跑，达不到预期的锻炼效果，得不偿失。

四、浙江　嘉兴——没有粽子的马拉松

2015 年 5 月 16—17 日　嘉兴

16 日天气预报阵雨转多云，其实未下，天气凉爽。

我们坐的绿皮车就是马上要淘汰的那种破旧的火车，在保养得一般的沪杭铁路上，咣当咣当，用了一个多小时，来到了这座江南平原小城。

未选择更快的高铁，除了经济原因外，最主要是高铁站在嘉兴南面稍远，不如传统的火车，车站在市中心，距离比赛地点近。

父母皆未去过嘉兴，虽然已在杭州居住多年，一直找不到合适的机会到嘉兴，这次正好，携父母周末跑马兼游嘉兴。

出火车站乘公交到比赛场地——七一广场领取参赛包，南湖南面远远地看见两个白色贝壳形的建筑，那就是体育场了。北面是著名的南湖革命纪念馆，因为 1921 年那次南湖的红船之约，这里是所有中国共产党员梦想的地方。

广场上正在准备明天的比赛，各种广告牌、起点拱门还在搭建。来自全国各地的共产党员游客在纪念馆前合影留念，多半是拿出某党支部的红色条幅，摆出到此一游的架势。

领了参赛包，包里并没有粽子，但赞助商有嘉兴第一粽子品牌五芳斋，于是寄希望第二天赛后补给包里会有。

陪父母参观纪念馆，看红船模型。在附近预订好的宾馆住下后，下午继续游览南湖，阴天有风，适合游览，于是我们选择步行环湖。看比赛路线，明天一开始的 5 公里就是环南湖进行的，就当提前踩点了，查看赛道。

傍晚，嘉兴武警医院的同学相约一起小聚，因明天比赛，照例不喝酒，不吃红肉，以蔬菜、鱼，海鲜为主。席间同学夫妇（均是医生）感慨无时间锻炼，感慨医患关系。

晚餐结束得很早，6 点多就结束了，也和平时的晚餐时间一致。由于吃了较多，便在宾馆附近散步，顺便买些明天比赛用的补给，无非是香蕉、牛油果、粗粮面包，担心明天早餐店没那么早开门。

睡前则是安装计时芯片（在鞋带上），在背心上别号码布。跑步时随身带盐丸 2 个、能量胶 2 个，还有赛后补给运动饮料一瓶，矿泉水一瓶。

17 日　阴　温度适宜

5 点起床，穿戴好比赛服，最亮丽的那款：蓝红搭配的耐克短裤，灰色背心，

蓝黑跑鞋，紫色魔术头巾（缠手腕，擦汗用），当然还有最新入手的迈欧阿尔法2的心率表。

比赛于7点半开始，提前两小时进食，街上果然没有早餐店营业，于是昨晚买的面包、牛油果、先打头阵，吃好后继续边寻找早餐店边向着赛场走去，这时已是6点钟，街边出现了早餐摊，于是黑米粥，外加鸡蛋煎饼。

赛前进食完毕。

入场安检很严格，观众和选手早早就分开。安排好父母到观众区，我便到运动员区稍作准备，其实也没有夸张的热身活动，虽然现场有领操的。由于知道自己速度并不快，比赛中边跑步边热身就已足够。

赛前希望自己最好能够跑进2小时，最不济也要比上次义乌马拉松成绩好些（2小时零8分），毕竟又多练习了一个月。

比赛准时鸣枪，其实也没听到枪声，只是看到前面的人都开始动了，我们在后面的也就开始跟着跑。

环南湖的最初5公里很是顺利，按计划跑着，每到一公里旁边就有选手的手机APP传出配速语音提示，大致每公里不到6分钟的样子，符合自己的预判。

我的手表没有这功能，但我的手表有即时心率显示，我扫了一眼。150上下，稍微快一些就160左右，在理论上的承受范围内。

5公里后，路线离开了南湖，队伍中照例有某跑步协会、马拉松俱乐部的参赛者，他们人员众多，大家跑在一起，一般有一个扛着大旗的领跑者。也有人不时喊着口令，军训一般“1、2、3、4……1、2、3、4”，声音整齐划一，颇有气势。

但也有搞笑的插曲，在一次喊完“1、2、3”之后，突然长声喊出了“立定”，顿时满场大笑，当然没有人会立定，跑步还是继续的，只是人人都放松了许多。

每一个补给点我都会适当喝一口水，或者一口饮料，7.5公里的时候我摸出了第一个盐丸，稍一犹豫，错过了一个补给点，没有水当然无法服下，于是拿着盐丸跑，竟然到10公里处才遇到补给点喝水服下，看来应该早一点拿在手上。

10公里计时点，显示53分钟，半程时刚好1小时，在预算范围。比上次义乌半马要快1公里。之后的10公里依然平稳行进，不时看一下心率，也一直维持在160上下，只有一次偶然看到显示心率170，便马上降速。腿部一直感觉很好，虽不能加速，但没有僵硬和要抽筋的感觉，显然比上次要好许多。

18～19公里的时候，看到前面一个兔子，身上背着一个写着600号码布，不知何意（后来跑的多了，才知道应该是6分配速的意思），但后背号码布下有一行字：预计2:05分完赛。

旁边有人问：“这速度准吗?”那个兔子回答：“差不多吧。”

我马上意识到这个兔子节奏和我一样，我如果一直和他跑下去，肯定不成问题，成绩2:05也不错，比上次也提高不少。但我的目标是2小时完成，所以必须超过这个兔子，并且要甩下他 5 分钟，才有可能完成目标。

于是我调整呼吸，尝试超越“600 兔子”，几番努力后，终于超越。最后 1 公里，我开始考虑要不要加速一些，确保 2 小时完赛。这时是逆风，最后一个补给点为了节省几秒钟时间我放弃了喝水。这时，前面一个跑者晕倒被抬上了救护车，刺激了我一下，由于之前是无风的路段（路两边是楼房），满脸是汗，有些发热，在最后 1 公里快要进入体育场时，没有了建筑物遮挡，逆风感觉有些凉，但那种被风吹的感觉并不好，我甚至担心会感冒。在还有 500 米的时候，被风吹得突然有恶心的感觉，头也稍微晕了一下，我马上意识到不好，必须马上降速（虽然当时也不快），不能晕倒在路上前功尽弃，即便走也要走到终点。这时，又一个跑者瘫倒在路边，志愿者在一旁搀扶也搀扶不起来，这也令我心里发慌，于是放弃了要成绩的想法，完赛第一。

最后几百米，没有了头晕恶心，可能和降速有关，我坚持过了终点，看了一眼计时器：2 小时 1 分多少秒。比上次半马快了 8 分钟，很满意的成绩。（后来官方嘉兴半马成绩公布：2 小时 1 分 2 秒和我自测成绩差不多。）

父母在终点等着，迅速领取了完赛补给包，里面有奖牌，挂在胸前，终点处已经人声鼎沸，绝大多数运动员都完成了比赛。大家忙着拍照留念，也有拉伸的。许多人已离开，毕竟只有有限的人能登上领奖台，绝大多数人的目标是完赛，享受过程的乐趣，或者跑出自己的最好成绩。

时间不到 10 点钟，边补水边走回宾馆，洗澡换衣，躺在床上休息，当然，还有发朋友圈炫耀奖牌。

完赛包里也没有粽子。

比赛结束时却看到赛场有卖粽子的，作为地方知名品牌、赞助商，竟然没有提供一个粽子，令参赛者不爽。

小贴士

半马最易出事故的地段就是 18 公里后的那一段，切不可为了成绩冲动加速，天气炎热出现头晕是中暑前兆，应立即改为走路，物理降温，如果仍不能缓解，需马上就医降温。

五、西安　大学——世人皆知西南联大

2015 年 5 月 23 日　西安　晴

It was the best of times, it was the worst of times.

好事是我有一周时间在西安，不好的是这一周还要参加培训。

从今天开始，西安一周，编辑例行培训。

第一次，行李准备以跑步为主，跑步装备占了行李的大半。

跑鞋作为行李也装入背包，不似之前义乌马拉松时是直接穿着去的。跑鞋要专用。

报到结束入住宾馆后，便开始勘察西安适合跑步的线路。只能是晨跑或者夜跑了，利用培训的休息时间。

虽然古都的夜生活非常丰富诱人，但对于我毫无吸引力，昨晚照例 9 点钟睡觉。一天的重头戏是早上的跑步。

对陌生城市的跑步探寻是个很新鲜的课题，充满吸引力。

第一站，西北大学，寻访西北联大。

世人大都知道西南联大、抗战期间、陪都重庆、沙坪坝上、条件艰苦，但弦歌不辍，大师辈出，蜚声海内外。

世人多不知道与这西南联大相对的，还有一个西北联大，那就是我今早跑步去寻访的地方。出了西安古城的永宁门(俗称“南门”)，也就是前几天印度总理访问西安，仿唐朝礼仪举办入城式的那个门。

出永宁门右转，沿护城河向前。或许和新地方有关，我略显兴奋，脚步极为轻快，由于时间太早，仅 5 点半不到的样子，护城河公园还没有开门，于是我沿着河外跑向西北大学。

路上几乎没有行人，我是逆行，也不妨碍其他人。几百米后就是朱雀门，然后是含光门，一公里后西北大学气派的大门出现在视线左侧。进门右侧最醒目的建筑是西北大学博物馆，可见学校对自己历史的重视。校园极为幽静，看不见学生，只有几个晨练的老人和打扫卫生的校工。关于西北联大，只有一个纪念碑，鲜花环绕，纪念碑后有联大历史的介绍。

同卫生清扫的校工聊天才知道只有眼前的一个小礼堂是历史很老的建筑，看旁边的碑文，和时任东北大学校长的张学良有关，不觉对眼前不起眼的礼堂肃然起敬。

小贴士

跑步去旅游(公干)，行李中至少带一双跑鞋，如果出差时间较长，有条件的建议带两双跑鞋：一双平路，一双越野。

六、西安　城墙——13.7 公里长的古城墙

2015 年 5 月 23 日　西安　晴　早 5 公里　城墙 13.7 公里

一个真正的跑者来西安必得跑一次古城墙，这是放诸四海皆准的事实。

这不，机会来了。

5 点钟，今天的培训结束后，艳阳高照。

于是决定去做西安之行最想做的一件事：环跑古城墙。

西安每年都有城墙马拉松，但时间并不在我的假期，暂时还无法参加。来西安培训之前就想好了，有条件的话每天城墙上跑一圈，计 13.7 公里。之前做功课知道最方便的就是办一张旅游年卡，98 元，可以每天登城墙一次，不然每次 45 元的门票可是有些划不来。

今天就去第一次跑城墙。

刷卡顺利登上城墙后，才发现，烈日下，30℃的高温，游人并不多，墙上并没有遮阴的地方，这温度，要不要跑呢，我可是只带了一瓶水。

城墙的壮美还是让我犹豫，是马上开始跑还是等日落后再说，抬头看太阳，还有很高，西安比杭州落日要晚一个小时，估计两个小时内不会落下去。

正犹豫时，西面有人跑了过来，近前一看，身上竟然有号码布，比赛吗？那个男生已汗透，还没等我分辨清楚号码布上是什么字，就跑过去了，不一会又有一个穿长衣长裤的男生也跑了过去，看来真是有比赛，毫不犹豫，我决定跟跑。

这时，跑过来两个女生，打扮得十分专业，一看就是经常参加路跑的，动力来了，我跑步跟上，问是什么比赛。原来是北京某公司举办的内部城墙赛。由于两个女生速度太慢，不一会又一个男生过来，我便和男生一起跑下去。边跑边聊天，也就知道了大概，原来这是单位内部比赛，每年都会来这里举办一次，从北门出发跑一圈，而我是从南门上城墙的，比赛是环城墙一周，也就是说到我这已经赛程过半。于是我就主动和男生搭档，陪跑半程。

两公里后，转入东面城墙，太阳毫无遮拦地晒在身上，我是短裤背心打扮，无处躲藏，露出的皮肤有一种灼烧感，真担心会晒伤，但城墙跑步吸引力太大，而且人家参加比赛的一样在跑。于是，我调整呼吸，边跑边转移注意力，欣赏城墙风景。

不一会，男生说脚不舒服，竟然从兜里掏出一个创可贴，看来早有准备，贴在了磨脚的地方。幸好发现得早，还没有磨起泡破皮。

沿途不时有加油声，原来北京这家单位组织员工来西安游，除了参加比赛

的，还有城墙骑车游玩的，我开玩笑说自己是陪跑嘉宾。

我们陆续超了两个队员，半路有补给点，但男生并没有喝水，我自己带着一瓶水，是准备后半程用的。前方50米处是另一个队员，和我一起的男生说：“我们能超过他吗?”我说：“肯定能，没看他都不时停下走了吗，咱们不着急，不要加速，免得呼吸乱掉，匀速即可超掉。”

太阳过于猛烈，东边城墙还没跑完，我已经汗透衣衫，没有风也没有树荫，只有偶尔的加油声。

城墙路面并不平，需要时时观看脚下，注意可能的凸凹，以防崴脚。

在烈日下的城墙跑步真是前所未有的感觉。半小时后，我们转入北线，比赛终点已经可以看见，过了火车站后，男生有些力不从心，速度慢了下来，前面又出现一个已经开始走路的队员，我们超过了他。我鼓励着男生，另一个队员已经被我们甩开50米，但由于和我一起的男生体力不支，最后50米又被超越，稍有遗憾。主办方把终点设在北门城楼下，有大片阴影，太阳晒不到，还有凉风吹来。我俩一起冲线，男生的同事们很诧异，因为不认识我嘛。男生解释说：“这是我跑友。”

是的，跑步的人都这样称呼。

在终点有各种补给品，男生拿来给我，我只是喝了点水，在凉爽处我们合影留念，聊了一会天。由于怕自己身体凉下来，我便告辞独自去跑剩下的半程了。

太阳偏西了好多，墙边有一条阴影，但只能挡到大腿，那也不错，至少有了点遮挡，心理上也安慰些。

跑到西边城墙，太阳的角度使得城墙垛口的阴影正好遮挡了我的全身，这是一段最舒服的路段，不用担心会被晒伤了。估计刚才那半个多小时也不至于真的伤到。

一个人跑步，我用自己的节奏，时而走神，时而看风景。城墙内的所有建筑几乎都低于城墙，这样在城墙上有俯视内城的感觉；墙外则不同，高楼大厦，现代建筑林立，但由于古城方方正正，很容易看出古城的位置和布局。远处有高楼的地方很显然是城墙外了。

半小时后，我进入南墙，转向东跑，可以看着自己长长的奔跑的影子。西边已经开始变红，我知道快落日了。城墙上游客多起来(白天太热人少)，跑步的则只有我一个。

一个骑车的男生从我后面赶上来，大喊加油，问我：“跑了几圈了?”我笑笑，伸出一个手指，一圈还没跑完呢，不过快了，到南门就结束。

右手边出现了西北大学的校门，那是今早我去的地方，几分钟后，一条马路在我脚下穿城墙而过，我知道这里是含光门，前面马上就是朱雀门、永宁门——南门就要到了。

用1小时30分我完成了13.7公里的第一次西安古城墙环跑。速度很慢，但完成得比较轻松，烈日多少有些影响，不敢加速。

摸了摸胳膊，略有灼痛，更多的是盐巴，脸上也是。只要不晒伤就好。

小贴士

单位组织跑城墙比赛，是好想法。但医疗后勤要跟上，今天有一个人在终点处似乎中暑，头晕，医生在指导缓解。对讲机传来呼叫，说东南角有队员抽筋，需要救援。只有一个医生无法抽身，只好让抽筋的人自己揉揉。看来举办比赛要考虑天气，至少配两个医生。

七、西安　泡馍——夜晚以泡馍结束，清晨从掰馍开始

2015 年 5 月 25 日　西安　多云转阴

西安的夜晚一般是以泡馍结束，早晨则是从掰馍开始。

昨天晚上天气预报，西安今天多云转阴，温度 18℃ ~28℃。我心中高兴，终于可以早上去城墙跑步了。前几天都是艳阳高照，城墙开门时(8 点)已经很热，无法跑步了。

一早起来，在南门内西侧，湘子庙后面有一家游客鲜至的、本地人吃早餐的小店。我点了一碗胡辣汤泡馍后便坐下来，过起了本地人的生活。一碗胡辣汤，加辣子，一个白馍。

不少人是坐在小店门前、道边的矮桌子上喝汤掰馍的。

简单观察发现，胡辣汤泡馍有三种吃法：先掰馍，后加汤；先盛汤，后掰馍加入搅拌；还有就是边掰边泡边吃。

一碗酸辣鲜爽的胡辣汤下肚后，我回房间准备跑步装备，半小时后，从南门刷卡上了城墙。一大早，还没有什么游客，这次选择了顺时针方向，跑向西门，一个人跑，边跑边看风景，朱雀门内的早市人声鼎沸，从城墙上看下去有俯视众生的感觉。

西边墙，几乎没遇到一个游客，不同角度拍了些属于自己的照片：异常空旷的城墙。

依然带了一瓶水，没有真正喝，只是口渴时稍微润润嘴，喝一小口。没有了第一天环跑的陪跑人，速度慢了不少。

跑过一些地标性建筑都拍照留念，比如西北角的号称“陕西唯一的喇嘛庙”，东北方的火车站。东北角大片的工地，似古城的一道疮疤，很不协调。

到东门时才开始有游客集体上城墙。

我找了个年轻人帮我拍照，巧得很，年轻人竟然是西安本地人，每天下夜班都从城墙走回家。他说他也喜欢跑城，每到一个地方都跑步环城。我说自己是东北人，他还提到曾环西湖跑过 28 公里，我心里很是怀疑，但没点破。

不知是什么路线环西湖有 28 公里？亦或是跑 3 圈？

1 小时 40 分，完成了环跑，比上一次慢了 10 分钟。可喜的是全程心率控制得很好，一直在 150 以内。

跑完后，太阳出来了。

我要赶回去培训了，跑步虽然更让人愉悦，但培训是正事，不能迟到。

在我年纪还轻、阅历不深的时候，父亲教导过我一句话，我至今还念念不忘：即便是自己喜欢的事，也要适可而止。

小贴士

需水量较大的天气，环形(往返)路线跑步，需要带两瓶水时，可以藏在半路一瓶，地点的隐秘性就需要自己掌握了。

八、西安　美院——最难忘那数不尽的拴马桩

2015 年 5 月 26 日　西安　多云

5 点钟起床时，外面依稀有些亮了，今天计划跑步西安知名院校——西安美术学院。提前查看好地图，明了大致方向，穿戴齐整，简单补给，5 点半跑步出门。

预计 10 公里。

今天出门沿南门城墙内侧向西跑。

路上只有晨跑的本地人，过了朱雀门，早市刚刚开始，小贩陆续到来，在摆摊准备。新鲜的杏和樱桃，稍问了价格，几元钱的样子，不知要比杭州便宜多少。

含光门折向南，沿着含光路一直往南跑，路上行人稀少。

第一站路过西安体育学院，奇葩的是我一身专业跑步打扮竟然被发现不是本校人而被拒绝进入，看来体育院校的管理也是简单粗暴，拒绝外人进入校园，即便是锻炼的百姓也不允许。这是西安之行让人失望的为数不多的地方之一。好在我本来也没把这个学校作为今天的目标，于是一路跑过，约 5 公里后，到达西安美术学院，这是今天的重头戏。

当然没有让我失望，未遇到任何干扰进入校园，艺术是自由的。转过主楼，便是校园食堂、澡堂，标准的大学配置，很是亲切。再往里就是可与兵马俑媲美的拴马桩了。令所有初次到美院的人震惊的一幕就是校园随处可见的，似乎随意摆放却有组织的拴马桩，数量多到数不清：教学楼前、体育场边、池塘岸边、花园里、石榴山坡上……有空地的地方几乎就有拴马桩，遛弯的老太也用来拴狗，这是看到的有趣的一幕。也有学生在写生，体育场上好些人在锻炼，我进入体育场跟着跑了一圈，观察发现，除了集体太极拳的，跑道上以老年人为多，看来都是附近的居民，可见美院是个开放的学校，整个校园对社会开放。不由得好感又多了几分，当然是相较于刚才的体育学院。

校园中心是个湖，湖边桃花开，湖里有两只黑天鹅悠游着。

校园除了有大量的拴马桩外，还有大量的石磨盘、石马槽，杂乱而又有规律地堆放，许多都用作了花园草地小径的铺路石，真的是古而幽的校园。

校园里也多有提示，这些石刻物品都是文物，禁止破坏。

据了解，这是西安美院的老校区，新校区在华清池那里，不知校园里是否到处是石刻洗澡盆啥的，有机会去看一下。

美院流连时间太久，导致回程时路上已行人如织，路过小雁塔小学，门口满

是学生和家长，别说跑步，走路通过都困难。闻名的小雁塔就在校园围墙外，远看还以为小雁塔就建在校园里。

朝阳下，逆光望去，顶部已经损毁的小雁塔更显悲壮苍凉。

望了一会儿，钻进人流，跑向我应该去的地方。

小贴士

城市晨跑要赶早，在居民出门、上班前结束，不然路上不方便；条件允许的话选择校园或公园里，有专用运动场所；身上带些钱，饿了可以随时解决早点。

九、西安　小巷——假行僧、胡辣汤

2015 年 5 月 27 日　西安　晴　31℃

昨夜从东走到西，今早从南走到北。不走大街穿小巷，我全靠一双腿。左手一个肉夹馍，右手一碗胡辣汤。你要问我生活咋这么美，乐得合不拢嘴……好辣的胡辣汤啊！

今早继续暴走西安，不知为何，满脑子都是崔健那首《假行僧》，不过歌词却是我篡改过的。

从西安古城墙南门走到北门，转身走小巷返回，路边一胡辣汤小店，虽然很不起眼，但门口的人气让我毫不犹豫和众多本地食客坐在了一起。

很熟练地点了单，因为只有两样东西可吃：胡辣汤和油馍头。

我对面是一小学生，坐在那似乎还没有书包大，估计顶多一年级，他熟练地喝着胡辣汤，还主动和我搭话，淡淡的陕西味，听着很是亲切。小孩说有一块和我一样的手表，我回应："啊，是的，电子表。"我当然不会和一个小孩子讲我这心率表的功能。

小孩说："买了一块钱的油馍头，而你的是两块钱的。"

我问："你家长呢？"

他说："一会来。"

小孩问我："吃完干啥哩？"

我说："去上班。"

我吃好后，掏出一张纸巾擦手上的油，小孩批评我，说应该用手绢，那样环保。我尴尬，无法回答。擦好的纸也没好意思当他面扔，虽然旁边就是一垃圾桶。

我没话找话："你这还剩半碗，吃不下了吧？"

小孩子说："还饿着哩。"

一天的培训结束后，由于明天就要回杭州，所以今晚的节目当然还是跑城墙。等到接近 7 点钟，太阳西斜，不那么晒了。南门正式开跑，依然打开了心率表，带了一瓶水，虽然跑起来有些不方便，但以防万一，毕竟温度依然很高。

身体感觉并非在最好状态，可心率表数据却出奇得好，一直维持在 140 次，而上次的平均数是 150，最高有 170，难道心肺功能量变积累后，突然质变了？

整个城墙只有我一个人在跑步，至少我没看到其他人。骑车的很多，有人感慨，跑挺快啊，比我骑车还快。那是因为骑车的人不时停下拍照，所以时间差不多。

1 小时 30 分完成环跑，比上次快了 10 分钟，和第一次持平。

总结：西安 5 天跑城墙 3 次，1 次晨跑，2 次夜跑，共计 42 公里，一个全马。
另外，跑西北大学一次，5 公里；西安美院一次，10 公里。
本周跑量 57 公里。

小贴士

西安古城墙上跑步很有意义，也很有意思，但城墙上凹凸不平，应该穿底子稍硬的越野跑鞋，避免脚部受伤。

十、秦皇岛　马拉松——假装内行看门道

2015 年 5 月 31 日　晴　周日

昨晚大雨，一早起来空气并没有预想中的“雨后清新”，也有人说是否江南“黄梅天”到了，反正不适合跑步。

早上看体育新闻，重磅新闻是凌晨广东小伙苏炳添和一众非洲人同场竞技，100 米跑出了 9 秒 99 的成绩，他也因此成为第一个百米跑进 10 秒的黄种人。据说刘翔也在现场，并发微博祝贺，不知能否成为田径界的第二个刘翔式人物。

我很看好这个苏炳添。

节目预报说 8 点开始全程转播秦皇岛马拉松，于是决定上午在家看马拉松直播。

经国家体育总局认可，本届赛事被列为全国马拉松锦标赛三站之一，成为国内马拉松顶级赛事。看点是国家队选手都会参赛，成绩可作为世锦赛的选拔参考。

看比赛过程中翻看微博，一个叫“吴敏——马拉松冠军”的人介绍了一个排酸的法子，据他本人说是多年积累的经验，且极为有效。方法极为简单，就是双脚倒立，最方便做的地方就是床头，躺床上，双脚靠墙壁竖起。时间很重要，坚持 20 分钟，十分有效，马上会有肌肉松弛的感觉。

这法子我记下了，这么简单易行，下次再跑步试一下。

秦皇岛马拉松赛道是沿着滨海大道一直跑向北戴河，风光无两，直播中不时穿插秦皇岛历史、风景的介绍，看来这个比赛明年有必要去参加一次，哪怕只是半程。

男子组董国建不负我望，拿下第一，但成绩不够理想，2 小时 19 分多，和国际水平相差很远。

女子组故事多多，我喜欢的贾超风，戴个眼镜，很是文静，但一直成绩不错。可惜在后半程，已然在领先队友张景霞很多的情况下，似乎是鞋子出了问题还是脚出了问题，无奈退赛，解说员看画面判断是鞋子磨脚，不知道专业运动员怎么会出现这个问题。

后来张景霞一路领先，在距离终点 3 ~ 4 公里的地方体力不支，发生呕吐，身体摇晃，连解说员都说，这种情况应该退赛了，为了自己的身体。虽然已经无限接近终点，且张景霞处于第一位置。张仍坚持比赛，不一会，镜头切换到了河北本土选手身上，她最终超过了张景霞。

就在男子组结束后不久，女子第一名距离终点仅剩几百米的时候，电视画面换成了广告，原来时间到了10：40分，估计按计划给马拉松转播的时间到了，电视画面被粗暴地切断了，我当然也不知道结果是谁第一，张景霞坚持完了没有，贾超风是否退赛，都没有交代，甚至解说员都没来得及和观众说声再见。

这就是央视的风格，一贯硬朗的作风。

马拉松不过是个游戏。

小贴士

近两年，电视台转播马拉松赛事多起来，但绝大多数镜头都是集中在领跑的非洲人选手身上，很难学习到什么，因为那样轻灵的奔跑不是普通跑友能练得出来的。反倒是从主持人的解说中可以学习一些马拉松技巧，但需要甄别。

跑过四季——夏

一、杭州　西湖——跑步，打开杭州的最好方式

2015 年 6 月 5 日　艳阳高照

早上忽然想跑西湖，身在杭州 10 年，竟然没有跑过。

于是发微信朋友圈，约跑，正好有新书出版相赠。

约跑西湖

毕竟西湖六月上，已有新荷早梳妆。
相约晨跑环西湖，赏荷同时健身强。
出门之前看天气，阴天小雨跑照常。
电闪雷鸣龙卷风，二话不说别起床。
担心体力跟不上，骑个单车也无妨。
若问集合在哪里，湖滨音乐喷泉旁。
接头暗号慕老师，也可报名骑友网。
周六早上七点整，逆时开跑向北方。
断桥白堤奔岳庙，苏堤尽头拐左向。
南山路上好风景，终点设在美院旁。
签名赠书《微阅读》，文艺小资 BIG 装。
跑完早餐何处去，钱王祠北有明堂。
圈里圈外皆朋友，跑步传递正能量。
跑来跑去皆自愿，责任安全自担当。

注：早餐在名堂蓝水咖啡厅，自费。赠书 30 本，先到先得。欢迎转发，有意参加者私下留言。

2015 年 6 月 6 日　依然艳阳高照

晨跑西湖应该 7 点前结束，最迟也不要超过 7 点半，应该在大批游客到来前把西湖留给他们。

虽然一身活力、大都炫彩装扮的晨跑西湖者是西湖一道亮丽的风景线，也有助于增加西湖给外地游客的亲切感，甚至有加入跑步的冲动。但就跑步本身来讲，接近 8 点时，旅游旺季的西湖游客已经开始成群地到来，特别是一些旅游大巴集中下客，游客常规进入西湖的地点，如断桥、湖滨龙翔桥、苏堤北口、苏堤南口等，嘈杂甚至拥挤的游客已经把本就不宽的道路挤满，根本不适合跑步了。而

跑步讲求匀速、连贯，不希望被迫中断，在左右躲闪游客中也不利于保持专注度，对于刚到西湖的游客也不适应旁边突然出现的奔跑者。万一刮碰对谁都不好。

所以，晨跑西湖要趁早，早到没有多少游客出现(极少数喜欢绝早逛的除外，甚或也有不少专门来晨跑西湖的游客)，身为东道主，要把客人招待好，不能光顾自己跑得爽。

还是说我组织的这次晨跑吧。

由于身在下沙，远离西湖，赶第一班地铁到西湖边已经 7 点过了几分，稍作热身准备开始跑时已经 7 点一刻，湖边游人已如织，大多数晨跑者已是准备结束的状态。而我们才刚刚准备开始，第一次跑西湖就要从躲避游人开始。

由于速度不一，我们几个人很快就分成了两个队伍，由于事先已知晓路线，所以就约定终点汇合，一起早餐咖啡。

7 点半，天气格外得好，也就意味着艳阳高照，气温也开始升高。西湖好就好在湖边都是树，梧桐叶子已提供了足够的绿阴，一路不用担心晒伤，西湖水面相对开阔，周边建筑物和山都不高，不时有风来，跑步是适合的。

6 月初的日子，荷叶满堂绿，几乎看不到一只开放的荷花，或许要到曲院风荷景区内才能找到。鉴于游人已多，景区深处更不适合跑步，于是我们就沿着没有机动车的苏堤一路向南。

苏提上六桥起伏，时有微风拂面，惬意异常。沿途不时有专业装扮的跑友迎面跑来，挥手打招呼，估计早些时候会更多。

这样一个跑步天堂，为什么来杭十年才第一次奔跑其中，顿觉恨晚。同跑的朋友更是匪夷所思："我离西湖这么近，竟然从来没早晨环跑过，要不是你这距离西湖 25 公里开外的人组织，还真不知晨跑西湖这么美。"

于是，风景中，奔跑也不时暂停，摆拍跑步照成了活动的一项调剂内容。

奔跑在美丽西湖上，配速、时间、体力分配都不再是需要关注的，只需要跑就可以了，湖面很静，仿佛不动，跑步的时间却很快，流水般过去，不一会，8 公里的距离就结束了，终点——中国美院到了。

担任本次晨跑活动后勤的人员已经等候在距离西湖咫尺之遥、闹中取静的一处提供精致西式早餐的咖啡店。

好心情伴着本就味美精致的咖啡早餐，一个健身、游湖、朋友小聚的晨跑活动画上了完美的句号。

我一直认为，跑步(健身)不是时间问题，是观念问题。

有朋友在我们已经吃早餐时(9：00)发来短信：实在起不来，不能参加活动了。这是一个住在城区，离西湖不远的想要参加活动的朋友发来的。

还有一位老兄，昨天下定决心要参加活动，因为实在很有诱惑力，于是昨天入住西湖边酒店，估计也就几百米的距离，为的就是可以赶上那么早的晨跑(7 点其实已经很晚了，我平时晨跑都是 5 点多开始），结果，我们早餐快结束时，人家赶来了，还是打车直接赶到了咖啡店，说下次跑步一定参加。

然后拖着有些发福的身躯坐进了咖啡店的藤椅，点了一杯翻着泡沫的有着心形拉花图案的卡布基诺。

那位老兄往上面看看，又往窗外看看，渐渐咧开嘴唇，尴尬地微笑了。

小贴士

环西湖是杭州极佳的跑步路线，也可以说是杭州的一张新名片，常规的线路是少年宫出发走断桥、白堤、苏堤、南山路、湖滨一圈 10 公里。晨跑、夜跑的队伍非常多，外地跑友可以寻路前往，幸运的话还能碰到跑步大咖和知名人士环跑西湖。

二、上海　长风公园——初跑长风，本是旧时相识；再战影院，皆因佳片有约

2015 年 6 月 13 日　上海　晴　长风公园

出小区穿过金沙江路，沿着怒江路一直走到底就是长风公园 3 号门，即“北门”。不过短短 300 米的距离，左侧是长风四村，右侧是长风三村，当然，我住的小区叫长风二村，上海市普陀区一个著名的老小区。

老小区的特点就是让喜欢怀旧的人倍感亲切，小区周边商业极为成熟，且高度上海本地化，不但吃的东西上海化，住户也多为本地人，上海话到处都是。以长风二村、三村，控江路这一带为例，便利的菜场就不说了，那是必须的。出小区门口就有豫园城隍庙小吃店，小馄饨、香菇菜包、豆沙包、生煎、锅贴、大排面……一应俱全，多是附近居民光顾，排队买的。其中打包带走的居多，是因为家里还有人等着这一口刚出锅的生煎呢。

老上海街区点心店是少不了的，转角就是一家，门面不起眼，名头却不小——闻名上海的凯司令，记得张爱玲小说里经常有写到凯司令的面包点心，文艺青年、阿姨大叔看见大都会进去带上一两块蛋糕、切片，还有一些名字洋气的精致点心。

这里还有着浓浓的文化味，再旁边一点就是华师大二村、三村两个小区，华东师大的家属区，尤其三村那可是教授专家小区，附近出现的背心短裤的邻家老头老太模样的晨练身影说不定就是某领域的知名教授。

与怒江路平行的一条路叫枣阳路，长风公园在那条路上也有一个门——2 号门。当然，极为方便华东师大师生进入公园，因为华师大在枣阳路上开有一个后门，十几年前我在这里上学时，就经常出入枣阳路门，进入长风公园。当年学校在枣阳路上开有两个门，出于某种原因，现在关闭了靠近金沙江路的这个门，沪上闻名的华师大后门枣阳路美食街也随之萧条，一些文艺店铺也关门大吉。但走过枣阳路依然有几家熟悉的饭店在坚守，当然，那就不是以学生为主要对象了。因为学生从另一个门走过来要费些时间，那种便利的感觉没了。

此刻的我十分怀念当年那人潮涌动、熙熙攘攘的枣阳路。

去年决定在上海换房子，毫不犹豫圈定了长风公园这一带，原因很简单：一是母校附近，有亲切感、熟悉；二是文化味比较浓，临近大学；三是周边商业交通成熟；四是附近有大公园，方便晨练，当然，华东师大的操场也是跑步的好去处。

今天是搬来新小区后第一次以居民的身份出来晨练，换好了跑步行头，5 点

半出小区后门，穿过金沙江路沿怒江路直走，几分钟就进入了长风公园，公园以海底世界和白鲸表演闻名上海，看招牌属于4A级景区，记得上学时带父母来看过海底世界白鲸表演。时间好快，10年过去了，不知道表演的还是不是当年那条白鲸。

环公园主路跑步的人已经很多，其中健步走的居多，公园很自然地区分了很多功能区，不同锻炼项目各据一方，相安无事。跑步、健走当然就是沿着公园环路了，一圈下来接近3公里。公园中心是银锄湖。由于对名字有些不解，便看了公园介绍，了解了个大概：长风公园始建于1957年4月，筹建时名为沪西公园，1958年局部试开放时因为园内主景碧萝湖改名碧萝湖公园。1959年国庆节建成正式开放，取《宋书·宗悫传》中“愿乘长风破万里浪”之意，更名为“长风公园”。

公园占地面积36.4万平方米，是上海市大型的综合性山水公园。园内有市区最大的面积达14.67万平方米的人工湖——银锄湖，由碧萝湖改来而得名。市区公园中最高的人造山——铁臂山，山高26米，占地1万平方米。湖名、山名取意于毛泽东所写七律诗《送瘟神》中“天连五岭银锄落，地动三河铁臂摇”的诗句。1998年，长风公园被国家建设部、中国公园协会选为中国百家名园之一。2002年创建成上海市“四星级公园。”

这里以后就会成为我上海的据点，跑步首选长风公园。身边不时有专业打扮的晨跑者，看速度和状态应为资深跑友。

初次跑步，流连望景的时间居多，路边各色锻炼人等吸引着我的目光，耽误了我的速度，银锄湖两圈下来用了一个多小时，只有6公里不到。天已热起来，汗淋淋。

出公园3号门回家，路两边早市热闹非凡，蔬菜瓜果鱼虾都有，大饼油条早餐俱全，我毫不犹豫去了城隍庙小吃，因为那里可以坐着就餐，找个位子坐下，夫人一碗小馄饨，一个豆沙包；我一碗时蔬面，两个菜包。

先体验下上海人的生活，今天一会儿还有事，就不排队买生煎吃了。

今天有大事，今年的上海电影节今天开幕。网络发达了，老早就买好了票，不需要再去现场碰运气，和黄牛斗心机。

今天有四场电影在等着我们。

2015年6月14日　上海　晴　长风公园

跑步到底能否消除疲劳？

许多人都说，这一天上班太累了，就想倒头就睡，如果难得有一天不上班，最希望的是睡到自然醒。

跑步绝不是这些人的选择，更不要说挤时间去跑步了，他们还没有把跑步当作生命的必须，就像每天要吃饭来维持生命那样必须。

这是观念问题，不是时间问题，没看见谁累得饭都不吃。

记得有跑友说，加班到半夜累得不想说话，最想做的，也去做了的就是换上装备去跑步，哪怕是半夜，那种大汗淋漓后的畅快是身体恢复的最佳方式。

我没试过身体很疲乏靠跑步恢复，因为很少有很疲乏的时候，今天机会来了。

昨晚上海电影节，最后一部片子看完已经凌晨，坐着连续看电影真的很累。到家洗漱后睡觉已经1点钟，严格来说是今天早上才睡。生物钟在5点多唤醒了我，今天预订的电影是下午的，毫不犹豫拉夫人起身跑步。跑步消除疲劳，我们达成共识，也可以说是我的灌输成功。6点多我们已经出现在长风公园，一切似乎和昨天没有不同，我们的行进路线，路上遇到的跑者，恍惚还是昨天。

按照夫人的节奏跑跑停停的两圈下来(6公里)，由于睡眠不足、身体虚弱的原因，汗湿衣衫后便结束，顺手买了早点回家，洗漱后早餐补充能量，牛奶、面包、鸡蛋等，身体感觉基本恢复，继续下午的电影没问题。

别人如何我不知道，至少此次跑步后，并没有身体更加劳累的感觉，反倒精神较之前好了许多，跑步的恢复作用明显。

夫人也认识到这一点：跑步是身体的必须，也开始逐渐践行。

这一转变可是不容易，难得我一片苦心。

这就是上海跑步早期的样子，我们很菜，却很享受。

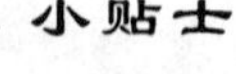

小贴士

跑步健身的好处显而易见，但并非所有人都能接受跑步这种锻炼方式，即便举国上下跑马热如火如荼，也不要逢人便大讲跑步理论，应尊重其他人生活方式和选择的自由。

三、上海　端午——爱上跑步后，不跑不约

2015 年 6 月 20 日　上海　晴　端午节　上海电影节最后一个周末

“师弟，周末我在上海，有空约金老师聚一下吗？”

“好啊，我请客，什么时间？”

“要不早上如何？”

“怎么是早上，要多么早？”

“比早饭还早。”

“……”

“直接和你说了吧，我们约金老师一起早锻炼如何？在长风公园碰头。”

“……那得几点啊？”

“早 6 点如何，金老师也早锻炼的，我知道”。

“那我尽量起来吧。”

“说好了，6 点准时，3 号门，万一起不来，来晚了，沿着环道逆时针找我们。”

这是前天晚上我和程师弟的电话记录。师弟一如既往的十分客气，金老师是我的博士生导师，现已退休，在家含饴弄孙。住处和我家现在的房子仅一街之隔，都在上海长风公园旁。程师弟是小我两届的，现在也住在上海，和我家也很近。所以我约他早锻炼，距离上是没有障碍的，困难在早起习惯，不知他能否按时起来。

人到中年，甚至老年，吃饭、喝酒、喝茶、打牌、卡拉 OK 的聚会已经不再适合，劳民伤财害身体。最佳聚会方式应该是相约锻炼，跑步是最简单易行的，约在一处公园，时间则不一定是早上，如果是周末可以是上午、下午甚至晚上，项目也就不一定是跑步，还可以一起爬山、游泳等。

早上公园跑步是最易约起来的，不耽误上班，不耽误早饭，一个多小时，一起健身。即便平时没健身习惯的人，偶尔早起散步也是不错的，或许还能培养出来个运动习惯。免去了常规聚会的大吃大喝，身体运行节奏也不会被破坏。

早上 5 点半，准时醒来，比正常时间晚了半小时，因为昨天看电影有些晚。

收拾停当，5 点 50 出门，跑向长风公园，怒江路上已经人头攒动了，路边摊卖咸蛋、粽子的多起来，特别是端午必备的艾草，几乎每家小摊都在卖，两元一把，路上也几乎每人一把拿在手里，奔向公园的人除外，估计是等运动好回来再买。

很显然我也属于后一种，我是直奔 3 号门，惭愧的是我虽准时到，金老师已等在门口了。

程师弟由于昨晚接到老家（合肥）电话，端午需要回家团聚，今早失约，当然，之前已留言给我。

虽然已有些时日没见到老师，但金老师依然是当年模样，或许和经常锻炼有关。没有太多寒暄，就像每天在一起公园健身的老友一样，我们进了公园，聊天才知道，金老师由于脊柱问题，医生建议不要跑步，最好游泳，所以金老师也很少到公园来了，已改为每天上午游泳。今天是因为我的邀约才来的，看来我消息不灵啊。显然，不能跑步了，于是改为散步，沿着银锄湖——那个名字源于毛主席诗词的中心湖。

“天连五岭银锄落，地动山河铁臂摇。”

公园里那个土山就叫铁臂山。

 **小贴士**

公园约跑现在已经成为许多跑团的常规节目之一，但对于没有锻炼习惯的人要慎重选择，跑步锻炼理念虽好，不能强加于别人身上，应尊重个人选择的自由。

四、杭州　涂色书——生活本无色，灿烂要靠自己涂抹

2015 年 6 月 24 日　杭州　黄梅天　外加雾霾

生活本无色，灿烂要靠自己涂抹。

突然想写这句话，是因为买的一本书，号称全球第一本成人涂色书，世界疯卖，我也是找了两家书店才买到。书名叫《秘密花园》，其实是一本黑白画稿，读者可以自己填色，作者是一个插画师，类似于中国的工笔画稿。风靡是因为这本书宣传说成人可以用来减轻心理压力，所以书店里这本书都是摆在心理学架子上。

我是有别的想法才买了这本书的，所以丝毫没有想自己涂色的愿望，看来我心理很正常，没啥压力。我是想用来借鉴，打造中国第一本有故事的成人涂色书，兼具健身科普功能，采用漫画形式。

但愿梦想达成。

连日雾霾、阴雨、酷热，身体憋坏了，昨天甚至在这种天气下，借市区办事的机会，骑公共自行车绕西湖骑行 20 公里，浑身汗透，虽雾霾，但心里畅快。

胡诌诗一首：六月风荷正举，九里松花争艳。净慈钟声敲遍，雷峰塔影依然。

这其中包括了当天早上骑车经过的四个西湖边的主要风景点。

2015 年 6 月 25 日　杭州　晴　十分晴好　72.4 公斤

夏至靠端阳，小麦不上场。

这是老话，说的是夏至节气和端午节连在一起，不是好节气，对庄稼不好。

杭州这几天是雾霾酷热加下雨，对跑步不好。

连续几天没跑步，身体已不适应，跑步已经成为一种需要。

今天早上起来第一件事就是查看天气，果然晴好——终于晴好了。早上 5 点钟，蓝天白云已现，毫不犹豫换衣服出门，感觉我那跑鞋已多日未穿了。

黄色上衣，蓝色跑步短裤，自己有瑞典队的感觉。

很快就进入了跑步节奏，虽然还不习惯跑前做拉伸等准备活动。前几天悟到的跑步禅我倒是暂时没法参透，但忘记跑步确实可以做到。就是跑步时不再思想聚焦于跑步，思考跑步之外的事情。

比如今早胡思乱想的就有：世界杯中国女足下一场怎么踢？涂色书怎么借鉴催促我的漫画师抓紧？哲社规划那个思政课题有没有必要报？老同学的房子能不能及时办完手续？法国之行最后就剩我俩如何应对？北京单车嘉年华我的易拉宝

效果会如何？澳洲大洋路我是骑车还是不骑车呢？……

不知是不是锻炼进步的显现，全程(10公里)没有出现需要调整呼吸的阶段，一直平稳地跑下来，记得之前经常是跑到关键时刻(临界点)会出现呼吸困难，需要放慢脚步、腹部深呼吸或三步呼吸法来度过疲劳期。

今早破天荒没有出现。

出门不久即感觉到天气真是热了。平时三公里后开始有汗，今天不到一公里已经流汗，临近江边已经是不住地流汗，首次感觉到汗是咸的，不停地流到嘴里。

擦汗已没有用，那就任其流吧。

回程逆风，逆风也是风，凉快了许多。

一小时不到，10公里结束回到家里。洗漱后称体重，72.4公斤，比昨天轻了一公斤。都是拜今早出汗所赐。

需要抓紧补回来。

今天穿的是骑行服，本以为一样透气排汗。现实情况是，骑行服后面有三个口袋，布料多了几层，今天汗多，脱下来的时候明显感觉浸透了，至少有半斤多的汗水。相当于背着半瓶水跑步。

由此可见，跑步应该穿跑步的专用装备。

当我在楼下的小广场，边恢复拉伸、边背转双手拧干衣服上的汗水时，旁边晨练的两个大妈凑在一起朝着我的背影嘀咕着：“喂，你看他在搞什么名堂呢？”

小贴士

三伏天跑步，需要考虑的因素除了天气好坏、是否阴雨雾霾外，温度也是必须考虑的，过高的温度不适合长距离跑步，如果要跑应减少运动时间，尽量避开高温时段。跑步的最佳温度是13℃，湿度为66%。

五、杭州　买菜——母亲眼中跑步的实用价值

2015 年 6 月 26 日　杭州　晴热　73 公斤

跑步的作用是什么？

能提高心肺功能，强身健体。

这答案虽不错，甚至很正确，但太过敷衍，问的人肯定要的不是这个答案。

能思考。

这答案对于我极为正确，我自己提出跑步禅的概念，虽然暂时还无法悟出，但跑步时走神，思考跑步之外的事情，思考人生，转移注意力，对于提高成绩，控制呼吸和心率极有帮助。

跑步还能买菜。

今天早上我就开发了跑步这一新功能，至少对于我是新功能。跑步起到了交通工具的作用。之前家里买菜，去超市、菜场，要么乘公交车去，要么骑自行车去，小区旁边的就走路过去。

但跑步去买菜却从来没有过。

为什么不可以既跑步锻炼了身体，又顺便买了菜呢？

当然可以。

这几天父母就经常提起，说一号路口（传统的杭州下沙郊区农民卖菜地点，距离我家 5 公里左右，）最近早市很不错，黏玉米大量上市，早市上都是刚采摘的，极为新鲜，父母由于年岁已大，极早去 5 公里外的早市不太方便，据说由于是路边摆摊，影响市容，一般早上 6 点刚过就被城管驱散了。

真正的早市，早到正常人家还没有起床，就已经散市了。

都是附近农民自产自销，既新鲜又便宜。

看父母语气中透着向往，当时我就表示，明早我跑步去买菜，锻炼买菜两不误。

在此之前曾经骑车去买过，大致情况很了解。

5 点半准时跑出门，比常规跑步多带了现金、公交卡（回程租公共自行车）、装菜的大帆布袋子。

方向不是钱塘江，而是相反，一条从来没跑过的路。但仍然极为熟悉，十几年生活在杭州下沙，每条路都十分熟悉。

11 号大街，一直跑到 6 号路，右转，沿着 6 号路一路向西，经过美利达下沙店、下沙邮局、瓯江饭店、工商银行、彩色盒子、大转盘万国旗，南边是西门子，

看到那一排的市区出租车，前面就是早市了，远远看人头攒动。说是早市，其实就是人行道上摆摊。

农村赶集模样，每个卖家都是自己眼前摆着的有限一点菜，多数卖家只卖一样菜或水果，多是自行车或人力三轮车驮来的，有的甚至是扁担担来的，还有一个口袋背来的。

本来天气就热，从家跑到这里刚好 25 分钟，所以判断是 5 公里的距离，人一停下马上汗流如注。卖菜的看着奇怪，纳闷天气有这么热吗？

迅速买了带皮黏玉米、西瓜、白兰瓜，计 10 公斤。装入带来的帆布口袋，在旁边最近的一个公共自行车点租了自行车，装入前车筐，骑车飞奔回家。

保持较快的踏频，马上有铁人三项比赛换项目的感觉，虽然顺序是反的。（铁人三项比赛是先游泳，次骑车，最后跑步。）

到家放下菜，稍休整，马上洗澡。母亲看着堆满地的新鲜蔬菜，乐不拢嘴，虽然我一直不认为早市的蔬菜就好很多，新鲜是肯定的，农药这块就难说了。但这件事的意义非同一般：跑步不再是之前家人眼中的闲着没事干的瞎跑，跑步可以高效率地做些更具实际意义的事，带着务实的任务去跑步带来的愉悦感也明显增加。

吃过早饭时间不过是 7 点钟。

按照习惯，背包骑车去上班，似乎什么都没发生过。

从今天早上起，我开始了一种全新的生活，不仅因为买到了母亲喜欢的菜，还因为从这次跑步中我所领悟到的一切，对我来说都具有一种跟以前截然不同的意义。至于我生活中的这个跑步新阶段将怎样结束，将来自会明白。

小贴士

跑步去买菜，只能选择去程，回程带着菜不方便奔跑，所以要选择旁边有方便公交站的菜场，在杭州，还可以选择旁边有便利的公共自行车点的菜场，骑车返回，锻炼效果更佳。

六、杭州　接力赛——那一群在雨中跑步的疯子

2015 年 7 月 5 日　杭州　中雨　下了一整天　最高温度 21℃

“如果我不是参赛者的话，我一定会认为那一群在雨中跑步的人是疯子。”

事实也如此，第二天一早餐桌上我和家人说起现场的情况，父亲像经过排练似地说：“一群疯子！”

那是怎样一群疯子呢？

下面从头说起。

杭州钱江新城，顾名思义，就是与老城区（西湖附近）相对应新建的城区，高楼林立，有些市政单位、文化部门也陆续搬迁至此，类似于上海的浦东新区。地标建筑是市民中心及日月形状的大剧院和会议中心。临近钱塘江，其实已经建在了江上的一处称为城市阳台，顾名思义，这里是杭州这个城市看风景的地方，阳台面对的就是钱塘江的无敌江景。

今天的钱江接力赛场地就从这个城市阳台下穿过，沿着江堤 4 公里往返跑。地点极好，风景绝佳。

可今天温度较低（前几天还 30 多摄氏度），雨一直下，江边还有风。

前几天被骑友（玩铁人三项的，女）行云临时拉来凑数，参加这个接力赛，本计划利用周末在江边跑跑步，看看风景，想想也没什么，我们报的是 6 小时组，也就是说一组里 4 个人连续跑 6 小时，算下来每个人跑步 1.5 小时，也不过比每天的早锻炼多半小时，我 1.5 小时大概跑 15 公里的样子。应该没问题，心态极为放松。

这几天雨就没停过，今天一早起来甚至是大雨的节奏，我知道 12 小时组的比赛是早上开始的，心里打鼓，这天气，冷风冷雨可怎么跑啊？

单位上午开大会，本学期最后一天，领导讲话，全校老师在下面听暑假布置。10 点钟会议结束，我知道我的假期开始了，迎接假期的第一项活动就是这下午的 6 小时接力跑。

马上冒雨回家吃午饭，特意多吃了些。

装备怎么带？鞋带一双，不可能带两双鞋吧？要是第一双鞋湿透了怎么办？

跑步衣服我想或许会换，便带了两件背心，一个短裤。

另外考虑接力休息的间隙肯定会很冷，便特意带了件长袖运动服和过膝短裤，这些都是在前几天的高温时被认为不可能再穿到的衣服。又翻出了昨天参加户外用品展览会时买的棒球帽，想着自己戴眼镜，棒球帽可以遮挡雨水。

补给上参考跑马，带了能量胶两个。据通知上说有饮料赞助，再加上天下雨，便没有带水，另外也考虑，比赛在繁华地带，周边商铺林立，接力间隙现场买都来得及。

看雨没有停的意思，还是按时出发赶往比赛地点。

在市民中心下车时，感觉雨似乎更大了，路上没什么行人，只在赶往江边（赛场）的路上偶尔见到几个一看就是参赛者打扮的人，知道自己方向没有错，快到江边，看到江堤上零星有人在跑步，拿着接力棒，我知道，这些是12小时组，他（她）们今天早上就开始跑了。

除了几个参赛者，江边几乎没人，看不出哪里报到检录，于是问一个某酒店（也可能是停车场）路边执勤的保安，刚说跑步俩字，保安手熟练一指，看来有太多的人向他问路了，不用说这大雨天来江边的肯定不是观光的游客。

走上江堤，参赛者多起来了，路上不时有志愿者，大都穿着厚厚的衣服，外面是荧光黄色背心，再外面裹着一次性雨衣，再打着伞服务比赛。

起点（终点）因为下雨显得有些混乱，一排帐篷沿着江堤搭着，看颜色大小不一，想来应该是12小时组自己搭建的。

6小时组的检录处就在旁边一处酒店的大堂外。陆续有参赛者过来登记，领取参赛包，然后去检录，换衣服，准备半小时后开始的比赛。

许多来报到的参赛者都忧心忡忡的样子，不时看天，寄希望于我们开始比赛时雨会停。

我们队伍4人到齐了，介绍互相认识，我只认识拉我入伙的行云，另两位一个是杭州跑步界的大神级人物吴栋。说大神一点不假，因为现场许多跑友都认识他，大都很尊敬地称他“栋哥”。我由于比他年龄大5岁（参赛名单上有身份证号码，所以知道年龄），便直呼其名了。另外一个也是女生，看样子也是高手。比赛要求一个队伍4人，至少有一个女生，所以绝大多数队伍是3男1女，而我们队是2男2女。惯常看法，同场竞技，我们似乎吃亏一些，事实果真如此吗？

完成了检录，换上比赛背心，广播通知每组第一棒可以准备了。我是最后一棒，至少还有接近一小时才能开始比赛。于是去查看赛场及环境。

天一直下雨，自己带来的东西无处存放，虽然组委会设置了存包处，可比赛要持续6小时，有些东西要时常用到，不可能一次次去麻烦工作人员取包存包。

吴栋人缘好，认识人也多，临时找到一个帐篷，是12小时组的一个队伍营地。我们的东西暂时存放于此，随时可取用，就在起点外几十米处。一直下雨，地面都是水，帐篷下也不例外，看来背包要能防水才好。

补给处餐食倒是十分丰富，红牛饮料、西瓜、香蕉、绿豆粥（估计是原本考虑高温下比赛而准备的，后来晚餐时分换成了白粥，几种小咸菜，还有花卷等）。

下午2点，6小时组准时开跑，我们第一棒是女生单骑（网名），其余队伍第一棒大都是男生，依然下雨，略小些，枪响后有百米比赛的感觉，毕竟第一棒，大家都兴奋，或许和气温有关，先把身体热起来。

因为每一棒都要沿着江堤跑4公里，时间估算大致为15分钟，所以第二棒就可以根据时间进入接力区。12小时组的比赛和6小时组的比赛除了时间和每组人数不同外(12小时组为6人一组)，其余都是相同的，也就是说接力区都在一起，在6小时组开始时，12小时组一直在比赛中。当然，比赛服颜色和号码牌是红蓝区分的。

13分钟左右的时候，第一棒已经有跑回来的了，许多组都把最强的安排在了第一棒，先声夺人，各组差距很大，我们组单骑虽是为数不多的第一棒女生，但回来的并不是最后，而且相对靠前。远远看见单骑跑回来，行云、吴栋大喊加油，我在旁拍照。第二棒吴栋是我们组最强的，之前他曾和我透露，他的全马最好成绩是3小时10分左右(本书出版前，吴栋的全马成绩破3小时了)，也就是业余高手行列，跑这4公里小菜一碟。

果然，吴栋跑回来时追回了许多，行云好胜，最近又一直在拜师吴栋学跑步，所以也有在师傅面前表现一下的意思，几乎是百米速度冲出去，十米之内就超越了第一个对手，引来起点一片惊呼。

我知道，这速度不可能持续。果然，接近20分钟后，行云用她那特有的左右摆动的姿态跑了回来(之前我们一起跑过半马，她的成绩我了解，和我差不多)，轮到我第一次上场了，老天似乎眷顾，雨竟然小了许多，难道我们不用雨跑了?

我也学行云的，其实许多人都一样，出发都速度稍快，毕竟那么多人在后面看着呢。结果过了200米就呼吸不畅，一看心率表，已经170以上，马上降速，调整呼吸，还是跑我自己的节奏吧。

于是，不时有人从我后面超越，当然也包括女生。

赛道一直在江堤上，一面是宜人江景(雨中也有朦胧美)，一面是钱江新城核心区，高楼林立。中间从城市阳台下穿过，想跑错路都不可能，折返点很有先见之明，设置在江桥下，风雨日晒都无虞。

心率平稳后，其实还是比日常跑步(140)稍快些，维持在160左右，毕竟是比赛，不能太闲庭信步了，况且总被女生超越也不好看。160左右是可以接受的心率范围。

由于雨并不大，可以说根本不影响跑步，我调整好呼吸心率后，匀速折返，折返点会发一个手环做标示，接棒时交回。在我能看见起点时，当然队友也就能看见我了，加油的喊声已经听得见，于是在能力范围内稍加快了些速度，顺利交接第一棒。我们也完成了第一轮跑步。

毕竟还是阴雨，有经验的吴栋上来击掌鼓励，并提醒注意保暖，马上加衣服。

刚跑完浑身流汗，根本没有冷的感觉，但经验告诉我，必须马上擦干汗水，穿上外衣，保持体温。

于是马上到存衣的帐篷内，翻出毛巾，擦干身体，并穿上长袖风衣，这时，心率也降了下来，感觉口干，于是补给成为必须。西瓜、香蕉各吃了一些，感觉极好。

我知道我至少有40分钟休息时间，可现场没地方坐，到处都是湿的，人家那些12小时组自带帐篷，里面是自己选手在休息。许多人在享受组委会提供的拉伸服务，一些12小时组的有抽筋症状或者肌肉疼痛的，专业团队在给他们做治疗，免费提供按摩服务。

我身体没有这些不适，便打着伞走走看看，雨开始大了起来，避开雨跑的幻想落空，天上的云也越来越厚。

第二轮，吴栋说他尽了全力去跑，几乎就是他的最好成绩了，似乎只用了12分钟多，我开玩笑，跑那么快干嘛，那岂不是要多跑一轮。我心想，我的计划是跑三轮即可挨过6小时。如果照吴栋的速度，那岂不是要跑4轮。

雨大了些，第二轮我顺利交接，跑得比第一轮轻松，但依然被几人超越，还包括女生。

拖队伍后腿的名声是坐实了。

有经验的跑者都带了多套衣服，跑完一轮马上换衣服，虽然下一轮跑步不可避免还会湿透(雨水加汗水)，但干爽的体感很重要，所以帐篷里大都挂满了衣物。

由于一直下雨，更加有经验的是带了拖鞋，跑完一轮马上换下来，穿拖鞋等待下一轮。12小时的跑步，需要大量的补给，多数队伍都没有把这当作比赛，而是当作了一次party，竟然有带葡萄酒的，边比赛边吃吃喝喝，阴雨限制了发挥，如果阳光明媚那将是更加惬意的一次跑友聚会。

大雨也阻挡不了秀自己的心，颁奖台上不时有人在凹造型，拿着组委会提供的道具拍照，比如写有“对不起，我长得那么美还有大长腿”“对不起，长得帅我还跑得快”等。运动装扮本就活力十足，再加之本次比赛杭州跑友也是大咖云集，不乏一些大长腿女生，雨润红更娇，惹来众多艳羡的目光。

雨越来越大，依旧是湿透，一些男队员干脆半裸上身跑步，第三轮时天气已经有些变暗，和云层加厚也有关系，而时间才18点多一点，我是第四棒，看来，照这样的速度，第四轮不可避免。第三轮我折返回来时，听到隆隆声，凭经验，这是钱江潮水的声音，可惜自己没带后勤，也不好叫摄影师，拍一张潮水来临时在钱塘江边比赛的照片那多有意义，记得上一次参加单位组织的沿江跑也是赶上了潮水。

我靠近江边跑，潮水并不大，没有形成一线潮，但依然有气势。

跑过潮水，交接后，比赛进入第四轮。

如果是平时，连续跑16公里是没问题的，一个多小时即可结束。可接力赛的

16 公里（四轮）间断进行，加上可恶的雨天，使得我们也没有坐下休息的地方，休息时间又浑身湿透，自己带的毛巾也已经湿透。这才羡慕那些带着大浴巾，甚或有穿着浴衣的英明跑友。

持续的比赛让参赛者们的体力消耗很大。第二轮下来我补充了花卷、绿豆粥、咸菜，补充盐分是必须的，我知道。

第四轮时天色完全黑了，只能靠路灯照明，雨越来越大，地面积水也多起来，甚至有些路段处于横流状态，前三轮我的鞋里还没进水，我和其他人说他们还不相信，许多人考虑雨天干脆穿了那种轻便鞋，下雨就进水那种，我的鞋经过验证，有一定的防雨功能，但防雨却不防水，第四轮时已看不清路面的积水，整只脚进了水，再好的鞋也不会防水了。加之第四轮风雨交加，由于没戴帽子，眼镜因雨水模糊，看不清路面，只好凭感觉往前跑，避免和对向而来的跑者相撞，幸好江堤上只有跑步者。

第四轮跑下来虽然并不感觉多么累，但身体已经有些凉，毕竟天已经黑了，气温估计也就十几摄氏度。

看时间，所剩不多，我估计第五轮轮不到我了，有前三棒足够跑足 6 小时。

加之最初预算跑三轮，现在已经超预算跑了四轮。

比赛间隙只补充了香蕉、白粥和咸菜，几乎没有什么热度的粥，姜糖水也凉了。

第五轮开始了，但心理和体力已不能支持我跑第五轮了。主要是体温流失很快，我换上了干衣服，穿上了带来的所有还算干的衣服，打着伞和另两位队友等待比赛结束。前三棒都跑了五轮，也就是 20 公里，根据组委会的通知，我似乎不用登场就可以跑满 6 小时了。可队友速度太快，竟然在结束前我还可以跑最后一棒，当然我可以放弃，那样的话成绩就会比别的组少一轮（4 公里），我已经换下了衣服，裁判竟然喊我们组上场，也就是喊我上场。尴尬中，大神吴栋挺身站了出来，他是第二棒，刚休息了十几分钟，马上替我上场（按规则是不允许的，于是解释说最后一棒抽筋了，想想真是惭愧），大雨中，吴栋跑了出去。

15 分钟后，翘首企盼中，最后一棒跑步大神吴栋跑了回来，当然是浑身湿透，抓紧浴巾披肩，保暖第一。

结果是吴栋跑了六轮。

晚 8 点钟，比赛全部结束，由于雨越下越大，每个人身上几乎没有干的地方，热量也在逐步散失，组委会原定的赛后狂欢只好取消，所有人都想尽快回家，洗个热水澡，喝上一碗热汤，吃上口热乎饭，然后进被窝用棉被把自己裹起来。

总之，一切都和升温、补充能量有关。

雨中跑步并不浪漫，有时要用时下流行的“虐”来形容。

大雨中跑步就更是严重的“虐”了。

组委会、志愿者已尽力，也十分周到，包括赛场食物补给和按摩服务等，但据说去年的比赛也是大雨中进行的。大雨中跑步肯定对身体有害，但比赛的兴奋，团队的合作，也肯定可以抵消一些伤害的顾虑。毕竟，雨中比赛也是可遇不可求，这样一份经历也可以让我知道自己的多方适应力和极限耐受力。

完成这样的比赛的前提是要有充分的准备。

成绩记录显示，6 小时组 26 个参赛队，我队名列第 10。这是非常满意的成绩，两位女生成绩好于我。

比赛，让我结识了一些跑友，学习了一些比赛经验，包括组织的经验。

我回到家时已经是晚上 10 点了。

疯狂的一天，祈祷明天不要感冒。

终于躺在床上，很快就睡着了，梦见了狮子。

2015 年 7 月 6 日　杭州　继续中雨

雨下了一整天，最高温度 20℃，据说雨水会延续到周末，当然是台风影响。

昨天的雨中比赛，睡了一夜身体有些疲乏，但并不比半马更累。不幸的是，虽然昨天少跑了一轮，也已经主动地保护了自己，身体还是有了轻微的感冒症状。

于是，一整天，蜂蜜水、羊肉汤、厚衣服，希望可以尽快补充回来。

跑步，还有太多需要学习。

2015 年 7 月 7 日　杭州　继续中雨　温度 21℃

感冒坐实了，虽然并不严重，但跑步后第三天竟然开始大腿酸疼，看来：

第一，赛后排酸没有严格执行，特别是没有有针对性地进行。

第二，同组队员中其他人都没有感冒，第二、三天人家都接着跑步锻炼，并未受雨中比赛的影响。这说明我体质不如人家，需加强锻炼；最主要是没有比赛经验，比赛保温工作做得不充分。

第三，比赛组织方也有一定责任，比赛遇雨，没有临时应变措施。

小贴士

任何比赛前都应关注天气，大雨中比赛，特别是持续时间较长的接力赛，防止失温极为重要，厚衣服、干爽的浴巾、至少两套的比赛服，包括袜子是必须的，另外，备一双拖鞋是很实用的。面对恶劣天气，组委会即便无力准备，但也应该提醒参赛队带好必备品，比如防雨帐篷，多带衣物、补充高热量的食物等。因为不是所有参赛队都十分有经验。

七、上海　三天——台风都挡不住的学习脚步

马拉松的一切智慧都包含在这两个字里面：匀速。

1. 培训学习第一天

2015 年 7 月 11 日　上海　暴雨　台风路过

台风“灿鸿”横扫舟山，上海捎带而过。

从昨天开始一直下雨。

台风阻不了学习的脚步，博士毕业后，工作十年来第一次主动学习充电。而且和工作毫无关系。

花费 5500 元，3 天时间学习 RSLab 的跑步教练教程。学习后，通过理论和实践考试课获得 RSLab 专业一级教练资格。

今天是第一次课，受台风及场地因素影响，10 名学员辗转上海，浦西到浦东，原定 9 点钟开始上的课，一直到 10 点半才开始。

不过学员们并没有太多抱怨，毕竟都是成年人，台风天能开课已经很不容易，学习第一。

跑步很简单，是看似很简单，跑步谁都会，但真的谁都会跑步吗?

跑步成绩提升对我而言是个瓶颈，跑过两次半马，发现自己似乎无法再提高成绩，在 530 的配速下后来已经精疲力竭。平时在跑步锻炼时，也无法提高速度，每次都是因呼吸心率而不得不慢回自己熟悉的速度。

之所以报名充电学习，就是想看看是否真的有先进的跑步理论和指导，网上好多帖子说得神乎其神，但不知道该信哪一个，也不敢抓住一个去尝试，万一不适合自己呢?

自行车运动员的 fitting 让我相信，跑步也应该有类似的适合每一个人的 fitting，或者说训练计划，但是如何找到我自己的 fitting，以及如何帮助别人做跑步 fitting，亦是我此次学习的目的之一。

上海站培训学员 10 人，6 男 4 女，我是年龄最大的，比教练年龄都大，其实教练（讲师）很年轻。

学员中，健身教练有 4 个，他们来学习是为了提升素质，拓展业务。其余皆为跑步爱好者，这其中有跑步中受到伤害，无法继续想寻找答案的；有成绩不错但想学习更专业的；也有根本没有跑过步，想选择跑步健身又担心跑错了适得其反的；我属于想研究一下作为健身方式的跑步应该什么样子的。

第一天讲的是跑步人体力学与运动生理。主讲来自北京 RSLab 总部。

这是一个来自欧洲（比利时）的专业跑步研究机构，有几十年的数据积累、研究成果，几乎为世界上所有的跑步冠军（长跑）都服务过，他们积累的数据则主要来自几十年的世界顶级运动员。

当然也包括欧洲的普通跑步爱好者。

我从讲座上得知，RSLab 属于欧洲跑步理论流派的执牛耳者，市场上相对应的还有美国派的跑步理论。

中国市场上充斥的绝大多数是美国的理论，也包括从我国台湾、日本转译过来的，其中还有许多是错译，甚至多年来一直被误解的概念。当然，这都是教练的一家之言，庆幸自己没有学过也没有实践过美国的理论书籍，不然必定会矛盾。

现场学员中那几个教练及资深跑者就不一样了，他们已经受美国理论影响颇深，不过也好，现场可以和欧洲理论切磋、比较，这样有利于提高。讲师则一一解答。

由于多少有一些医学基础知识，讲课听起来并不吃力，但由于信息量比较大（原本应该几个月的课程压缩成几天），也需要不停地记笔记，不停地转脑子才跟得上。课后复习也是必须的，不然肯定无法彻底消化。

我已经不记得上一次这样认真听课是多少年前的事了。

学员人数少，且不乏专业人士（健身教练），课堂提问也不少，毕竟，并不便宜的培训费大家都想物有所值，都想利用有限的时间尽可能多学习一些知识。

课程最后是实测环节，针对每一个学员的跑步动作讲解如何测量、如何判断跑步动作正确与否及错误动作如何纠正。

让学员大跌眼镜的是，几乎没有人的跑步动作是符合欧洲理论要求的，讲师对每个学员跑步动作录像后，用其专用软件成像分析，没有一个人跑步姿势完全正确。吊诡的是几个健身教练（平时也有过指导跑步）动作错误得离谱。而指导起别人来则头头是道，看来医者无法自医，也不该自医。

于是讲师挨个纠正动作，大家反复练习。

足底受力测试也是各不相同，给大家打击很大的是，一直以来引以为豪的某些顶级跑鞋在讲师的测试分析下，竟然一无是处，甚至是根本不适合自己的。

看来跑鞋的选择才是最应该做 fitting 的，据说 3D 打印鞋垫在欧洲已经很普及，而国内除了国家队成员，还很少有人有这意识，也没有地方提供这一服务。甚至几乎没有人知道应该定制鞋垫。

绝大多数人都是对世界四大跑鞋如数家珍，以为只要是顶级品牌，就没问题了。

估计这次课后，绝大多数学员都该去重新买鞋，甚至是去定制鞋垫了。

北马昨天开放报名，今年升级为都是全马，开放名额30000个，报名超过此数则采取抽签方式。今天上课时，我开玩笑地对教练说，是不是我听了这次课就能跑全马了。

教练说没问题。

不管是不是玩笑。我想试一下，于是网上登记报名，十几分钟，预报名成功，下一步就是等待抽签了。

但愿运气好。

2. 培训学习第二天

2015年7月12日　上海　小雨转阴　台风已过

“其实我是不想来学习跑步的，几年前我高兴我终于可以不跑步了。”

这是一位身为健身教练的学员说的，这位小姑娘之前是短跑运动员，后来转行做健身教练，这次是公司有这笔培训经费可以用，才略带被迫、不情愿地参加了这次跑步培训认证。

她以前是短跑运动员，这次参加的是长跑培训，或许在普通人眼里都是跑步，训练方法应该都差不多，但其实短跑和长跑的训练方法几乎是相反的。

今天的内容是体能训练、热身、拉伸等。理论加实践操作，包括各种跑步相关身体指标的测试方法。

测试很简单，多学习、多操作几次就熟悉了。具体这些指标如何分析，能得出什么身体状况测评和跑步训练建议，看似很复杂也很专深，但这些都有专业公司做好的软件，只要把数据输入，自然会输出一份结果。

就好比电脑很复杂，但不需要每个人知道其工作原理并亲自去制作，我们只需要会使用即可。

今天的主讲教师是亚洲体适能研究中心的专业教练，年轻干练，讲课生动易懂。我印象最深的是他讲的体适能的概念，体适能就是人的身体适应自然环境变化的能力。公司的目的就是调节或培养增强人们的这种能力，而不是倚仗外力去适应这个世界。当然也不能极端到比如下雨天也不要打伞，要适应自然的变化等。

最简单的例子比如刨宫产，国外是决不提倡的，医院会尽力要求产妇自然生产。而国内这些年剖宫产率畸形地高，具体原因就不分析了。试想一下，在远古时代，甚至不要那么远，就是一百年前，剖宫产没发明之前，难产的孕妇就是被自然淘汰的对象。也就是身体不能适应自然规律的人，自然会被淘汰。而现在大部分孕妇要经过剖宫产（有主动有被动）才能生下孩子，这批产妇和孩子不是经历过优胜劣汰，而是经过技术保护降临人世，体适能就差，日后体弱多病在所难免。

运动热身和拉伸的内容让我获益匪浅，这和我本人从不做任何热身和拉伸有关，之前也没有接受过任何理论，等于白纸一张，教练一讲便醍醐灌顶。而学员中有好几个本身就是健身教练或跑步大神，之前热身和拉伸理论接触了许多，也很成熟，新讲师的理论经常会出现与之前自己掌握的、根深蒂固的做法相抵触的地方，让他们迅速接受也就有些难度，培训现场与老师的提问讨论甚至争论也就时常发生了。

昨天的课程让我发现自己根本不会跑步。

今天课程结束后，发现自己不敢去跑步了，因为跑前不做热身、拉伸，训练后不做拉伸恢复，有诸多健康隐患。还包括与跑步配合的饮食调节自己以前都没怎么考虑过，最多是跑友零散的传授，很不成系统。

跑步暂停，先消化一下。

3. 培训学习第三天

2015 年 7 月 13 日　上海　出梅入伏　天气闷热

RSLab 跑步一级教练培训最后一天。

今天的内容是训练计划的制定、跑步装备的选择等。

对于仅以做教练为培训目的的学员来说，今天是最有价值的一天，因为今天我们接触到了真正的针对各个级别跑步需求者的训练计划，这一计划是 RSLab 欧洲几十年经验的积累，可以说是绝对拿得出手的，是真正的有知识版权的“私货”。只要我们严格按照这些计划的制定条件去选择学员，严格执行去培训，就能得到想要的结果。

这份训练计划包括训练前的测试问卷，根据问卷结果及学员意愿选择合适的训练计划。训练计划从目标距离上分为 5 公里、10 公里、20 公里和 42 公里四个级别，几乎涵盖所有可能的参训意愿。训练计划从级别上分为四个级别：业余一级、业余二级、专业一级、专业二级。每个计划 8 周到 10 周不等，计划具体到每一分钟的训练内容，看了就让人信服。

对于我们学员中不想将来做教练的，纯粹是为了自己跑步需要的来说，今天的内容中跑步装备的知识则更为实用。

最重要如跑鞋的选择。

学过才知道，绝大多数人都没能选对属于自己的鞋。

中国绝大多数跑者都崇拜名牌，选择那几个有限的名牌，而不是根据自己的脚型、跑步特点、跑步目的来选择个性化的跑鞋。更不要说像跑步发达地区如欧洲跑者那样，定制自己的跑鞋。中国的跑者也暂时无法接受一双价格超过一双鞋的定制鞋垫。

关于跑步，我们还刚刚起步。

按照某学员的说法，现在的中国，社会上那些自发组成的民间跑团，绝大多数经过一年都变成了残联(几乎没有不受伤的)。现实极为残酷，跑步的生命极为短暂，几乎是不可持续，更不要提跑出健康。

在我国几乎没有为普罗大众跑步者提供指导的专业教练，跑步教练大都是其他运动项目的运动员或者健身教练转行或兼任的。这些教练本身只是跑过步或者说受到过一些跑步训练，却绝没有受到过教练知识培训。他们本身大都伤痕累累，不知这样的教练如何去指导别人。

三天的课程结束了，物有所值。但还要经过严格的考试才能拿到教练证书。考试包括理论和教练实践，即便马上投入考试准备，顺利考出也要几个月后。

课程最后，学员们都测试了自己的动态足部压力扫描分析，通过在特制的扫描测试仪器上跑步，获取个人的脚步压力形态，进而观察自己的脚外翻情况，为跑鞋选择、鞋垫定制提供参考。

据说定制鞋垫在欧洲极为普遍，正好过几天我也要去欧洲，这也是考察的内容之一，当然也包括跑鞋的选购，因为通过分析发现自己跑鞋选择不需要进行特意的矫正，常规合格跑鞋即可。

各位学员都忧心忡忡而又信心满满地离开。

现场培训是结束了，现实培训才刚刚开始。

4. 培训后的一些想法

2015 年 7 月 14 日　上海　出梅入伏　天气闷热

培训结束了，2015 年的温网也结束了，老天不肯遂人愿，费德勒再次输给了德约科维奇。

无奈岁月老去。

昨晚 RSLab 北京总部负责人，也就是本次跑步教练培训讲师之一 Derek 留作业，让上海一期的学员对讲师和课程提意见。

于是，我把自己的一些想法按要求写信给 Derek：

老师好，我是上海一期学员中年龄最大的那位，微信上看到你让上海一期的学员对讲师和课程提意见。我很高兴看到这一点，不是因为我有意见要提，而是因为这一课后行为。应该说这是一个负责任的行为，学习后学员的反馈很重要，不能讲师一厢情愿地讲课，效果如何都没有反馈，无论好坏，这样都有助于下一次培训效果的提升。

三天课程下来，我学习了系统的跑步知识，知道了作为一个跑步教练应该具有的知识体系是什么样子的。当然，毕竟时间有限，许多知识也只能点到为止。

要想成为自己满意的、RSLab 测试合格的跑步教练还需要实实在在地学习基础知识，并在实践中指导学员。达到所学知识熟练运用的目标，当然也需要在学员身上体现出效果。

关于课程建议有两个：

第一，提供教材或参考书目。三天培训只有几十页的讲义，其实就是 PPT 打印，而且还是很小的画面，有许多看不清楚。这对课堂听讲是够用了，但对于学员来讲远远不够，学员课后要进行复习，要成为合格教练肯定要系统地学习相关的比如运动生理学、运动解剖学、运动营养学等知识，即便培训时不能给学员提供 RSLab 认可的教材，也应在讲义下面或者课后为学员列出你们认可的参考书目。

另外，讲解运动力学时，可否为每人提供一张人体肌肉、骨骼的解剖图谱。作为课堂解剖模型的辅助，这也有利于课后的复习，毕竟不是每一个学员都有基础（说明下，我是医科大学毕业的，医学硕士，但不是临床专业）。

第二，每天增加一节实践课。三天的课程已经很压缩了，虽然所有学员都有工作，但可以利用假期或者请假，虽然授课老师也很累，但我还是希望增加早上的实践课，比如世纪公园（上海）5 公里或 10 公里一个完整的训练课，每天一次，虽然课程相对延后，比如最后一天才讲到训练，但这并不妨碍提前到早上的训练课。

训练课应包括 LSD（长距离慢跑）热身、拉伸、跑步、拉伸恢复，然后才是白天的课。

学员已经报名参加了培训，增加晨练环节，虽然很累，但肯定会积极响应、克服困难，赶来参加。所以，基于此，培训地点的选择也需要仔细衡量。

关于三天培训，就这么多了。

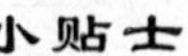

小贴士

面对跑步热潮，对于那些想加入的一族，首先要明了自己加入跑步大军的目的是什么。如果纯粹因为时髦，晒朋友圈，那买一些时髦装备随便跑跑就可以了；如果是以健身为目的，寻找适合自己的运动项目而选择跑步，那就需要慎重选择入门教练。记住，跑得好不一定教得好。

八、杭州　实践——跑步谁不会，还用教？

2015 年 7 月 15 日　杭州　26℃～32℃　天气闷热　体重 73 公斤

这是计划中系统学习后的第一次实践课，自己的实践。

早上 5 点钟起来，外面依旧雾蒙蒙，经验判断还是雾霾，但实践操练的冲动战胜了对空气污染的恐惧。

去跑步。

之前都是喝一杯水就出门。这次学习后知道不可空腹跑步，喝一杯水，外加一块大大的饼干，把自己的身体唤醒，新陈代谢也开始进行。

下楼开始热身慢跑，看看时间，10 分钟后跑过水利学院，到了 23 号路口，正好停下进行拉伸，按照肌肉顺序：股四头肌、腘绳肌、腓肠肌、比目鱼肌、髂腰肌……其实没那么复杂，也没那么神秘，说白了就是大腿内侧和外侧肌肉、小腿肌肉、腰连腿的肌肉，都用有针对性的动作拉伸一遍，至于髂胫束等无法站立完成的拉伸部位，只好放弃，在室外条件不具备没办法。

拉伸后分别做了高抬腿跑、直腿跑、后踢腿跑，两个回合，各 15 米。

热身完毕，然后开始正式跑步，继续跑向江边。

当然，要时刻注意跑步动作，前臂上臂直角，呈钟摆运动，自然摆动。说起来容易，做起来有些难，毕竟习惯不是这样的，需要分散一部分精力来注意动作。速度则一直没加起来，由于没带心率表，估计一直处于匀速跑状态，没有达到最大心率的 70%。

40 分钟后跑回小区楼下，没有像往常一样上楼，而是在楼下继续刚才的拉伸动作做一遍，这次是静态拉伸，每个动作尽量保持 30 秒，作为恢复。

10 分钟后上楼洗漱，吃早餐。

不知是不是心理作用，相对规范的一次跑步实践后，竟然没有以往的疲劳和腿部多少会有的酸痛感。看来规范拉伸真的很有效果，关键是使用正确的拉伸动作。

白天微信发布 RSLab 学习经历的信息，马上有朋友要求我指导跑步，这也是考试的一部分，当然要认真对待，也是检验自身所学，希望学员能按照计划真的出效果。

当然，这前提是我正确选择跑步训练计划给学员。

晚饭后陪父母散步，3 公里，顺便实践跑步摆臂动作。开玩笑地和父母说："来年就有人花钱请我去教如何跑步了。"

父母不屑：“跑步谁不会，还用教？”

但我知道，我现在做的是一桩大好事情，远远胜过我一向的所作所为。

小贴士

跑步后的静态拉伸，其中静态很重要，至少要保持15秒以上，现实中经常见有人在高频率地连续压腿，连一秒的静止都没有，和静态毫无关系，这当然也起不到恢复放松的效果。

九、巴黎　下马威——痛饮巴黎，和平咖啡馆内的洋相

2015 年 7 月 18 日　巴黎　久违了的蓝天白云

卡塔尔人民很友好，卡塔尔航空的飞机上乘务人员不停地为我们发放食品，品种丰富，隔几个小时准时“喂食”，除了常见的饮料外，竟然还有各种葡萄酒提供，我们一度担心自己这么低的机票，卡塔尔人岂不是亏了，吃东西后来都略带负罪感了，但我还是分别品尝了几种葡萄酒，当然是模仿书上说的根据主菜红白搭配。

近 20 个小时的飞行并不觉难熬。巴黎人民更是友好，下飞机进入到达厅，就看到中文的“欢迎你”，当然还有许多种别国文字，只不过我对中文熟悉罢了。

过海关，警察看我面孔，问我会英文吗，回答 Yes，问我来干嘛，当然回答旅行了。然后要我出示法国住宿预订单，我掏出自己事先做好的攻略，我记得宾馆预订单和火车票都在里面，一时着急竟然没找到，于是把厚厚一叠攻略足有几十页递给警察，让他自己翻找，警察接过翻看了下，也不知道看没看到，反正是被我详细的攻略震惊到了，马上递还给我，那表情的意思是：你赢了，可以走了。

按照攻略，连带问路，顺利找到机场大巴，学着别人模样在自动售票机买了票，根据屏幕时间提示，巴黎机场大巴准时接上了我们。

英语必须要用了，即便不会多少。

机场大巴，其实我选择的应该叫机场公交，郊区窗外景色和老家东北极为相像，这也增加了我对巴黎的亲近感。

更贴心的是，班车到终点时有中文报站，当然，出是有许多种语言报站，我只听懂了中文罢了。我选择的这班车终点就在歌剧院，离我预订的酒店非常近。旁边是巴黎的著名地标：歌剧院、老佛爷、巴黎春天百货。

二战时，巴黎解放，戴高乐将军进入巴黎，就选择了在和平咖啡馆庆祝胜利，所谓痛饮巴黎，可见和平咖啡馆在巴黎的地位。

和平咖啡馆就在歌剧院广场左侧，与我的酒店咫尺之遥。于是，第一次到欧洲，第一站选择了巴黎，当然要从痛饮开始了。

和我一样想法的人很多，露天咖啡座要等位，最好有预定，退而求其次，我们在非晚餐时间进入了大厅吃晚餐。和需要等位的露天咖啡座相比，大厅略显空荡。考验我们英语的时候到了，有经验的服务生大叔见多识广，竟然会说“你好”“谢谢”还知道上海，但点菜还得英文。菜单是有英文的，勉强在一些品类下点菜，外国人菜单都很简单，没有中国餐那么多名目，似乎大都是前菜、主菜、点

心、酒水之类的。由于事先做功课的手机软件因故罢工，对于菜名几乎一无所知，只能在服务生的叽哩哇啦中分辨出一两个自己熟悉的单词，首先我抓住了洋葱这个词，攻略上也说过，和平咖啡馆的洋葱汤一绝，就是它了。接下来主菜就好办了，外国人长长的菜单上列出了所有的食材，但主食材只有一个，我总结来看，你只要会4个单词即可：鸡肉、牛肉、鱼肉、海鲜，如果还能知道香肠、火腿就更好了。我听出服务生的发音中出现了金枪鱼的发音，这我熟悉，于是主菜吃鱼。

接下来是甜点，我们让服务生帮我们选一个好吃的，你懂的。

酒嘛，虽然巴黎该喝葡萄酒，但当时口渴，加之啤酒的英语比较熟悉，于是点了两杯啤酒。

接下来就是顺利开吃了。

其实吃得并不顺利，先上面包，让我们选哪种，后来知道，法国面包是主食，可以添加的，免费，类似于国内饭店的米饭。当我们后来发现时，毫不犹豫又加了一份。

之后上来的是啤酒和洋葱汤，听发音是这个，因为洋葱的英语我熟悉，可汤上来后我们品尝，虽洋葱味十足，却还有一种十分熟悉的味道，是什么呢？就是想不起来，看当然更看不出来，法国人把汤熬得面目全非，根本看不出是什么原材料，洋葱我们也是听英语发音，然后顺着味道品出来的。后来恍然大悟，原来是洋葱羊肉汤，羊肉已经熬成糊状了，但依稀可辨肉丝，是这个味道。

汤上来后，迟迟没有后续的菜，我们又不好意思把汤喝光，这样多不好看，怎么也要菜齐了再大吃大喝啊。于是我们继续等待，我们也没别的事，但一直等下去也不是个事啊，饭店大厅我们已经观察够了，有限的几桌几乎都是亚洲面孔。

这时服务员上来，指着汤问我们是否结束，我听懂了，可我们还有一大半没吃呢，怎么能收走呢？

无意中看见旁边上菜的服务桌子上放着的菜，我们恍然大悟，不是人家法国人上菜慢，是我们不懂规矩，人家是吃完这一道才能上下一道，这也是餐桌不大的原因，所有菜都摆上来根本放不下。

看明白这一点后，我们马上喝光了汤，示意服务员可以收走了。服务员马上收走了汤碗，同时也收走了我们的餐具。

正疑惑间，新的一套餐具上来了，新菜也上来了，主菜是金枪鱼，上面还有些蔬菜，摆盘极为雅致。

懂得规矩就好办了，后面就进行得极为顺利，主菜过后，服务员照例收走了餐具和空盘子。接下来是甜点，当然也需要新的餐具。

法国菜吃的是情调、过程和服务，内容倒没多少特殊之处。金枪鱼也是鱼的原本味道，未加太多中国式的调料渲染。

和平咖啡馆的浪漫晚餐结束后，是心痛的买单过程，107 欧元的账单让我们吃惊不小。暗自庆幸没有点太多的东西。

戴高乐是痛快，我们是痛心。

巴黎是一个节日，我们就当庆祝了。

小贴士

和平咖啡馆最著名的是露天咖啡座，看街上人来人往，在大堂内用餐并非明智的选择。

十、巴黎　地标——去欧洲跑步，你一定会说我疯了

2015 年 7 月 19 日　上午巴黎　天朗气清　下午阿维尼翁　阳光炙烤

去欧洲跑步，你一定会说我疯了。

那就疯吧。

在巴黎，我们就要像空气一般自由地跑步。

其实本次欧洲之行，确切地说是法国之行的重要目的之一就是跑步。

生物钟起作用，早上一点，也可以说凌晨一点，相当于杭州早七点，醒来睡不着了，当然知道无法起床做事，告诫自己必须适应巴黎时间作息，于是，继续关灯睡觉。

这样反复几次，巴黎早上六点，掀开窗帘看外面已基本天亮，便开始准备自己命名为备战北马(预报名成功，能否抽中签还未知)，欧洲拉练的跑步游计划。

相较于旅行团大巴、地铁等旅游方式，我更钟情于跑步游，这样可以在极早的晨练时间里像本地人一样，直接和城市做最近距离的接触。我们的酒店在歌剧院旁的一条小街里，根据昨晚对卢浮宫地理位置的勘察并结合巴黎地图，规划了今早的跑步路线。

稍补充了水分和一些昨晚准备的酸奶、点心，出酒店左拐上了歌剧院大街，一直往前跑，10 分钟后到了卢浮宫广场，和昨晚的游人如织相反，偌大个广场只有一个值班人在买票入口值守。这样一个静谧庄严的卢浮宫相信很少有游客看到过，现在只属于我一个人。

卢浮宫广场稍作拉伸，取道塞纳河，沿着右岸向西跑去，这时河岸上晨练的人多起来，看跑步姿态和装扮，就知道是每日跑步族，大家友好地互相打着招呼，欢迎我这新加入的巴黎跑步一族。

沿着右岸向前跑，埃菲尔铁塔开始逐渐清晰，那是今天跑步的计划折返点，跑到皇宫旁的那座桥时转向左岸，到了著名的巴黎左岸后，向着铁塔跑步前进。铁塔遥看近却无，拐过几个街巷，铁塔看不见了，很显然，铁塔离我越来越近了。又转过一个建筑，千万次在各路媒体上见过的、熟悉得不能再熟悉的巴黎地标之一——埃菲尔铁塔就伫立在我身体上方。我离塔基不过几十米，由于距离太近，很有压迫感。这个时候还没开门迎客，但已经有游人在拍照，卫生人员正在清理到处散落的酒瓶等垃圾，看来这里昨晚有大批狂欢的人，草坪上随处可见酒瓶等废物垃圾。估计用不了一小时，这里就会被清理干净，开始新的一天。

环绕铁塔有许多人在跑步，看来除塞纳河外，这里也是一个跑步乐园，因为

环铁塔有一圈天然草地适合跑步。

欣赏完铁塔雄姿，转身跑向塞纳河，这时左岸已经有咖啡馆在开门迎客。从最近的一处河桥跑回右岸，凭感觉沿着一条满是世界名牌店铺的大街跑向晨练的第三处地标——凯旋门。攻略上说，凯旋门四周有 12 条大街相通，其实跑步也发现，巴黎的街道都是以某广场为中心（或大或小）向四周发散状设置的。

凯旋门，每次环法这里都是终点，今年的最后一个赛段我正好在巴黎，必定会来看的。于是在一街边小店买了一件圆点衫，应景一下，20 欧元。

凯旋门并没有给我太多的惊喜，因为游客大巴已经开始到来，大伙争相拍照的旅游俗套已开始上演。按照计划，沿着那号称世界第一商街的香榭丽舍大街往回跑，香街要比我想象中的宽许多，两侧法国国旗飘扬，不知是一向如此，还是为了前几天的国庆日，或是为了之后几天的环法终点冲刺准备的。后来看到有工作人员在布置观众座椅，询问后得知，果然是为环法观众准备的临时看台。

在香榭丽舍大街，许多早餐店已经开门营业，选择一处咖啡店，我们也坐下来，点了一份早餐：羊角面包加咖啡。坐在露天座位上，其实就在街边，边享受巴黎早餐，边看世界第一街上渐多的人来人往。

简单的法式早餐后，继续沿着香街跑向埃及方尖碑，也就是协和广场，那里正在施工，看来也是为环法准备的。只好绕着广场边缘跑回卢浮宫，然后左拐，沿着歌剧院大街跑回酒店。做了简单的拉伸、洗漱，结束今天的欧洲拉练第一站，很显然，一周后回到巴黎时计划的跑步线路应该是巴黎圣母院方向，不走回头路嘛。

按照旅行计划，今天下午是要去南法——普罗旺斯地区，中世纪古城阿维尼翁。沿蔚蓝海岸再转一圈后回到巴黎看环法，然后离开。

乘高铁，去南法。

早上在香街跑步时，还在一家面包店特意买了两个法国长棍，这是为了向那个经典摄影作品——《小巴黎人》致敬，我也学着小男孩，抱着长棍跑过大街。当然，时代进步了，我抱着的是两条长棍，小男孩只有一条。

法国高铁没有中国的高级，但我阴差阳错地买了一等座，在上层车厢，那就显得很高级了。车厢坐满了，并没有国内高铁车厢内的喧闹。

车厢外是熟悉的景色，虽然第一次来法国，但这种熟悉是和中国东北家乡相似的熟悉：每年七月，大片收割完的麦田，依然金黄色，牛羊在其上觅食。其余的大片绿色块则是玉米地。

另一种熟悉是因为近期看环法，许多赛段都是这种景色，由于有航拍镜头则更加壮阔。

和国内高铁的另一处不同是，到站时需乘客自己开门，我不懂这规矩，又站在了门边，导致下车时让后面乘客提醒了才找到操作按钮，很是尴尬。

出了阿维尼翁车站马上热浪袭来，说是炙烤绝不为过。回想起刚才车上看到的晒得爆裂的山石和适合种在干热土地上的瓜。法国人还种了葡萄，薰衣草。

法国人周日有些公共交通停运，我们赶上了，攻略做得不到位。只好打车去酒店，一个看起来很有安全感的老年男性司机载上了我们，语言问题，我直接把酒店预订单递给了司机，据说法国的司机很靠谱。

攻略说只有 6 公里，一路上也没看到薰衣草田。

司机果然靠谱地把我们送到了酒店大门口，的士费有些肉疼，21 欧元。

酒店式公寓，就在阿维尼翁古城外，位置极好。经过了一天多的法式英语培训，我们和前台顺利交接，拿到了房间钥匙。也了解了房间的要求，有厨房设施，也就是说可以自己做饭。

稍作休整，外面天光大好，我们决定进古城逛逛，寻些吃的，然后去极有历史的阿维尼翁桥看落日。

阿维尼翁戏剧节在每年 7 月举办，虽对其闻名程度早有耳闻，但亲自经历后则是另一番震撼。古城内外几乎有空闲的空间都贴满了戏剧海报，大大小小，就连路边护栏都是，用铺天盖地形容绝不为过。

古城内狭窄的小路，看似中世纪的建筑。来之前头脑中幻想的是戴头巾、穿长裙的电影中中世纪妇女形象，而现在却是满眼的背心热裤女郎，骑着自行车在狭窄的街道上飞驰而过。街道过于狭窄，人流只能拥挤，街边不是咖啡店、酒馆就是剧院，大大小小，不时有向你手里塞演出信息的人，所有饭馆几乎都坐满了人，无论大小。

在一处小广场前，似乎嘉年华在上演，几百号人坐在那里喝酒聊天，我以为这里就是古城中心了，这样的热闹怎能错过，马上寻到一个位子坐下，旁边一对老年夫妇也刚坐下正在看菜单，我们用蹩脚的英语和人家交流，原来这是一对来自巴黎的夫妇，过来度假看戏剧，老头上衣口袋里还有演出票。可惜的是，老头根本不会英语，老太只稍会一些，我拿着菜单咨询该点什么酒菜。

交流过程极为戏剧化，很应景，总之最后我们成功点了主菜和前菜，没有选择点心，因为这几天吃了太多点心。说实话，虽然点了菜，但我根本不知道自己点了什么，只有看服务员端上什么算什么了。这倒有别样的赌博乐趣，虽然我从不赌博。玫瑰葡萄酒和免费的水是看着绝大多数人餐桌点的，不会错。

不一会儿，我们的菜上来了，原来是一份牛排和一份火腿蔬菜，那火腿是意大利货，生吃，听说过，没试过，这下开眼了，吃过了，还是不错的。牛排也很好。最赞的是那玫瑰葡萄酒，冰镇过，大热天喝下去极为爽口。

我们和法国老夫妇热烈而笨拙地交流着，仿佛老朋友般，也仿佛对方都能听懂一样，事实上也交流得很愉快，老太太的英语比我们好些。

我们的英语也提高得很快，窃喜。

看日落将近，我们匆匆告别，希望明天再碰到，顺着小路，我们出城来到河边，火烧云还在，日已落，余晖还在。夕阳河谷很美，照片上无数次见到的断桥静静地伫立河上，真实景色美过照片无数，我们坐在河岸边，享受着慢慢天黑，余晖消失殆尽。断桥变成了黑影，我们知道，一会就是夜景灯光下的断桥了。留恋于刚才的古城内美食美景，我们没等上灯，又从另一条路返回了古城内。不知道路也没关系，跟着前边的人走即可，肯定有惊喜。果然拐过几个弯，上了几级台阶，巨大、壮观、雄伟、伟大……什么词都不足以形容的令人震撼的教皇宫和大教堂出现在我们眼前，只能仰视。在灯光下，广场上的几处演出前都围满了人，西方人那种小丑喜剧，听不懂也能看得懂，那是孩子们的乐园，不时有人被拉进去互动，当然也有点小礼物回馈。

再往下，我们来到了真正的古城中心，刚才看到的，吃饭的那个小广场简直小巫见大巫，不及这中心广场之十分之一。几千人在此饮酒狂欢，找不到座位，旋转木马竟然也有，上面也骑满了人。夜生活才刚刚开始，外人无论如何也想不到这外表肃穆静谧的古城里，竟然有这样的狂欢在上演，几乎每一处街角，都有街头艺人和小团体在演出。

疯狂的戏剧节，看来明天哪也不去了，什么薰衣草、石头城都不去看了，就留在这里，这样的热闹怎能错过。

 **小贴士**

跑步逛一个国外的城市，最好选择当地常规的跑步时间和路段，比如早上、傍晚，河边、公园等，不然会显得很另类。在巴黎，白天繁忙的游人熙熙攘攘的大街上就不适合跑步。

十一、法国　阿维尼翁——古城的阳光，马赛的鱼汤

2015 年 7 月 20 日　阿维尼翁　阳光炙烤

备战可能的北马，欧洲拉练，今天是第二天跑步。

主题是跑过岁月，跑进中世纪。

适应了法国时差，早上 5 点半起床。

入乡随俗，我们入住的是公寓酒店，有厨房，自备了早餐：牛油果、苹果、蟠桃、法国长棍（昨天买来做拍照道具的那个）、马卡龙，还有阿维尼翁特产茴香酒，昨晚在家乐福超市，3 欧元一瓶，买回后就放在了房间冰箱里。

公寓就在阿维尼翁大学对面，很是醒目的地标。

判断太阳马上就要升起，所以选择了逆时针，因为这样可以很快到阿维尼翁桥上，早晨的光线很适合拍照。和夫人第一圈边跑边各种摆拍，享受跑步旅游的乐趣。

阿维尼翁古城城墙一周刚好 5 公里，一开始以为城墙已残破，可跑了一会发现，那不是残破，而是人家本来就设计成这样。我是拿中国长城的标准来衡量阿维尼翁了。这里古城是完整的一环，城门、垛口等设施就设计成这个样子，和中国城墙不同的是，阿维尼翁城墙还有许多小门，供人进出，很小的门，几乎仅能容一人通过，但不知是当年就如此设计，还是现代人为通行方便改进，总之很人性化，看起来也很有趣。

环古城有专门的跑步道：碎沙石、土路、草地都有，每个路段略有变化，属于天然的适合跑步的道路。跑步的人不少，大都是欧洲面孔，看来都是经常跑的，皮肤黝黑，是经常户外晒黑的那种。我是今天早上晨跑一族中唯一的亚洲面孔。城墙外是现代化的公路和建筑，虽不多，但穿梭其间跑步给人一种时空错乱感，一边是中世纪古城，一边是现代化新城。想中世纪罗马教皇是否也在这城墙下散步，是否也对着罗讷河沉思，是否也在阿维尼翁桥下看日出日落。但有一点是可以肯定的，当时的桥还是完整的，还是过河的重要通道。

现在的断桥则更是多了一份沧桑，有如那断臂的维纳斯。

杭州的断桥是不断的，还有传说。

第一圈跑跑停停，拍照中跑过，太阳升了起来，马上有炙烤的感觉。于是我专心跑第二圈。按照 RSLab 所学，一边纠正姿势，一边控制心率，虽没戴心率表，但可以感知心率范围，不知是否和跑前喝了点酒有关，或许是太阳太热的关系，口干得厉害。第二个 5 公里也很快结束，接着在阿维尼翁大学门口阴凉处做跑后

恢复拉伸，看满街的戏剧海报，看逐渐多起来的车辆行人。

前后一个半小时，结束了今天的晨练，体感无异常。

回公寓洗澡休息，阳光太强，城墙外几丛薰衣草也已不见紫色，况且本就没打算去追随攻略看名满天下的普罗旺斯薰衣草花海。

我更钟情于那疯狂的戏剧节。

有些时候换个角度会有意想不到的惊喜，正如某些风景，离得远些或许看得更清楚，也正如人与人的关系，走得太近反倒会被假象所蒙蔽，拉开些距离反而可以更清楚地认识这个人。

对于阿维尼翁古城同样如此，第一天除了环绕古城跑步，就是在古城内游荡，到处是疯狂的戏剧演出情景，大街上人潮川流不息，不是赶场看戏的人，就是演出剧组人员在街头拉观众，派发海报，当然也有路演。想想也是，一个月内，一千多部戏轮番上演，每天都有上百场演出，要想看到自己钟情的剧目，在有限的时间内是需要好好做功课的，剧组则是想着如何推销自己的演出，希望每场都观众爆满，获得叫好声一片，所以古城内从早到晚上演着戏剧演出的拉票战。受益的还有饭馆酒吧的老板们。

2015 年 7 月 21 日　上午　阿维尼翁　阳光炙烤　下午马赛　依然阳光热烈

今天起得更早，还不到 6 点，天刚蒙蒙亮，我和夫人便换好跑步服装，补充了水分、面包、酸奶，出门目标很明确，跑到郊外去看古城日出，也就是到河对岸去。

果然是太早了，跑步一族还没出门，路上只有环卫工。

从阿维尼翁断桥旁跑过（该桥是景点，白天需买票登上去参观，跑步时还不到开放时间，只能从旁边跑过），再往前便是现代化的过河大桥，那里可以全景看到古城。在桥上回头看古城，由于距离已经拉开一些，古城景色已然不同，高高矗立于古城所有建筑之上的教皇宫，有种君临天下的气势，最高处的圣母像则向西俯瞰众生。

过桥到了罗讷河对岸，才发现原来这里是露营区，房车帐篷密布，没有人影，草地上散落着酒瓶，每一处垃圾箱都塞满了酒瓶和食物垃圾，想必是昨晚有一场狂欢，或许每天都是如此。营地外草地上，许多人只带睡袋，没有帐篷，依然酣睡。我们沿着河边轻轻跑过，不敢惊醒梦中人。

与古城拉开了一段距离后，景色绝然不同了，沿着河边草地跑过，已经开始有晨练的人，看来这是另一条跑步常规路线，第一条当然是环古城。

跑了几公里，在河边拉伸等候日出，河面、断桥，染上金色，特别是远处古城教皇宫上的圣母像，本就镀金身，朝阳下更是光芒万丈。

回程选择了从古城内穿行，专走小路，几乎没有一个行人，偶尔有人家拉开卷帘窗的声音，余下的则是静谧，跑步都得轻手轻脚，许多居民应当还在睡梦中。

转过几条小路，来到教皇宫广场，昨晚人山人海嗨翻天，今天空空静静无一人。偶有鸽子飞下盘旋，离得太近，抬头看不见圣母像。

继续回跑，经过昨天那条热闹的被戏剧海报铺满的街道，海报还在，行人几乎没有，就在这里，竟然发现一家神一样的小店——专业跑步用品店，我此次法国行最想买的几个品牌竟然都出现在这里，这里几乎云集了在我认知范围内的所有跑步名牌，当然还有几个前些天 RSLab 培训教练推荐的几个质量过硬的品牌。

毫不犹豫，不能错过，回去洗漱早饭，带上钱来这扫货。

店主是个老先生，虽语言不通，但运动是相通的，我成了他今天的大客户，扮演了一次传说中的中国土豪扫货欧洲：一双正好适应我的 footscan（足底压力步态分析系统），矫正足外翻的 Brooks 跑鞋，两套 Gore 跑步服，春夏各一套。

心满意足，面对大客户，老先生 7 折优惠，临走又送了我一顶空顶帽，跑步用的那种，说是瑞士奥林匹克冠军款。

按照行程，下午进军马赛。

只有半小时高铁的路程。

马赛是法国之行最没期待的，也是最不被看好的旅游地。只是路过，鉴于网上都说治安不好，所以只预定了一天酒店，周转一下。

但从一出火车站开始，马赛便处处给我惊喜，我瞬间就爱上了这座产生了法国国歌的城市。马赛是个热情、热烈、热浪袭人的地方，虽偶有海风，但仍然不敢在阳光下停留。街上人潮熙攘，建筑特色鲜明，清一色的多层建筑，看不见超高建筑，或许和这里是老港区有关，路上还有有轨电车，兼具中国青岛和哈尔滨的风格。街上各色人等，几乎各种肤色，各种服饰俱全。据攻略上讲这里是港口城市，所以移民、偷渡而来的非洲人很多。

出车站就发现一家水果蔬菜店，竟然有我梦想好几天的西瓜，南法太热了，大热天能有一个西瓜那该是多么惬意。于是，毫不犹豫，我背着大包，手上提着西瓜，按照路线找酒店，马赛人好热情，问谁都指路，年轻人会英语的比较多，还算顺利。

酒店就在老港口旁边，位置极好，房间设施整洁俱全，不愧挂牌三星，进房间第一件事就是迅速干掉西瓜，没有水果刀，那就用手好了，吃得人仰马翻，酣畅淋漓。

稍事休整后开始闲逛马赛海港，寻找那名闻天下的马赛鱼汤。

浓烈的阳光下，港口内千帆竞立，不时有游客登船出发去海上游览，但绝大多数船是停泊在那里，或许还没到出港的时候。

到了晚上 6 点，餐馆还没营业，于是在一处酒吧点了杯啤酒，消暑降温，等待鱼汤上市。

晚上7点左右，太阳依然高悬，码头附近的餐馆陆续开始营业，找到那家网上口碑不错的餐厅，依然如故，鱼汤是顺利点完了，貌似主菜也顺利点完了，但依然不知道点了什么，除了鱼汤，其他食物的法语都不认识，只知道那一栏下面是主菜。看运气赌一把，上来什么吃什么，谁让这家店没有英文菜单也没有图例了呢。

更顺利的是之前做功课，学习了茴香酒的拼写，顺利点了一杯。当地特色嘛，也可以说是地中海特色。味道嘛，果然茴香味十足，再多我就不能透露了，下次来记得一定点上一杯。

马赛鱼汤外形其貌不扬，吃法新奇，味道惊艳。焦糊的面包，配上奶酪丝，沙拉酱，放入汤碗，饱蘸浓汤后放入口中，滋味万千。

绝对值得一尝。

赌一把是什么的主菜上来了，依然惊艳，竟然是羊羔蹄、羊肚包鸡肉，炖土豆。这搭配，这组合没听过，更别说尝过了。

好大一份，外加餐后甜点、咖啡，吃得一塌糊涂，必须运动消食了。

于是沿着海港往外走，凭经验判断，前面肯定是海，人流也都是那个方向，不时有对向回来的人，显然是刚在海边游泳过的，方向没错。

20分钟后，当我们到达海边的时候，已经是傍晚了。日落时分，没有沙滩，只有峭壁。静立海边，凭栏风吹，日落地中海。

看到一个指示牌，显示不远处就是圣依夫岛，基督山伯爵就曾经被关押在那个岛上的监狱里。岛上的房子(伊夫堡)深深地陷在里面，渐渐地笼罩在雾霭和夜色里看不见了，连一星儿显示出有一排房子屹立在那儿的光亮也没有。我站在海岸边望向海岛，对着远处那一片逐渐空洞虚无的幻景，凝视了好一会儿。

小贴士

点菜是个技术活，在语言不通的情况下，不差钱的，可以每一栏下面点一样，一般来说，西方人菜单大都是按照汤、前菜、主菜、甜点、饮品、酒来分类的。如果不怎么饿，只想体验下，又不至于被服务员视为异类，只点一份主菜加饮品即可。当然，你只点一杯咖啡或一杯葡萄酒也没什么。

十二、法国　马赛——喝完鱼汤去跑步，老城迷路

2015 年 7 月 22 日　上午马赛　下午尼斯　到处阳光炙烤

马赛有一个拥有 60 米高钟楼的教堂，据说是马赛的制高点、地标。钟楼尖上，是圣母怀抱耶稣俯视着整个马赛，在马赛任何一个角落抬眼就能看到她。马赛人称其为圣母守护圣殿，有 800 年历史。教堂四周是交错纵横的马赛老城，今天早上，一对东方面孔的夫妇在此迷路了，早到甚至太阳还未出，这对夫妇来寻找什么？

这里，我需要解释一下。

教堂建于山顶，应该是看马赛全景的绝佳地点，攻略上也有讲到。

于是天还没亮，就准备登高望远。港口已有机器轰隆声，但不知道具体声音来自哪里，符合印象中港口一早的样子，按理说应该有大批渔船进港卸货，在码头卖鱼啥的，可看这港区里千帆林立，都是游艇模样，估计捕鱼为生的人家已经很少了。

由于看着教堂山就在眼前，加之早上只计划跑步，也因为语言不通，就没问路，凭感觉跑向山顶，转过几条街道，山看不见了，很显然，离得越近越找不到进山的路。

跑了好久，都是盘旋着上升的路，自己判断应该是越来越接近了。后来有些迷路，感觉不该这么远，正好街边出现了行人，便问路。可惜碰到的是只会法语的当地人，我只好比划着指向高处，划着十字，摊手示意不知该走哪条路，那个马赛人看懂了我要去教堂，于是成功问到路。如此这般又问了一个当地人之后，终于在转过几个路口后，看见了教堂，高高的圣母像，不同的是我已经来到了圣母身后，而圣母明明是俯瞰老港的。也就是说，我绕了远路，跑到山的另一边上来的。

管他呢，好风景都是要经历艰难才能看得到的，况且这风景值。

日出金光普照马赛，站在教堂下的广场上，正好能一览马赛新港旧港，左侧则是我昨天晚上散步消食去的海边，典型的地中海风情建筑格局，依山而建的房屋，蔚蓝的大海，此时正好有一艘大型游轮进新港。

教堂附近不宜喧闹，但运动是可以的，在山顶稍作拉伸，判断自己所在的位置，决定下山选择走富人区，直接到海边，沿着海边跑回老港、酒店。

下山后，进入典型马赛街区，干净狭窄的街道，绿植遍布，不时有鲜花伸出院墙，由于是依山而建，所有路都是坡路，而且几乎都仅能容一辆私家车通过，

需要极为熟练的驾驶技术。这种设计也彰显城市建设、规划智慧，每一条路只能是单行道。

这一居住区里会英语的人多了，我问路海滩方向，七拐八拐很顺利地就下到了海滩。碧蓝的地中海，游步道，沿海路许多路段就悬在海上，美景无限。我认为这里是绝佳晨练处，果不其然，跑步大军穿梭，于是马上加入跑步大军，或许我是这个早上，也许是这一段时期，唯一跑步马赛滨海路的亚洲面孔。幻想这可以适当改变法国人心目中国人除了购物、旅游、拍照之外什么都不会干的印象。

客观来说，海滨跑步是极为舒服的，没有了空气污染和干燥，美景宜人，心情舒畅，自然步频加快，轻松加速，没有呼吸不适。

由于是由东向西跑，初升的太阳照在后背，出汗后的凉气被化解，舒服得紧。

相比昨晚，一早海上清明，看得很远，圣依夫岛更是清晰可见，不知哪个窗口后有基督山伯爵坚定渴望的眼神。

跑跑走走，拍拍看看，回到宾馆已经近 10 点，也就是说一个早上运动了 3 个小时。效果明显，收获很大。看到了优美的马赛海岸线，看到了马赛城全景，看到了马赛城平民和富人生活区的不同。

一日的马赛行程有些太短，原先是顾虑治安问题，街头特别是老港区，火车站确实隐约可见一些“不稳定人群”的身影。正常旅游的话，马赛可安排三天，再增加老城区深度游览和乘船出海一天。如果时间极为充裕则可以住上十天半月，每天海滨大道跑步，早咖啡、午鱼汤、晚啤酒，人间美事一桩。

无可奈何，马赛只能怀念了，下午乘火车去往尼斯——所谓蔚蓝海岸最美丽的城市。

本次火车票没有座位号，先到先得，于是选了个正向靠右窗的位子，因为知道火车会沿海向东，可以随时欣赏地中海美景。果然没让我失望，海景、别墅、海湾、游艇、沙滩、游泳是这里生活的常态。

2 个半小时的车程很快过去，出车站很快就找了预定的酒店。房间极具地中海风情，橡木地板，独立露台，高高的落地窗，推开窗是一个花园，棕榈树，无一丝白云的蓝天。

傍晚七八点的样子，太阳依然高悬，尼斯海边人潮汹涌，游人不惧爆裂的阳光，海滩挤满了人。

英国人散步大道上，车流不息。如果说马赛是个火热生活的城市，那尼斯则是一个火热的旅游城市，无论是气温还是游人。

夜晚街边的露天餐馆更是一座难寻。

小贴士

在马赛旅游或者跑步，走光明大道是没有安全问题的，不要去那些老港区的偏僻小路或者城市北部，那些地方可以隐约感觉得到“暗流涌动”，但马赛也因此魅力无限。

十三、法国　蔚蓝海岸——酷热下的清凉美女

2015 年 7 月 23 日　上午　尼斯　下午　戛纳　依然到处阳光炙烤

今天关键词：跑步、电影、游泳。

怕被太阳晒就早起，要跑步也要早起，要看日出更要早起。

我本就喜欢也习惯早起。

早 6 点不到，我已经出现在英国人散步大道上了，川流不息的车流不见了，只有垃圾清扫车。海滩上除了裹着睡袋依然酣睡的露宿者，便是鸽子和海鸥。

一路向西，向着尼斯机场的方向。昨天傍晚时分，滨海大道上每隔几分钟就能看见一架飞机起降。

滨海大道上跑步的人都起得早，打扮专业，半小时后我就跑到了机场附近，原本在身后的日出，转过港湾，已经变成了彻底的海上日出。

我对着漫天绯红的日出方向，边拉神边等候日出，海滩上已经有了两位架好相机等候日出的游客，还有一个白衣打扮的亚洲小女生坐在海边的岩石上，手持相机静候着，看似已经坐了好一会了，她不知自己本身已经成了一幅画。

我时间掌握得刚刚好，拉伸几分钟后，太阳从尼斯海湾东边的山后升起，当地跑者不会如我一样停下欣赏日出，拍照留念，这些跑者在海边的跑步英姿进入了我的镜头。

往回跑就成了迎着朝阳的奔跑，听起来很美，实际上很糟糕，没戴太阳镜，阳光刺眼，只好加速跑回宾馆。

前后 1 小时 10 分，跑步距离约 10 公里。

凉爽的海边依然衣衫汗透。

美丽尼斯度假的第一天就这样开始了。

一直以为，游览一个城市最好的方式是步行，走遍每一个角落，体验当地的生活。还有一种方式，那就是乘坐公交车，有人曾说，到一个城市就随便跳上一辆公交车，一直坐到终点，然后再回来。

我没那么浪漫，我选择了开往戛纳的公交车，虽然火车半小时即可到达。主要是因为下午闲来无事，又听说公交车沿着海边走，风光无限，况且，乘公交车也是我喜欢的游览方式之一。

坐着城市公交，一路欣赏着南法风光，去电影圣地戛纳——世界三大电影节(另两个是柏林和威尼斯)之一朝圣。作为影迷的我，当然不能错过，虽然今年的戛纳电影节 5 月份已经举办过了。

公交车就是悠闲，我和夫人到得早排队在前，选了靠窗位置，风光无限。差不多用了两个小时才到戛纳，一下车就是椰林、沙滩、美女、咖啡、美食、豪华游艇，熟悉的电影场景，都是真的，这不是电影，这就是当地的生活。

眼前的戛纳，一切都那么熟悉，特别是电影宫，每一次电影节的红毯直播，镜头中的画面我太熟悉了。

电影宫大厅给游客、影迷提供许多便利服务，可以参观各种电影布景和明星手印，还可以像星光大道上的明星一样按下手印，并带走收藏。服务很贴心，我们也冒充了一次明星按下手印。

海滩、棕榈树，这里是地中海难得一见的真正的沙滩(尼斯、马赛等地海滩都是石子，很是硌脚)，虽然不大，但戏水游泳的很多，辣妹更多，很辣的那种。豪放女也不少，豪放到我都不敢直视，更不敢拍照，人家泰然自若地晒太阳，冲洗淋浴，活色生香。

另外一处游客影迷较多的地方是红毯秀，电影节直播时的那个台阶，背景是2015 年的戛纳电影节海报，很是应景，大家纷纷“搔首弄姿”，模仿明星拍照留念。

戛纳港口，阳光同样的明媚刺眼，游艇云集，不同的是马赛老港多是普通游艇，戛纳则是加强版的马赛，大都是豪华游艇、巨型游艇，显然这里富豪更多。

戛纳美食不容错过，离开港口进入一条小街，寻一家小店，或许是由于店太小太偏僻的缘故，女店主不会说英语，我只好拿出手机打开来法国前准备好的Say Hi App：

来一杯茴香酒，再来一杯啤酒。

马赛鱼汤，烤鲈鱼。

用 APP 沟通顺畅，不一会美味齐了，一如既往的美味。

傍晚乘公交车返回尼斯，老天相助，竟然难得阴天了。前两天都因为太阳烤人，看着当地人疯狂日光浴，在海里游泳，我们是连站在太阳下的勇气都没有，真是佩服那些欧洲人。这下可以亲近海水了。

迅速回宾馆换好泳装，冲到海边(宾馆离海边几百米)，投入地中海。

海水经过一天的暴晒，没有想象中冰凉的感觉，是夏天那种恰到好处的清凉。海浪不大，人躺进去极为舒服，碧蓝透明的海水，连一丝杂质都没有，有种想喝的冲动。

以前我从未见过比这更清更蓝的海水。

不仅海水干净，海滩也干净，甚至碎石中也没有垃圾杂物，这都是早上我跑步时看到的清洁工人的暴力冲洗、清扫、捡拾的功劳。

我躺在海面上，眼前海天空阔。

泡了一会上岸，躺在海滩上，石子温热，熨帖着皮肤。如果旁边再准备一杯冰啤酒就好了。啤酒确实有，不过是在旁边的收费的海滩上。我们所在的是公共开放海滩，一切要自备，除了冲淋设施。

尼斯海滩只有碎石，没有沙滩，走在上面非常硌脚，要适应一段时间。

天色渐暗，有些不舍，但还得上岸回宾馆。

我走上海岸，穿过英国人散步大道，进入小巷，又回头看了一眼地中海，开始赶回宾馆。几分钟后，在天完全黑下来之前我回到了自己的房间，夫人已经准备好了晚餐——啤酒是冰的。

小贴士

南法蔚蓝海岸的夏天，晴天阳光炙烤，十分刺眼，即便是晨跑也应戴上防护墨镜，不然会伤到眼睛，会有刺痛、流泪、不敢睁眼的感觉。其实，到任何地方旅游或者跑步，运动版墨镜都是必须带的。

十四、法国　尼斯——老城跑山，美丽的尼斯湾

2015 年 7 月 24 日　上午尼斯　依然晴热　下午摩纳哥，酷热难当

今天的关键词是老城、爬山、摩纳哥、蒙特卡洛。

尼斯很小，尼斯老城更小，小到我按照地图去逛，稍一疏忽就走过了头，本来我住老城西，从西门进，北门出即可，结果一不小心走到了北门，还以为没到西门，七拐八拐，竟然绕到了南门，恍然大悟，我竟然沿着老城绕了一圈。

将错就错，从南门上山，其实老城就在一个土坡上，那个土坡也可称为丘陵，面朝西方的一处丘陵。

一路看路标，猜法语，乐趣多多，从南边绕道东边上了丘陵的最高点。

旭日已东升，光线刚刚好。

丘陵顶，城堡上，尼斯海湾一览无余，海滩尽头就是尼斯机场——我晨练跑步的折返点。山顶只有两个晨练的当地人，想必游客很少会到这里来，更不要说那些跟团的游客了。海湾上白帆点点，海滩上都是晨练的人，在跑步或者游泳。丘陵不高，一切都能看得真切。丘陵下则是土黄或暗红的民居，一派地中海风光。

晨光中尼斯湾美景醉人。

下山就轻车熟路了，因为我们在山顶已经一览无余看清了下山的路。

早餐后，依然是公交车逛街模式，不过这次是去摩纳哥，虽然是另一个国家，但却和去另一个城市毫无差别，也不需要出示护照，虽然找公交车站费了番周折。

利用半天时间逛这个国中国——以网球大师赛、F1 和赌场闻名的摩纳哥。

沿途风光美到无法形容，阳光、海滩、蔚蓝的海水，山坡别墅，海中游艇、海滩日光浴和海水中游泳的人们。

近几日所见蔚蓝海岸均是此种风光，始知以往明信片上的风光生活只是当地人家的普通生活而已。

出尼斯，途中景色太美，语言不通，汽车不报站，竟然多坐了一站，本计划皇宫下车先参观摩纳哥皇宫，再参观其他地方，结果坐到了码头，将错就错，先逛逛码头也是不错的选择。

摩纳哥果然太小，数据显示只有 1.46 平方公里，港口随便走走就又回到了皇宫。相比马赛、戛纳，摩纳哥港口停泊的游艇更豪华。

像我们这种平头百姓参观摩纳哥皇宫，那感觉不言而喻。无与伦比的奢华，

摩纳哥皇宫不似现在是博物院的北京故宫，这里依然是在履行职责的皇宫，真正的皇宫。

所有参观者都成了名副其实的土包子，人家不让拍照，语言描述又过于苍白，只能建议亲自去看了。

不打算去赌场看，即便参观也不想去，虽然绝大多数游客都会小小的一试身手，碰个运气，但我对赌博实在无兴趣。

于是直接找回程车，摩纳哥单行道多，找不到回程车，只好一路问，竟然问到了赌场门口，好吧，那就看一眼吧，当然只是外面看看。

第一印象，依然是奢华，门口豪车塞路，那些豪车以前都是在车展上、电影里看到的，这次是现实中的豪车，各路叫不上名字的一看就是豪的豪车。

还是吃东西实在，我们此时感觉有些饿了，决定吃完东西再走，也不枉来摩纳哥一回。点菜的帅哥不会英语，法语也不会，Say Hi(App)又派上了用场，凭经验判断是意大利语，因为那卷起的舌音，因为这里离意大利更近。最后成功点菜，意大利通心粉、煎牛肉、啤酒。

坐公交车返回尼斯时，宾馆旁小店的烤鸡竟然还有，前几天都是赶不上，每天路过不是不开门，就是卖光了。终于赶上，毫不犹豫买了一只，配上啤酒、葡萄酒、水果、面包，回房间大吃一顿。

饭后小憩待日落，继续地中海游泳，光线明暗变幻，水极清。

浪花中，我诗兴大发，屡教不改地篡改了曾经学过的一首小诗：

不管我跑步，
还是我游泳，
我都想象自己是一只牛虻，
快乐地飞来飞去。

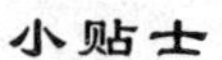

小贴士

去非英语国家或者语言不通的地方，下载一款多语种翻译的App装手机上极为便利，另外，尽量选择那种有图例菜单的餐馆，看图点单，差不到哪里去。

十五、法国　地中海——跑步入海，尼斯晨练的标准版

2015 年 7 月 25 日　上午尼斯　晴热　下午巴黎　阳光明媚　凉爽宜人

早上 6 点钟，我又一次站在尼斯海滩，如画般的蔚蓝海岸。上午 10 点钟的火车回巴黎。因此我不舍地、出神地望了海上一会儿。盼望大海能够对我说些吉祥的临别赠言。

尼斯的最后一个上午，如何度过呢？

当然正常度过了，因为这一天没有什么不同，天气正常依然晴热，海水正常依然湛蓝。

我也正常去跑步。

5 点多起床跑步，在英国人散步大道上，往尼斯机场方向，依然看日出的节奏。

海风轻拂，海水漫卷。太阳还没出，昏暗的海滩上露营（露宿）的游客依然酣睡，还遇到三个车后架上载了大大驮包的长途骑行爱好者，想当年自己也是这般模样，只不过没有这么好的海滩来露营，没有地中海可游泳，旁边还有免费淋浴冲洗，这样的骑游真是美上加美。在中国，即便在海南岛也不具备免费淋浴的海滩供你露营。

环卫工在冲洗海滩，清理岸上垃圾，跑步者已经很多，骑行晨练的也不少，均未带多少装备，至多一个水壶，应该就是居住在附近的惯常锻炼者。

机场在尼斯西面，为了避免回程太阳出来，阳光刺眼，步伐略快，在看日出的绝佳地未做停留，主要是前天已经拍摄过日出景象了，今天专心跑步，到机场后马上折返，50 分钟左右就回到了出发地海滩，不到 10 公里的样子，夫人也已起床，正在海边做着伸展，我们一起在海滩做恢复拉伸。

10 几分钟后，身上汗水已消，热度降了下来，今天于我是铁人两项的日子，下海游泳，只不过顺序颠倒了。

直接跳进地中海，一大早的海水仍然不凉，似乎还有昨天的余温，舒服至极。和中国北方，如青岛、大连等地海水早上跳进去冻得发抖不一样。怪不得那么多人选择早上游泳呢！

这时太阳已出，但还没有白天时烤人的热度，但我知道这样的阳光也不是我这皮肤能消受得了的，大约游泳半小时，迅速上岸，跑步回宾馆冲洗。

尼斯之旅以跑步加游泳结束。

小贴士

常规铁三比赛的顺序是游泳第一项，然后骑车、跑步，不建议逆序进行，特别是跑步后跳入海中游泳，体感虽舒服，但刚刚还张开的毛孔，正处于散热阶段，极易着凉。

十六、巴黎　环法——那一场彻骨的寒

2015 年 7 月 26 日　巴黎　环法最后一个赛段　温度极低　阴雨　大雨

今天的关键词是跑步、圣母院、卢浮宫、环法。

2015 年夏天，我经历了人生中最彻骨的一场寒。

不是矫情，也不是文字游戏，是身体真正感觉到的寒冷，让我这个从小在中国东北长大并生活几十年的人记忆深刻的一场寒冷。

地点是盛夏的巴黎。

如果不是因为环法，也不会有这次暑假的法国之行。之前一起相约环法的几位骑友因为签证等原因没能一起来，环法骑行的计划也就泡汤了，最后变成了我们夫妻法国游。为此，出发前多次讨论行程计划，唯一不变的是 7 月 26 号一定要在巴黎，因为那一天是环法最后一个赛段，回到巴黎，也就是大决战。多年的观赛经验告诉我，在最后一个赛段之前各种奖项（黄衫、绿衫、白衫、车队总成绩之类的）都早已有所属，虽然无悬念但依然会精彩，对于从没经历过环法现场的人来说那就是一场节日盛宴，车迷能有一次亲临现场便可人生无憾。作为环法终点的巴黎收官之战更是车迷心中的麦加。

最主要的是我对环法、自行车热情极高，今年几乎每个赛段都在关注，每天回到宾馆都会看新闻，虽然听不懂法语。

上半场：跑步圣母院，速逛卢浮宫

环法下午开始，我们还有一个上午和早上可以利用。

还用猜吗，当然是去跑步了，美其名曰热身。

跑步逛巴黎的哪里是有讲究的，凯旋门、埃菲尔铁塔、荣军院、卢浮宫、塞纳河都跑过了，显然还缺巴黎另一个最重要的地标——圣母院。

照例早 6 点起床，跑前早餐，补水，法国都是直饮水，打开龙头喝即可。出宾馆上歌剧院大街，奔卢浮宫，6 点钟在巴黎算很早了，路上只有清洁工在冲洗街道。冲洗也是城市干净的原因之一。也有和我一样的跑步者，极少见亚洲面孔晨跑。

轻车熟路地跑向卢浮宫，不久就感觉到今天有些冷，不是一般的冷，好在带了件防风外套，运动也不担心身体会凉。加快些步频好了，到塞纳河左转即可看见圣母院的教堂尖顶。

圣母院在塞纳河中的西堤岛上，这里是巴黎城市的源发地，也就是最早的巴黎。

伟大的雨果创造了卡西莫多和艾丝美拉达的凄美故事，才让世上更多的人知道了巴黎有个圣母院，圣母院上有钟楼，钟楼里有个怪人，怪人很丑，但是很善良。

不用识别，圣母院的影像早已经过各路媒体、载体的报道印刻在脑海里，就像埃菲尔铁塔一样，下了桥转过一个路口，眼前矗立的就是圣母院。

时间太早，圣母院前广场上几无游人，我们静静站立，注目圣母院，语言无法形容的建筑艺术之美，天空黑云低垂，很快就要下雨的样子，圣母院没有了绝大多数明信片上的蓝天白云下的壮美，更多了一份肃穆、悲壮，仿佛卡西莫多面对心上人最后的摊牌却回天乏术的心情。

缓步绕行一圈，仔细看过每一个可以感知到的建筑细节，兽形排水管道设计，形态各异，石刻雕花华美繁复，有石头的交响乐之称。据说晴天从教堂里往外看，彩色玻璃可幻化出万千色彩，故又名玫瑰玻璃窗。因时间过早，还不到开门时间，无缘入内仰视。

留有遗憾或许是旅游最大的魅力。

跑步离开圣母院，时间刚好8点多，下一站卢浮宫，这次是入内参观，虽然早有旅游大神说过，不要亵渎卢浮宫，如果没做好充分的功课和心理准备，如果没有至少两天的时间不要参观卢浮宫。

我们只有两个小时，9点钟开门，11点钟就要离开，因为还要回宾馆换衣服，12点要去看环法现场。

卢浮宫，只能用跑步的速度逛一下，这也符合我跑步逛巴黎的主题。

走过路过，我不想错过。

提前半小时，排队的人很少，只有几十个人，很是庆幸。

排队乐趣多，中国人不少，前后左右几乎都是擅长排队的精于时间算计的中国游客，一个非洲小贩也来添笑料。兜售明信片，毫无新意的行当，最初无人搭理，也是在国外的原因，后来小贩秀起了中文，一看就是精于经商之道，竟然用中文套近乎，瞬间消融了排队中国人的排斥心理。小贩中文很地道，几乎知道所有兜售惯用语：做个朋友，买一送一等，而且用得很纯熟，没有生搬硬套的感觉。

中国游客对其好感大增，小贩销量也大增，本来价格也不贵，又送埃菲尔铁塔模型。有人要求合影，还会说“茄子”。惹得现场中国游客大笑，欢笑声一片，外国排队者莫名其妙。卢浮宫瞬间成了中国人的主场。

买了当日票，我们第一批通过贝聿铭设计的玻璃金字塔进入卢浮宫地下，也就是主入口。

来不及拿导览图，直接问蒙娜丽莎在哪里，工作人员熟练一指，我们这样的人他们每天遇到太多了，没时间就只能看卢浮宫的镇馆之宝。

卢浮宫是世界上最古老、最大、最著名的博物馆之一。始建于1204年，历经800多年扩建、重修才达到今天的规模。在卢浮宫里面，有三件价值连城的传世之宝，分别是爱神维纳斯雕像、胜利女神像和达芬奇的蒙娜丽莎画。这三件宝贝被称为“卢浮宫三宝”。

卢浮宫也很人性化，在室内显要处都标示出了三宝的行进路线，还包括埃及藏品中的狮身人面像。这是三宝等重要馆藏的独有待遇。

上楼梯奔向蒙娜丽莎（油画馆区）第一个映入眼帘的就是三宝之一——胜利女神像，仰望振翅欲飞，虽无头颈，依然震撼，呆立好一会。与胜利女神不期而遇，心中窃喜，今天好兆头。女神旁就有维纳斯的指引牌，那是我的下一个目标。

进入油画大厅，不只蒙娜丽莎值得看，几乎所有的画都值得看，许多艺术史上知名的作品都陈列于此，比如那个知名的《自由引导人民》，我们不是行家只能看热闹了。

大厅巨大无比，心情随之开阔，一眼望不到尽头的廊厅，陈列着无法计数的艺术珍品，随便哪一个作品都有几百年甚至千年的历史，一时间忘记了蒙娜丽莎。

后来感觉自己身边的人都在流动，才忽然记起蒙娜丽莎，于是顺着人流，快步走过油画大厅，人群聚集处，有人朝我们微笑，很神秘哦，其实是在嘲笑我们，更好看的应该是蒙娜丽莎整天看着的那幅画，也就是观众身后，蒙娜丽莎正对着的那幅画，据说那是卢浮宫体量最大的一副油画，怪不得让蒙娜丽莎整天看着呢。

所以，去卢浮宫看蒙娜丽莎一定要顺着她的目光回头看，不然那就是嘲笑你不懂艺术。

离开油画区，按照指引寻找维纳斯，雕塑区件件都是精品，但维纳斯尤其醒目，或许也和摆放位置有关，两米的身高还站立在高台上，所有游客均需仰望。

维纳斯身上已有破损，沧桑美感更加。不似蒙娜丽莎，篇幅很小，加之周围游客嘈杂，并没有看出预想中的神秘与伟大。

雕塑太多，只好发挥特长，跑步逛，没办法，时间紧，紧接着就是古埃及展区、卢浮宫建筑原型展区。

一定会有下一次的，我会悠闲地看上几天，卢浮宫等着我吧。

下半场：环法决战——那一场彻骨的寒

“请在半小时内穿戴好，比赛前我们还可以到香榭丽舍大街喝杯咖啡。”逛完卢浮宫跑步回宾馆时我还这样命令夫人。

网上信息显示环法电视直播从下午2点开始，最后这个赛段（21赛段）从赛夫尔至巴黎，赛程 109.5 公里，进入巴黎市区的最后绕圈赛总共 10 圈。

昨天还艳阳高照的巴黎，今天风云突变，阴天不说，还下起了雨。在宾馆我们换上了长衣长裤加防风衣。由于是盛夏时节，这已经是我们带的所有衣服了。

中午 12 点钟我们赶到了协和广场，看环法。场地早已圈好，戒备森严，警察遍布，荷枪实弹。毕竟这是大场面，不容有失。可以理解，自己也感觉多了份安全感。

协和广场这里有标志显示 1 公里，也就是说此处距离终点还有 1 公里，显然终点是凯旋门前，可是看现在这阵势，这聚集的观众车迷，去凯旋门已经不可能有好位置了，也不一定能走得过去。

趁这里还有头排位置，先占上吧。所谓头排，只不过是扶着一米高的隔离栏站在最前面而已。

我和夫人选择了在 Rue de Rivoli 和 Rue Saint – Florentin 交叉口的街道北面位置站好，正好是一个弯道处，不用伸脖子就能看见东面卢浮宫方向的情况，右前方是协和广场，埃及方尖碑伫立在百米之外，这里也是各支车队的大本营，里面队车林立，似乎也是电视转播的所在地，所有赛事相关车辆都在这里进出。

占好第一排的位置，便不能离开，因为离开就不会再有挤进前排的机会了。车迷似乎是瞬间多了起来，塞满了赛道两旁的护栏，中间是空荡荡的赛道，一会儿这里将有大事发生。

阴天，冷风，走路尚可发热御寒，一动不动那就有些不妙。不一会天空开始飘雨。一开始寄希望于只是一会，可天不作美，竟然越下越大。这时我才观察到哪些是老车迷，哪些是菜鸟车迷：那些第一排占好位子，搬来简易椅子的，此时纷纷掏出雨衣穿上，继续坐在原地等待的都是老车迷。再看人家那雨衣，都是环法黄色标识，帽子也是环法纪念款，真是专业观众。

我们这些没经验的只好想办法避雨，位子又不能离开，防风衣不防雨，所以，第一件事就是派夫人跑到旁边小店买了把雨伞，两人撑着还可以应付。有人会问，为什么不是我去买雨衣，因为我的体积稍大一些，在前排可以撑着点空间，给夫人预留一下，如果是我出去买东西，就怕夫人撑不起场面，回来就没有我的位子了。雨伞的生意越来越好，估计马上会断货，街上已经变成了雨伞长龙。我怎么想起了十里长街送总理这篇文章，凄风苦雨啊，浑身发抖。

越下越大的雨，没有要停下来的迹象，一把雨伞虽能遮雨，但无法避寒，无奈，夫人又去小店买了厚实的雨衣，御寒兼挡雨，一举两得的雨衣。估计一会雨衣也得断货。身边没有雨衣也没有雨伞的人开始坚持不住，有一些退场了，估计是去找地方御寒去了，离开第一排留下的空位马上就被后排的人填补。我身边一个拖着行李箱的小伙子，后来聊天知道来自加拿大，也是冻得发抖，他穿着短裤，唯一的雨衣还给了自己的行李箱，估计里面有贵重的东西。可是他穿着防雨的上衣也御不了这样的寒冷，我估计当时气温在不到10℃的样子。

道路对面有两个年轻人，准备了椅子，却没有准备雨具，属于半专业车迷，几个小时，就是坚持不退场，不买御寒衣物，也不买防雨衣物，站立雨中(后来坐不住了)坚守前排，皮夹克估计早已湿透，真是强悍，真是痴情，佩服，佩服。

大约等了两个小时后，身体已经发抖不止了，终于赛道不再沉寂，开始出现骑行者，是练习的女队员，靓妹打扮专业，人群开始有些气氛，毕竟有看点。

不一会，垫场的女子绕圈赛开始，雨并没有因此停止，协和广场周围是古老的鹅卵石路，下雨后更加湿滑，公路自行车细窄的轮胎在上面极难控制。我面前虽然没发生摔车事故，但从不时响起的警车(救护车)鸣叫声判断，摔车事故不可避免，每一圈下来，从落后队员身上的擦伤也可以看得出来，还有车子摔坏退赛的。

女子绕圈赛，最威风的当属开道摩托的女骑手，每圈下来都一个姿势，绝对飒爽英姿，威风霸气，摩托后是赞助商的车，然后是比赛队伍，再后是队车，气场十足。以前只是在电视转播中看见，现场看到还是更加震撼，每一圈远远开过来都有心跳加速的感觉。

女子绕圈赛不知不觉结束了，也不知道谁第一，因为一个都不认识，又看不到终点冲刺。

雨依然时下时停，为了缓和一下冻僵的身体，夫人又出去买回了热咖啡，可能是在寒风中站得太久了，从来没有对一杯咖啡这样重视过。

下午4点多的样子，赛道上开始出现车辆，都是彩车，环法赞助商游行。装扮成各种商业、漫画形象的彩车，加上小丑、靓妹一路轰隆隆驶来。由于下雨，彩车上的表演受到了影响，气氛有些减弱，观众的热情也没那么高，回应的并不多，因为大家的手不是被雨伞占着，就是抱着肩膀，插在口袋里御寒，舍不得拿出来回应。估计在阳光明媚的日子，现场肯定会大不同。

大雨依然不止，那种寒冷无法描述，几乎要冻死人，但又不甘心离开，估计和我一样的观众很多，千里迢迢(应该是万里迢迢)赶来环法现场，怎么也要看到现场，所以现场几乎很少有离开的观众，偶尔有去买衣服和雨伞的。此时特别怀念国内参加骑车或跑步比赛时终点热乎乎免费供应的姜糖水，更加怀念东北的棉袄、军大衣。法国人的商业意识太差了，这么长时间竟然没有一个沿街叫卖御寒食品和衣物的，多好的商机啊！

彩车游行后又开始了苦苦地等、冷冷地等，一直等到6点钟，整整6个小时，我们只穿了薄薄的衣裤站在风雨中。风雨中，我身后是几层静静伫立等候的世界各地的车迷。

昨天我们还在南法蔚蓝海岸，尼斯海滩热死人，还要想办法避开太阳，现在可好，直接入秋，深秋，秋风秋雨愁煞人，阳光变得如此珍贵，却不得见。

终于6点钟，远处人群出现骚动，赛道上出现了动静，摩托车开路，男骑手，大部队入城，我们知道，这次是真的环法了。比赛队伍在骑行了两个多小时后终于进入巴黎，一下午的等待终于开场了，摩托车队后是赞助商及队车，气势如虹，几秒钟后，几百米外出现了骑行队伍，这就是以前年年在电视上看的环法比赛了。

手脚僵硬中想拍照留念，又想看清，转眼间队伍已到眼前，速度快得无法形容，几百人似乎瞬间就呼啸而过了，可以说一个人的细节都没看清，更不要说看哪个是黄衫哪个是绿衫了。

我的环法终于开始了。

……

我的环法现场虽然亲历了最后赛段和最终决赛，但却是一场不知道冲刺结果的比赛，一场结果其实早已有结论的比赛。现场就是这样，看的不是结果，体验的是身在其中，结果已不重要。近 8 个小时的坚守，8 小时环法的现场经历，其实，远不止 8 个小时，我的环法，在我决定来巴黎现场，买机票，办签证时就已经开始了。

2015 年夏天，为了一个火热的环法现场 Party，我经历了一次彻骨的寒。

PS：

1. “环法”是“环法自行车赛”的简称，是世界上最知名的年度多阶段公路自行车运动赛事之一，主要在法国举办。完整赛程每年不一，但大都环绕法国一周。近年来，比赛结束前总是会穿越巴黎市中心的香榭丽舍大道。在每天赛事结束时，领先者将可穿上黄色领骑衫，最佳冲刺者将被赠予一件绿衫，山地赛事中之最佳骑手将会得到一件圆点衫，称为爬坡王。2015 年 7 月 26 日，2015 年环法自行车赛结束了最后一个赛段（第 21 赛段）的争夺，格雷佩尔获得赛段冠军，而天空车队的弗洛姆则获得了总冠军。

2. 老天也肯从人意，队伍进入巴黎后，从第一圈开始雨就停了，虽然还是很冷，但体温不再下降，我们可以放开手脚去看比赛了。在人群一阵一阵的欢呼中，我也开始集中精神，在快速通过的车流中，每一圈集中分辨寻找一个车手，当然是我有限认识的几个人。几圈过后，终于看清了他们的面容：康塔多、黄衫弗洛姆、绿衫萨根。看着看着，在位子上站得有些麻木，于是我们商量换个位子，同时也活动一下 7 个小时没怎么活动的手脚，于是我们朝着卢浮宫方向走过去，来到一公里开外的拱门观看。依然是每次摩托车队开过来都一阵轰动，内心也激动一次，紧张一次。欣慰的是换了位置后（当然不是前排了）的最后几圈，天也开始放晴，太阳露出脸来，现场激动的气氛加之太阳的温度，身体不那么寒冷了。

3. 换位子向一个老太太，个子很矮，站在我身后，默默不出声向前看着，我这么高的个子，还只能透过前面好几排的人勉强看得到，估计她只能看到观众的背影，但她并不出声，也不往前面挤。我示意她站到我前面，她很是感激，连声说谢谢，我示意她继续往前，因为她这身高对谁都不会有视线阻挡，但她并不再往前了，这时前面的几个人觉察到了后面老太太的存在，让出一条缝隙，让老人站到了可以清楚看见赛道和车手的位置。

4. 最后一圈，法国空军表演队的七架飞机冲上蓝天，太阳这时非常给力地在云层中露了出来。编队飞过赛场，喷出红黄蓝三色尾气，给赛事助威，我用手机抓拍到了这一难得的瞬间。

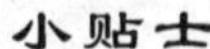

小贴士

在现场看比赛，随身携带一些耐饥、御寒，可以提供高热量的小食品很重要。巧克力、士力架、蛋糕都是不错的选择，因为有些时候不方便出去买东西，有时候甚至买不到东西。

十七、巴黎　索邦——复习巴黎

2015 年 7 月 27 日　巴黎　温度偏低

这是在巴黎停留的最后一个上午。

留出了去机场的时间和去老佛爷食品商场给家人带礼物(食品)的时间。

我们的法国行，巴黎前后共 5 天，在汹涌的中国游客的大潮下，我们或许是唯一没有买名牌包、珠宝、手表、衣服等任何奢侈品的中国游客。

最后一天，我要留出跑步的时间，复习一下巴黎。

天气较冷，昨天阴雨的余威还在，夫人也被冻得心有余悸，今早不肯出门跑步。我独自一人完成跑步逛巴黎。目标是除那些闻名天下景点之外的另一处我心仪的地方，也是我每到一个城市必定访问的地标，即当地一所知名大学。在巴黎，当然是拉丁区的索邦大学了。

来巴黎之前做过功课，知道这所号称“欧洲大学之母”的世界上最古老的大学之一的学校一些粗略历史。但那都是停留于文字上的，毫无实感。

大学至少是要走进去逛一下的，校园漫步，喝杯咖啡，吃顿早餐，听一次讲座，在校园操场慢跑……

我的想法很简单，可对于索邦大学，我一个早上的时间，能得到多少信息，能达成多少满足呢?

至少我可以跑步去看它。

索邦大学位于法国巴黎市区，它的前身是原巴黎大学的语言和人文学院。巴黎大学创立于 9 世纪，最初附属于巴黎圣母院，1180 年法皇路易七世正式授予其“大学”称号，与意大利的博洛尼亚大学并称世界最古老的大学，被誉为“欧洲大学之母”。欧洲各主要大学的建立模式均受此二校影响。罗伯尔 · 德 · 索邦于 1253 年创办成为一所综合大学。1798 年法国大革命爆发，拿破仑实行教育改革，以“帝国大学”对法国所有大学教育机构包括巴黎大学用中央集权的方式进行管辖。1968 年原巴黎大学被分为 13 所新的学校，巴黎索邦大学是其中之一，如今这 13 所大学统称为“巴黎大学”。

索邦大学在巴黎著名的拉丁区，同许多大学区一样，那里有各国美食，且价格低廉。出酒店左拐，跑上歌剧院大街，向南，卢浮宫方向直行，不一会就跑过卢浮宫，昨天沸反盈天的环法场面不见了，路障也不见了，卢浮宫又恢复了一早的宁静，广场上几乎没有游人。穿过卢浮宫，到塞纳河边左转，沿着河岸向东跑。

不一会，就到了新桥，又停留了下，这个挂满情人锁的所谓新桥其实是巴黎塞纳河上最古老的桥，因同名电影《新桥恋人》而更加出名，是情侣来巴黎的必游之处。因情人锁越挂越多，前些天还有新闻说几段栏杆不堪负重发生断裂，市政因害怕危及游客安全而进行了修复，换了几段新的栏杆。新桥上明显可以看出哪几段是新的，因为上面的锁稀稀拉拉的。

过桥继续向东跑，也就是巴黎圣母院方向，天气阴沉，到正对着圣母院那条大街右拐，一直跑就是索邦大学。这些路线是我地图上看来的，地图上显示有些距离，真正跑起来不一会就到了，原来索邦大学距离圣母院不到一公里的距离，怪不得资料上说索邦大学原来属于圣母院。索邦大学和巴黎绝大多数古建筑没有不同，或许是其他建筑模仿了它。

我来得太早，索邦大学还没有开门，只能在外面绕行一圈，欣赏其外型，感受其中世纪大学的气场。其实这是一所依然活着的大学，因为外墙上除了索邦大学的名字外，还有巴黎大学的标记，她的全名应该是“巴黎——索邦第四大学”，简称“巴黎第四大学”。

跑步绕行一圈后发现，校园并不太大，只是一个巨大的庭院，里面估计也不会有现代化大学的运动场。或许这只是索邦大学仅存的部分，原来还要包括到圣母院之间的部分。

大学周边有很多餐馆，许多已经开始准备营业卖早餐了。由于要准备返程事宜，无法在索邦大学门前来上一次巴黎式的早餐：咖啡加面包。

也是天气突然变冷的原因，据说昨天是巴黎入夏以来第一次下雨，最冷的一天，简直就是入秋模式。长衣长裤，跑步出了汗，不敢停留怕受凉，便往回跑，不是原路，而是穿拉丁区小巷。感受拉丁区老街小巷风情，行人极少，街道很窄，但十分干净，都是刚刚人工冲洗过的。都是单行道，跑步也不能太快，要注意同样早起的行人。

七拐八拐，回到塞纳河边，依然是左岸，巴黎著名的左岸。店铺多数未开业，无法深入体会拉丁街区风情，或许这就是早上的拉丁区风情。

跑过新桥，原路跑回宾馆，全程大约6公里。

巴黎回杭州(多哈中转)的飞机是下午的，上午答应了给骑友买环法纪念品——骑行服纪念款，前天(周六)曾经在老佛爷一楼进门处看到有专柜。赶在开门时间到了老佛爷，结果人去台空，柜台都不见了，哪里还有纪念品可买。一问服务员才知道，上周六是最后一天展卖，然后就结束了。

明明昨天才是环法最后一天的大决战啊！

昨天老佛爷放假。

很遗憾，没能给自己和骑友带上心仪的环法纪念品。

早早到了巴黎机场，幻想有免税店可以逛逛，又一次失望，巴黎的机场设计使得每个登机口面积很小，只有两三个免税柜台，多为香水和食杂，真是大跌眼镜。小到竟然连一罐可乐都买不到，我是不喝的，一位杭州朋友收藏可乐罐，我答应要从巴黎带回，难道给别人的应许都要落空？

峰回路转在飞机上，我要郑重推荐卡塔尔航空，服务真是太好了，当然包括吃的，我把卡塔尔航空的饮食服务称为“喂食”模式，只要你上了飞机，你就变成了被动的小白鼠，被不停地定时“喂食”，食品质量极好，饮品就有许多种，包括各种葡萄酒、白酒供应。

当然也有可乐了。

和帅气的服务员（空少）一番交流，拿到了带有伊斯兰文的可乐罐，后来人家又送我一个微型的。

话说后来在多哈机场转机，发现了一个系列的可乐，竟然有九种之多，骑虎难下，虽然很重，也只能都带着了。服务员看着都惊奇，哪有买可乐挑这么仔细的，每一个上面的文字都认真对照。

我拖着重重的提包，满意地登上了回杭州的飞机。

巴黎，再见。

这个暑假我也算在巴黎生活过，相信尔后无论身处何地，在巴黎经历的一切总会令我历历在目，时时挂怀。因为，巴黎是个永恒的节日。

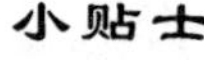

小贴士

在巴黎、罗马、佛罗伦萨等城市小巷中跑步时需注意安全，几百上千年历史的古老街道，极为狭窄，多为机动车单行道，路两边的人行道部分仅有尺把宽，多数不足一米，既不能影响到对向行人，也不能跑到机动车道上去，当地司机开车速度相对较快，越界很危险。

十八、广州　珠江——那些奇怪的钓鱼人

“这到底是些什么鱼?”

“有一种鱼，让一些人造福，又让一些人作恶，我也是其中之一。”

这是发生在广州珠江边的吊诡之事。

话说还得感谢南方航空，把我的澳洲机票延迟了 12 小时，使我有机会得以在广州珠江边跑步，得以见此世间百态。

中山大学老校区和珠江的魅力吸引我不远千里来此一跑。

在地铁中大站下车，南门进，跑过古色古香逸仙大道，出后门，就到了珠江边，人潮涌动。虽然已是上午 9 点钟，太阳高悬，但珠江边绿树成荫，江风吹拂，很是凉爽。跑步的人很多，我毫不犹豫地开跑，方向当然是小蛮腰——广州城市新地标。

虽感觉阴凉，但现在毕竟是三伏天，一公里不到就大汗淋漓，小蛮腰下游人已聚集，加之此地人行道路两边树很少，阳光直射，无处躲藏，必须迅速通过，到猎德大桥稍作调整。中间拉伸、饮水，10 分钟后折返，放慢速度有机会仔细观察江边的人。

忽然发现，竟然有好多人在江边钓鱼，每隔几米就有一个钓鱼者，每人一杆，不似杭州钱塘江边每人十几个杆子。难道珠江有这么多鱼，稍一看竟然每个人都收获不少。再一观察，有些吊诡，钓上来的只有一种鱼——黑鱼，而且大小均一，都是一斤左右。

太奇怪了，怎么会这样，于是停下瞧个仔细。

原来不是钓，而是用一个长长杆子上绑个网兜，似乎鱼很傻，都是浮在水面，一会一条，一捞就上来。

上前询问原因。

才弄明白这些鱼并非产自珠江，而是放生的。今天刚好是周日，一些大善人都喜欢周日去放生，结果这些鱼不适应珠江环境，漂在水面，随波逐流，靠岸边很容易被重新捞获。

善人们啊，你们是放生还是杀生呢?

心情悻悻，跑回中山大学，8 公里，完成今天的晨练。

约老友张博士早茶，看时间应该叫午茶了，位置选在本地人气最旺的茶室，上百张桌子座无虚席。

早茶灵魂——虾饺，粤菜经典——烧鹅，号称广州最好吃的蛋挞，再配上夏日普洱茶。之前买了广东水果代表——桂圆。

还有第一次听说并尝试吃的时令特色水果——黄皮。

小贴士

如果不是坚持锻炼的人，不要在三伏天为了新奇去跑步，容易中暑和晒伤。有经验的跑者则会选择早晚太阳不太热烈的时段，尽量选择有树阴的地段跑步，防晒工作也要做好。

十九、墨尔本　菲利普湾——跑步冻出鼻涕

2015 年 8 月 3 日　墨尔本　阴雨　寒风怒吼　冻出鼻涕

在距离中国很远很远的南半球海上，那里的水像最美丽的矢车菊那么蓝，像水晶那么清澈，非常非常深，说实在的，深到没法用锚链来测量它的深度。

在那里有世界上最大的岛国——澳大利亚。

那里现在是冬天。

我昨天还在盛夏炎热的广州珠江边跑步，今天已经在“数九寒冬”的澳大利亚墨尔本菲利普湾跑步。北半球转换到南半球，三伏变三九。

澳洲之行，其实是在法国之行之前就定下来的，买票也早于法国之行。

最初计划骑行大洋路，或者骑行墨尔本到悉尼。阴差阳错，改成跑步游。

偶然也是必然。

或许是与国际航班有关，这一次南方航空罕见的很准时，澳洲时间 8 月 3 日上午 8 点 30 分到达墨尔本机场，下飞机发现果然是冬天，飞机上有穿半袖也有穿棉衣的，这没办法，有些人是还没来得及换棉衣。

出了机场，发现当地人依然有穿棉衣，也有穿半袖短裤的。来接我的老同学说：“鬼佬就这样，冬天一样穿短裤，不怕冷，还有光脚走路的呢。”

顿觉十分诧异。

我拿出所有的衣服穿上，数了一下有四层之多，包括一件棉衣和一件稍厚的帽衫。

赶到驻地，安顿好行李，吃好接风饭，同学继续忙自己的生意，我和此次澳洲行的同伴小勇在同学的路线指示下跑向菲利普湾。走路有些冷，跑步正合适。

跑步几公里后转折点，确认记好转弯标记物，防止返程迷路，约 20 分钟后，眼前突然开阔：棕榈树、草地、海滩，这就是菲利普湾，很男性化的名字，香港的叫维多利亚湾，很女性化的名字，引人遐想。海湾向南遥远得看不见出口的就是南太平洋，再往南就是南极了。

第一次来到冬天的海湾，风这么大的海湾，这不是异常现象，而是人家这海湾就是这么冷，就是这么大的风。海边最奇异的，以前从没见过的，是竟自然生长着类似沙漠植物一样的植物，想亦是适应夏季酷热的植物，现在则一律向海滩严重倾斜，没办法，海上吹来风太大了。

海边很贴心，有宽敞的自行车专用道和跑步专用道。

海边几乎没人，我说的是游人，想想也是的，这么冷这么大风还不时飘雨，

哪个游客或者旅行团会来这呢？

海滩上也有人，骑车、跑步的，都是当地人，风雨不误，符合运动精神，坚持运动习惯的人，寒风中依然短裤打扮的健身的人。

我也是来跑步的，我的初衷就是在墨尔本海湾跑步看风景，大风下白浪翻卷，浑身发抖，必须跑步，既是必须也是被迫，因为实在太冷了。

于是按照同学之前的指引，先向左跑向帆船码头，据说李娜当年澳网夺冠后曾在此沙滩展示过奖杯，可现在除了运动的人，什么也没有。到帆船码头后折返，继续向墨尔本城的方向跑，半小时后到达游艇码头。

大风冷雨中跑步，鼻涕翻飞，身体不出汗，能热身已经不错了。

天空昏暗，黑云压城，狂风怒吼，海浪翻滚，草木倾斜，简直就是电影中世界末日的场景。

但澳洲人依然淡定地跑步、骑车。

于是我也淡定。

尽量不考虑，也不去想环境的恶劣。

穿棉衣跑步，汗没出，身体略发热，甩鼻涕无数。

小贴士

冬季，只是为了看海边风景的跑步，不建议跑得大汗淋漓，极易受风寒，以身体微微发热为宜，跑走结合，跑步看风景两不误，着装也以连帽衫为上。

二十、墨尔本　晨跑——我本将心向大海

2015 年 8 月 4 日　墨尔本　晴　偶尔多云　依然寒冷但市区风不大

世界上不存在十全十美的地方，就如同不存在彻头彻尾的绝望一样。

冬天是墨尔本的雨季，草木苍翠，据说此时这里每天都下雨，往往下着下着忽然就又晴了，和在中国藏区的感觉差不多，即便不带伞也没问题，前提是你不赶时间，遇雨就路边小店随便停留下即可。

昨晚也是夜雨，晨起看路略湿，今天计划跑步去海边，沿着柏油路跑，绝对没问题。跑之前研究了一下地图，看好方向，出门便向海边方向跑，我习惯称海边，其实应该是菲利普湾。

墨尔本早上 7 点钟，相当于杭州早上 5 点钟，看来我的生物钟对于这里的两小时时差无感。路上已经有许多私家车，但几乎没有行人，也没有锻炼的人，据说当地人更习惯下午锻炼。

一个人朝着大海的方向奔跑。

冬天，正好前几天在法国阿维尼翁买的秋冬跑步服可以派上用场，七分紧身裤刚好过膝一点，包裹感、舒适度都非常好，不愧专业人士介绍的第一选择——高（Gore）。

因为计划跑步一小时，路程上计划跑到海边折返，也就是说驻地离海边 5 公里是最理想的。半小时后，我还没有发现海的迹象，身体已经进入跑步途中状态，开始发热。这时路上已经有学生出现，看来澳洲也不例外，学生也是最累的，出门最早。路口出现了为学生过马路服务的人员，不知是志愿者还是工作人员。看样貌老年人居多，估计是义工。

在等红灯间隙我问老人义工，此处离海边还有多远，老人回答说还是有一段距离的，建议我乘车。我又问具体有多远，老人竟然说大约还有 5 公里的样子。我考虑了下，还是放弃了今天跑到海边的计划，如果到海边再返回就要跑接近 20 公里，那是一个半马的量，平时没有精神和身体准备是不可以的。这么冷的天，又没有带任何补给，如果坚持为了跑海边之名去完成就失去了健身的本意。

折返回到住处——同学家，女主人已在准备早餐了：牛奶面包、三明治、煎蛋。

我在房屋外恢复拉伸，我们住的这一带属于富人区，都是私家宅院，院内有花草，空间很大。房屋外几株巨大的樱花树正在盛开，墨尔本现正开放的花还有梅花、玉兰花。

小贴士

任何跑步（职业运动员的比赛除外）都是以健身为前提的，不能单纯为了刷跑量，炫耀朋友圈而勉强去加大跑量或者跑去某地标景点，那样就失去跑步的本意了。

二十一、墨尔本　澳网——朝圣罗德拉沃尔

2015 年 8 月 4 日　墨尔本　阴晴不定

墨尔本是运动天堂，计划中第一天就是参观墨尔本公园，那里有神往多年的罗德拉沃尔，有李娜，还有每年的澳网。

这次澳洲之行也是因为想看澳网才办的签证，阴差阳错，年初澳网时段没能来成，改为暑假档，来澳洲过冬天了。

一切随缘吧。

但澳网场地还是必须去看的。

乘火车到 Richmond 站下车，出站口即出现好几个巨大的球场，一时分不清哪个是此行的核心罗德拉沃尔球场了。

巨大墨尔本公园，草地上有跑步锻炼的人，第一眼看到的，也是根本无法忽略的是一个巨大的球场，没有开放，观察后发现是橄榄球场，没办法那是人家的第一运动。看路牌指示网球场在铁路另一侧，也就是要过天桥，走上天桥，对面又是一个巨大的场馆，旁边有一个小一些的，我发现了熟悉的海信(Hisense)的名字，那就是澳网海信球场了，可眼前这个就是罗德拉沃尔吗，电视转播看过多次但不记得详细外形，走上近前发现不是，这是一个真正的足球场，依然体量巨大。旁边是国家网球中心，再旁边是一个巨大的室外球场，正在训练或是比赛，上前观看，原来是橄榄球队训练赛，看情形是墨尔本一个球队的常规训练场，旁边还有几个录像的，应该不是直播，毕竟是训练赛。似乎没啥规则，椭圆的橄榄球可扔可踢可抢，身强力壮者占优，同学说过，澳洲人喜欢简单粗暴，展现体力的运动，技巧性则欠缺。

看了一会，也不知规则如何，哪边输赢。印象最深的就是那个球可以踢的很高很远，又能准确入门。

不明所以，看个新奇而已，还是继续去找网球吧。

看路标指示，在确认了海信球场后，原来澳网中心场罗德拉沃尔在海信的另一方向，转过去才发现熟悉的身影。

网球场有些萧条，外面几乎无人，外围场地有两个人在打练习赛，看水平应该是职业运动员，面孔不熟。目测这水平在中国肯定是国家队主力。

门前发现了一排网球名将的塑像，第一个就是罗德拉沃尔，并不高大的塑像，不是十分醒目地伫立在球场外的草坪内，我们与其合影留念。

中心场不开放，不得其门而入，于是绕着球场走，竟然走到了玛格丽特球场，

很小体量的一个球场，与印象中略有差距。惊喜的是场地的门开着，不仅可以参观观众席，还可以进入内场，英文墨尔本（Melbourne）就印在底线附近，很是亲切，许多球员都曾手捧奖杯在此留影。我也毫不犹豫于此留影。虽然手里无奖杯、球拍可拿。

顺利进入球场，这是之前根本没有想到的，如果是比赛期间进来几乎不可能。今天可能也不允许，但既然门开着，场地四周又一个人都没有，我认为也就是不禁止。

转回罗德拉沃尔球场正面，看到球员餐厅开着，有人出入，便跟着推门进入，原来是餐厅加纪念品店。正是我要找的，买几个澳网小纪念品。整个店里都是澳网那个熟悉的标志发球图案。

由于不懂里面是什么机构，我便和营业员套近乎，说自己来自中国，澳网球迷，也是李娜球迷，想在这里参观一下。营业员很亲切，说随便，可以的。

我们穿过餐厅，试探着走入里面的一个门，是一个走廊，一侧是办公区，好多人在工作，这里就是澳网的核心工作区了，负责日常运转。再往前已不通，估计就是球场内部，转往另一侧走，看到一处更衣室字样的地方，正巧旁边有一个工作人员，我便问这是卫生间吗？可以用吗？正好尿急嘛。

工作人员说当然可以。

我走进了球员更衣室，天哪，这不就是比赛前的更衣室嘛！费德勒、纳达尔、德约科维奇就是在这里换衣服、上厕所的啊，用完里面的便池，又贪婪地参观了下更衣室，其实不算很大。

我惊异于自己竟然进到了澳网核心区，出了更衣室，走廊继续走，墙上都是球员照片，历史介绍，再往前走，这不就是冠军墙嘛，近几十年的男女冠军照片都在这里，李娜在哪里？于是顺着墙往前看，从 20 世纪 90 年代开始就是耳熟能详的人物了：阿加西、桑普拉斯、费德勒，逐一出现，过了走廊，明显是墙不够用了，另一面墙第一个就是李娜和四蛋瓦林卡。那一年——2014 年，最后一个就是 2015 年的男女单打冠军小威和德约科维奇了。

想想自己真是幸运，竟然走到了球场内部，这里不知道平时是否开放，但比赛期间肯定不开放，今天或许是因为就我和同伴两个人进来，或者说没人管，因为根本没有另外的参观者。

或许人家就是开放的，亦或许人家是把我们当成了受邀请来参观的客人。

不管怎样，今天很神奇，拍照留念是必须的。

返回餐厅，也有些饿了，即便不饿也应坐下来喝杯咖啡稳定下情绪，回味下感觉。

午餐就在球员餐厅解决。

有意外惊喜的澳网朝圣之旅。

带着罗德拉沃尔给我们的惊喜，我们穿过墨尔本市区，下一处目标墨尔本大学。

这是同学的儿子刚刚入读的大学，墨尔本最好的大学，向导就是同学的儿子，我几乎是从他几岁在杭州时就看着他长大的，现在个子已经比我高。经过三年高中，半年大学，已经能够在墨尔本独立生活了，这在国内是不可想象的。

在国内，这孩子是个“差生”，很难有上好大学的机会，是墨尔本大学重新塑造了他。

小贴士

澳网罗德拉沃尔球场是网球圣地，但并非高高在上，是欢迎普通球迷参观的，但在进入参观前最好征得工作人员的同意。另，纪念品商店内绝大多数纪念品产自中国，价格略高。

二十二、墨尔本　天然草地——跑步，让人纠结的遛狗

2015 年 8 月 5 日　墨尔本　昨夜雨　白天多云

研究证明：最佳跑步场地应该是天然草地。

澳洲地广人稀，盛产草地。

来到澳洲自然要体会下草地跑步。同学家旁边不远就有两片巨大的澳式足球（橄榄球）场，场地很大，要比常规田径场大很多，形状不是长方形，而是圆形，这与运动项目的特点有关。

昨夜下了雨，但进入场地发现并不湿滑，试跑了几十米，感觉有些软，不是软到吃力，是舒服的软，相对于之前柏油路的软，这是从没有过的体验。正要循边线前进，忽然发现前边数条大狗，巨大的那种，可惜我对狗不感冒，不认识品种。但国内农村生活的经验告诉我，看见狗千万不要跑，而我是来跑步的。面对这些巨大的没有拴绳的狗，虽然旁边有狗主人，但那些狗主人是在聊天，没绳子如何控制这些狗呢？万一狗不听话，看见我这么个不速之客，毕竟人家是每天都在此遛弯的，我入侵人家主场。想想马上停下，慢慢地退出了球场，顺路往前走，紧挨着就是另一片同样大的球场，空荡荡，一条狗也没有，一个人也没有，好了，这里才是我的主场。

LSD（长距离慢跑）10 分钟，拉伸预热，跑步开始，50 分钟后，舒服的草地跑步结束，准备往回跑，这时一个女人牵着狗进入球场，管她呢，我结束了，不怕你了。

可这个女人并没有解开狗绳。

这时我看见球场边有个牌子，上面图示说明此处遛狗需拴绳。难道刚才球场那些人不守规矩？

凡事较真的我到前一个球场去看，这时那些遛狗的已走，估计回去准备上班了。球场边我也发现了一个指示牌，上面显示的是此处遛狗可解开绳子。

原来如此。

球场旁是一所高中，这时路边已陆陆续续有学生出现。

墨尔本的冬天，学生校服竟然还是西装短裤，都露着腿。

忽然明白海边跑步澳洲人不怕冷的原因，从小就是这么练习出来的。换作中国家长肯定给学生捂得严严实实，生怕他们冻感冒。学生绝大多数自己上学，只看到一个家长（似乎爷爷）送小孩子，爷爷穿得很厚，小孙子也是西装短裤，露着大腿，自己背着大大的书包。在中国，多半是家长帮着孩子背书包。

在跑回的路上，终于看到两个穿长裤的学生，结果却是华人面孔。

差距啊！

就像人们说的那样，你种下什么就会收获什么，这两个男孩让我想起了中西方教育观念与培养方式的差异。

小贴士

国外晨跑，特别是在运动场跑步，要仔细看好入口处的提示及注意事项，避免误入，引起不必要的麻烦。

二十三、墨尔本　破风——撞到电影节

2015 年 8 月 5 日　墨尔本　昨夜雨　白天多云

说起我和电影结缘，已经是多年前的事了。从上大学算起来竟已经有二十几年了。顿时觉得自己老了许多。日子过得真快，尤其对于中年以后的人，十年八年都好像就是弹指间的事。

来澳洲之后发现正值墨尔本国际电影节。专业如我的影迷岂能错过，今天下午就安排看电影了。

查了排片，决定选择联邦广场移动影像中心（ACMI）的第一场，这一时段只有这一场时间地点都合适。是一部智利电影，和国内电影节不同的是这里电影票没有座位号，所有观影者买票后需要排队入场，自由选座，很是人性化，避免国内好座位留给所谓重要人物，而重要人物往往不一定珍惜这机会，赠票作废，而真正花钱的影迷只能坐偏远的位置。

一部智利的公路电影，还涉及敏感话题——同性恋、吸毒等，总之，导演想的很多，过于文艺，让我有些理解困难。

但不失为一部好电影。

继续查看排片，第二部是危地马拉和法国的合拍片《火山》。本想去吃饭，结果发现这部片子的影院不但外面很古典，里面装饰更是奢华，全部是地毯，到处石雕壁画装饰，这里是 Forum Theatre，一年中只有在电影节期间才会在这个剧场放映电影，而且还会设置酒吧，现场演唱。

事后查看资料才知道，Forum Theatre 建于 1929 年，摩尔式建筑。喜欢西班牙建筑的人肯定很熟悉，西班牙的安达卢西亚曾经是伊斯兰教摩尔人的王国，至今留有大量瑰宝级的阿拉伯建筑。

这样的影院，平时连进的机会都没有，或许想进来还要买门票，现在既可以看电影，又可以参观，又可以享用咖啡餐点，一举多得，于是继续电影。

第一次看没中文字幕的非中文电影。

刚才第一部影片说英文，听力虽不济，但勉强可以看懂；第二部电影危地马拉语，英文字幕，完全可以看懂。

这给了我信心，以后可以去世界各地参加电影节了。

2015 年 8 月 6　墨尔本　雨，几乎一整天

夜雨连晨雨，无法出门跑步，继续到草地跑步的愿望落空。

同学说，澳洲本地人锻炼一般风雨无阻。

我只能呵呵，需要提高的还有很多啊。

继续电影，电影《破风》今天上映，全球同时上映，一部关于单车比赛的运动电影，青春、励志、偶像、运动，记得当初还到杭州选群众演员（熟练单车运动的），我还参加了面试，后来落选。另外，片中骑行服赞助商卓比奥斯也与我颇有渊源，国内主管不仅是我的好朋友，还曾赞助过我的专著，就是那本《前车之鉴》。

昨天还有骑友发消息邀我参加国内的首映活动，可惜人在澳洲无法分身，后来网上查到澳洲也同步上映。于是今天就独自到墨尔本中心最大的电影院去看《破风》，票价 20 澳币。不似国内大张旗鼓，车迷聚集，影院里只有不到 10 个人看，而且都是华人面孔。毕竟林超贤、彭于晏、窦骁、崔始源、王珞丹的号召力还仅限于国内。

小贴士

参加国外电影节，如果语言不是很过关的话，建议选择风光片、动作片等语言比较简练的影片，尽量避免对话过多的专业影片，比如律师、法庭、伦理等内容的。有相对熟悉语言（如英文）字幕的是比较合适的。

二十四、澳洲　房车游——“滚大街(读音为 gai)”上的 U 型转弯

2015 年 8 月 7 日　Gundagai 小镇　Big4 营地　晴　有时多云

澳洲房车旅游非常发达，我们也想尝试一下。

提前一个月预定已经没有合适的房车了，而且价格很高。但房车旅游的心已被勾起，价格已不是问题，最终四个人租了个该公司最豪华的 6 人型房车，空调厨房卫生间电视等设施齐备，车长 7 米，高 3 米多，整个就是一个移动的家。

取车、验车等一系列手续办完后已近中午，出发。

计划走内陆线从墨尔本到悉尼，然后再沿海岸线悉尼回到墨尔本，前后 6 天行程，时间还算宽裕。

第一天的目的地是堪培拉。

房车上见识了澳洲广袤原野上成群的牛羊，天气变换不定，许是冬季的原因。绝大多数地方绿草如茵，也有如荒原一样的景色，内地死亡的胡杨一样的树木随处可见，或倒伏或光秃秃矗立，苍凉感十足。

车窗外随处是景，澳洲经典草场、荒原、牧场景色，连续看几个小时便已疲劳。

烧柴油的大型房车第一次坐，司机(我的老同学)也是第一次开房车，并且还是第一次走这条线路，对油耗、澳洲加油站的设立、标识并不十分清楚，加之高速路车行极快，路边英文标识一闪而过，来不及看清。

等意识到房车需要加油时，已经很难找到加油站了。广袤的澳洲每隔几十公里一个加油站，直到我们耗尽了油也没开到最近的一个加油站，无奈抛锚。为了安全拐下一个小路口，熄火后已经无法打火起车，根本就无法开动一步。

房车游第一天就抛锚在路边。

车上带的食品的可以吃上几天，倒不用担心，可这荒郊野外，无水无电，半夜寒冷，关键是我们得赶路，旅行还得继续啊!

去高速路拦车请求帮助不现实也危险，只能寄希望于小路来车，速度不快，寻求帮助或许可行。

等候了好一会儿，终于过来一辆车，语言交流也不畅通。司机也说不清这是哪里，多远距离才有加油站，就开走了。

又过了约半小时，小路开过来一辆小车，看见我们路边招手，马上停车，下来一对看不出年纪的农夫(后来问一个 25 岁，一个 27 岁)，看打扮是刚下工，我马上就联想到电影《U 型转弯》里的那个神经兮兮的修车工，也就是说这俩人长着不是那么让人放心的面相。

了解到我们缺油抛锚后，那个男人马上让我们上车，意思是带我们去买油，他知道哪里有油可买。我们几个人交换了意见，决定相信人家的好意，派两个人跟着去，两人留守。

我车边留守，半小时过去不见同伴回来，天色渐暗。荒野抛锚，神经兮兮的司机，有些恐怖片的气质。胡思乱想中，小车开了回来，同伴和司机满脸笑容，手提油桶下了车，农夫熟练地帮我们加好油，又把车打着火，调试好，示意我们可以走了。当我们俗气的问是否需要付些钱做酬劳时，人家摆手仗义地说 No，我们也俗气地合影留念，说着欢迎去中国。

半个多小时，驱车几十公里，买油，加油，一切没有耽搁又没有付钱，这是什么精神，如果在加拿大就是白求恩同志的国际共产主义精神。

抓紧赶路，在预定时间的最后一刻我们赶到营地，办理入住。

设施齐备的营地，炉灶、水电一切顺手，加上有开饭店经验同学的手艺，不一会儿，一桌中餐配澳洲红酒齐活，庆祝第一天房车游有惊无险，圆满结束。

房车外的小镇一片寂静。

小贴士

澳洲房车多用柴油，这一点切记，并非所有加油站都有柴油，加油时千万看清柴油标识“Diesel”。另外，澳洲加油站之间距离较远，高档柴油房车油耗很大，要有预估量，提前加油。

二十五、澳洲 Wagga Wagga——开着房车露宿街头是什么概念?

2015 年 8 月 8 日　EMU plains 小镇　火车站广场　悉尼市郊　距离悉尼 city60 公里　晴

房车游同伴都没有早起习惯，所以，早起晨跑只有我一个人，房车我也选择住在靠近车门的床位，避免影响其他人。

小镇坐落于群山环绕中，都不是高山，只是大的丘陵罢了。想熟悉小镇，天蒙蒙亮跑出营地，外面也雾气一片，看见一个开着的大门，其实也没有门，进去看平整的绿草地，露水太重，在边上跑了一段，原来是个高尔夫球场，国内的经验告诉我，这是个俱乐部的场地，属于私人领域，应该退出来，于是跑出那个大门，周围依然一片静悄悄。

跑向另一个有房屋的方向，是几家汽车旅馆，以前都是电影里见过，不是凶杀就是偷情的场景，较少浪漫的，所以印象并不好。忽然发现这里就是小镇中心了，小镇人家并不多，就在一片山坳里。那就跑步逛一下吧，先选定一个方向，天有些阴，不知南北，跑向上坡，上了坡顶，发现远处还有坡，但已经不在小镇范围了。折返回小镇中心，跑向另一个方向，发现是出小镇的路，依稀记得昨晚是从这里来的。不到一公里的样子原路返回小镇中心，又跑向第三个方向，有教堂，有学校。

回来后和同伴总结，这个小镇似乎发展有问题，因为许多房屋都有在售的牌子挂着。

还是第一次似今早这般在一个小镇放射状奔跑，主要是想看看小镇什么模样，事先没做功课，不敢沿着一条路跑去野外，毕竟大清早，开始的时候路上一个人都没有。只是最后才有早起开车出门的当地人，从汽车旅馆经过时已经有人起来，远远招手打招呼，估计把我当成本地人了。

这个小镇叫 Wagga Wagga。

今天的目的地是悉尼市郊的一个房车营地，离火车站近，便于进城，便于我本次澳洲之旅最大的一个活动，也是本次澳洲之旅促成的一个动因，明天的悉尼 City2Surf 慈善跑，今天的任务是取参赛包。

阴差阳错，还是天意，导航竟然出错，我们的房车竟然跟着导航进了悉尼的核心区，我看到了海德公园，还看到了海港大桥，天哪，这是错得有多离谱啊，发现错误时返航已来不及。而我们应该入住的营地在悉尼市郊，距离悉尼 60 公里。

好不容易找到一个位子，停下车来，问路：这是哪啊？下一步怎么走？

既然来了，就直接进行下一步吧，取参赛包，原计划是进入预定营地后我乘火车进城来取的。

那就导航到参赛包领取点——皇家展览馆吧。这下导航很靠谱，我们也成了皇家展览馆停车草坪上唯一的房车，害的引导员不得不把我们引到独立的一个位子，不然我们的车太长了(7 米多)，并排停会影响其他私家车的停放。

估计我们也是当天唯一开着豪华版房车逛悉尼、取参赛包的“土豪”。

领取参赛包在室内，和国内一样，分组按号码领取，但不需要看身份证什么的，出示参赛号即可。唯一不同的是参赛包很可怜，只有一张带芯片号码布，连别针都没有，更别说国内的纪念衫、补给品、背包等物品了。我反复确认是否还有别的没给我，最后答案是一样的——Nothing。

人家是纯粹的跑，我那 75 澳元的报名费看来真的是做慈善了。

继续导航驶向营地——60 公里外的 EMU Plains 小镇，就在火车站旁，火车站也是这个名字。

这名字我熟悉，某医科大学的缩写嘛，我是有医学情结的，看到 MU 就想到医科大学(Medical University)。

其实在澳洲，EMU 有特指，那是澳洲鸵鸟的名字，学名鸸鹋。看来这个小镇和澳洲鸵鸟有关系，或者说曾经有鸵鸟在这生活过。

这次导航很靠谱，带我们找到了车站旁的营地，澳洲人更靠谱，告诉我们，营地已经满员，今天没位置了。

通融是不可能的。

怎么办?

澳洲人告诉我们，30 公里外有另一个营地，或许有位子。而这里的火车是我第二天赶去悉尼参加比赛的保证，不可能离开这里。

最终集体决定，开着房车露宿街头。

我们把房车停在了火车站前的停车场，免费的。没有营地就意味着车上没水没电(水箱有些存水，电力只够照明，无法开启电磁炉，最主要的空调也无法开启)，为了慈善跑，同时也是不想再奔波到未知的 30 公里外了。

露宿一晚也是不错的经历。晚餐就到镇上吃好了，我迅速在超市买了些明天跑步用的补给，无非水是、面包之类的。

但愿今晚不会感冒，学鸵鸟把脑袋用棉被包起来，脑袋不冷身体就不会冷。

明天的慈善跑 14 公里会是什么样子呢?

期待中。

现在我必须睡了。

小贴士

至少在澳洲，房车营地大都在郊区或旅游景区附近，房车旅游要提前预定好营地位置，租来的房车也尽量不要开进市区，收费路段费用奇高。

二十六、悉尼　City2Surf——世界上最大的跑步 party

2015 年 8 月 9 日　EMU Plains 小镇

Big4 营地　悉尼市郊　晴

这是一个全民参与的 Party，这是一个全城的狂欢，从海德公园到邦迪海滩，就是那个臭名昭著而又美丽异常的邦迪海滩。一路 14 公里的狂欢，许多人是不想欢乐过得太快而边走边玩到终点。

这样的一路狂欢慈善跑该怎样描述呢？小说家多半会先说一点高潮部分，吊你胃口，然后一点一点释放包袱；历史学家则会很严谨，按照时间顺序，从早上赶车到最后返回慢慢道来。

我喜欢看小说，更喜欢历史。

昨晚已经勘察过，最早一班去城中心的火车是 6 点 40 分，大约一小时车程。我的比赛出发时间是 9 点 30 分，入场 9 点钟。由于对出发地不熟悉，所以还是决定乘这班最早的火车。

早五点半便摸索着起床，同伴小勇陪我去跑步，帮我带衣物补给，也就是做后勤(这里应该有掌声，献给默默奉献的小勇同学)。另两位同伴留守，待到天亮安排今天的营地，然后赶到城里和我们会合，游玩悉尼歌剧院一带。

由于昨晚是露宿停车场，早上起来只能吃些冷面包、牛奶，我顺便带了一盒牛奶和瓶装水，用作跑步后的补给。没水没电，只好用珍贵的仅有的瓶装水刷牙洗漱。6 点钟到候车站台上还空无一人。

我们俩还调侃这空无一人的车站也算是可以书写的经历之一吧，就在离列车到达还有不到 10 分钟的时候，车站突然间人开始多起来，3 个、5 个、10 个、20 个，还在继续增加，像现在流行的快闪一样，就在离列车进站不到一分钟的时候，依然在增加，好家伙，我偷偷数了下，50 几人，几乎把小站塞满，估计是这小站一年中乘客最多的一个早晨，肯定是，这是什么情况？

其实我一开始就看出来了，这些乘客都是去参加今天跑步的，因为他们大都专业跑步打扮，有些人已经把号码牌别在了胸前，但仔细看，却没有和我的颜色(橙色)一样的，以蓝色、黄色居多。今天的比赛报名人数接近 9 万，分组出发，最早出发的 7 点 20 分，每隔半小时出发一组(按照颜色区分)，而我的橙色组最后一个出发，要到 9 点半。我是因为不熟悉情况提前出发，站台上的人明显是轻车熟路，所以可以准时出发。

等车间隙几分钟，我比划着找当地人要了几个别针(一时想不起别针的英文，昨晚又没有买到)，跑步人的心都是通的，在我的比划下，一位全家出动的女士明白了我的意思，拿出了多余的4个别针，我也学会了别针的英语单词——Pin。

这么早的一班车，不用想肯定是爆满的，从这个小镇的情形就能猜得到。9万人左右的慈善跑，今早肯定所有通向悉尼市中心海德公园的火车都会爆满，人虽多但并不嘈杂，大家都低声交流。车上参赛的也有华人面孔。

车行不到一小时，到了终点站——Central，我们也下了车，其他那些人直接转车去出发地海德公园，我们则由于时间尚早，地图上看海德公园就在左近，所以选择出站走路过去，看风景，顺便再加些早餐，毕竟今早是冷餐。

海德公园很好找，只要跟着人流，便是海德公园的方向。每一条马路都人流汇聚，方向十分统一。服装也十分专业一致，胸前号码牌，脚下运动鞋。衣服略有差异，许多人直接穿短衣短裤，毫不畏惧寒冷，也有一些穿了外套。

在一处711便利店(早餐店)排队吃了澳式早餐——咖啡面包后，我们便随着人流来到了海德公园。看介绍得知这座位于悉尼市中心的公园初建于1810年，已有近200年的历史，大片的草坪，百年以上的参天大树，公园中心是一个设计独特的喷水池，由一组青铜雕塑组成，中间高处的是一位手拿古琴的少年。今天的草坪、游步道已经川流不息，但并不混乱，因为每一组的出发时间不同，出发地点也不同，不同颜色的选手朝着一个引导方向汇聚。比赛方要求参赛选手只能提前半小时入场，来早了没有用，只能在公园附近等，进入不了出发区那条大街。也就是说，要掌握好时间到场，选手在出发点前等候的时间绝不会超过半小时。这跟国内马拉松比赛组织者的要求有很大的不同。

这次比赛全称为City2Surf，City2Surf是澳大利亚悉尼市久负盛名的年度趣味赛跑活动，也是全球最大的募捐盛事，通称慈善跑。2014年的第44届共吸引8万多名参赛者参与其中。全程14公里，起点是海德公园，终点是邦迪海滩。

◆ City2Surf 赛事制度

City2Surf是以慈善募捐为基础的马拉松运动，参赛者可以以个人或者团体名义报名，团队多以公司机构等工作单位为主。除去参赛的部分报名费，个人和团队均可以额外按照自己的意愿做出募捐，并可自由选择募捐资金去向，按照自己意愿选择自己支持的慈善机构。

澳洲政府为了鼓励全民的慈善募捐行为，规定无论是团体还是个人募捐的金额，都会在每个财政年结束后由政府按一定比例退还给募捐者并按相同金额做出同样的募捐。这一个政策可理解为这是一个澳洲政府为了培养国民的慈爱与分享精神而启动的教育制度。

2015年City2Surf总共募捐到4265647.99澳元。

赛事早上7:50开始下午4:00结束。按照参加人员水平分组，越专业选手比赛开始得越早。

红组开始的最早，包括：Elite Wheelchair Athletes：残疾人运动员；Seeded：以取得前 30 名为目标的参赛者；Preferred：必须要在 70 分钟前完成比赛。

绿组：必须要在 90 分钟内完成。

金组：对成绩没有要求，但貌似都是募捐的大户人家才能加入“土豪金组”。

接下来的蓝组、黄组、橘色组对参加者没有成绩要求，亦可称为“重在参与组”。而正是这些组，才真正集合了众多热爱运动热爱生活的民众们，这让整个赛事变得活泼有爱、趣味无穷。

今年的参加人数应该也是 9 万左右，因为我看到了 8 万多的号码簿，我的报名号码是 7 万 9 千多，我是橘色组。

我担心的是我的外套和裤子要放哪里，虽然 8 点多的时候我就脱下了外套和裤子，只穿一身跑步服在做准备活动。太阳逐渐升上来，温度也在上升。在国内比赛，大都是跑一个圈，起点终点在一起，每个人有存衣包，按照自己的号码簿赛后领取，极为方便。既便起终点不在一起，也会有大巴车存衣包运还终点，选手结束时领取。虽然有些大的比赛会有排队领包的现象，但毕竟方便了选手。悉尼这比赛的存衣处在哪呢？我们看了出发点示意图，也没找到，似乎在橙色出发入口处有一个，这不就是我现在做准备活动的地方吗？可我左右寻找都不见。同伴不离左右，实在找不到存衣地点就帮我收着，比赛后我们再约地点汇合。

想想也奇怪，比赛终点邦迪海滩在 14 公里外，这里不应该有存衣点啊？比赛发枪时间逐渐临近，正焦急疑惑间，看到有人将身上的外罩脱下来随手扔到一颗大树下，后来又不断有穿了外衣的选手脱衣扔到树下，难道这里是存衣处？可这样随便扔在一起回来后可怎么分辨出来啊？

随着扔的衣服越来越多，看着选手的表情，联系到澳洲独有的繁荣的二手商店，我突然明白，这里不是存衣处，这些选手是不要了这些衣服，要么慈善机构收走再卖二手，要么就当做垃圾扔了，反正是不要了。我庆幸自己没有随大流也把棉衣扔过去，否则的话，接下去就没衣服穿了。

看明白这一点，我马上决定，让同伴受累，带走外衣，并约好下午 1 点悉尼歌剧院碰头，我会想办法赶过去。

最后一组是橙色组，想想两小时之前已经有选手出发了，现场大屏幕直播着盛况，主持人不停地煽动现场气氛，可惜我听不懂。还是赞助商的小活动吸引我，那就是往等候的人群中抛洒吸汗带，带头上那种，瞬间，候场的人群中就一片红色发带。我也拿了两个做纪念，虽然我不习惯头上戴这类东西。

天空中也有商家预热，没有一丝白云的蓝天上飞机喷气写字，酷炫十足。字够大，写起来也够慢，不知是慈善口号还是商家广告。

学好英语真的很重要！

终于发令枪响，轮到我们这组了，其实我在后面是听不到枪声的，是前面人在欢呼，我知道开始了。

开始不是走，也不是跑，而是一动不动。几分钟后才轮到我附近的选手往前挪动，很慢地挪动，根本不可能跑，人太多了，那就散步吧，反正没有成绩要求。

海德公园附近老建筑很多，博物馆、教堂都有，由于事先没做功课，也不知道具体叫什么名字，这样偶遇景点也很好，省得费心费力去验证网上别人的攻略。

悉尼属丘陵地形，街道多起伏，转过一个弯，正好是一条直直的起伏路，我在坡顶，可以看到壮观的跑步人流，主流都在大马路上。大家似乎都不急，有全城游行的感觉，有一些真正想跑的，想要成绩的就只好选择在街边人行道去突围。

我是既想跑出去，又想看热闹，这宝贵的机会来之不易，应该好好体会一下悉尼的跑步文化。于是跑跑停停，遇见热闹就停下来看一下。

有人会说，跑步有啥热闹看？

那是他没参加过悉尼这慈善跑，这根本就是一个全城参与的跑步 Party。先说选手吧，主流是打扮专业的、认真在跑的；为数不少的是娱乐心态参加 Party 的：超人、蜘蛛侠、大猩猩、蝴蝶仙女，只要平时能在电视电影中看到过的动画形象，几乎都能在跑步的选手中发现，还有许多我不知道寓意为何的怪异打扮的，或许根本就没什么寓意，就是为了搞怪。

有穿婚纱白裙的，有穿日本和服的，有大兵全副武装负重列队前进的，有推婴儿车的，有摇轮椅的，有全家出游的，有孩子骑大人脖子的，也有企业自己设计统一服装列队口号前行的，还有带着宠物飞奔的，还有好多穿着印有宣传慈善或者其他内容的跑步衫的……

反倒是那些专业跑步打扮的显得有些疏离，有些不合群，因为“太认真你就输了”。

最有看点的是路边观众，助威群体，几乎每隔几十米就有助威团体在表演，乐队居多，各种风格的乐队，这种场合下表演，声音极具吸引力，平时不怎么听音乐的我也禁不住驻足欣赏，乐队都卖力演出，极为投入，充分展现现场音乐的魅力。搞得我都想去听现场演唱会了。不用急，今天整个悉尼就是一个音乐 Party，慢慢欣赏吧，跑步暂且放后。

舞蹈团体也很多，有的一看就是舞蹈学校组织的，也有体操团体在街边表演，最吸引人的是巴西的桑巴舞团，辣妹热舞，惹得选手聚集不停合影，舞者非常配合，一一满足，合影期间热舞不辍。有一个炫舞美男子团尤为出彩，一群浑身涂满蓝色油漆的半裸男子路边热舞，邀选手一起加入，你加入了就中计了。当然也有人是故意加入的，涂油彩的男子会抱住你，让你全身也涂满油彩，有人喜欢玩得不亦乐乎，有人误入吓得惊慌失措，急忙逃脱。我远远观望，识破其实，珍惜自己这一身第一次穿的跑步服，只作壁上观。

纯粹的助威团多是商家行为，因为都统一着装印着 Logo，在路边摇旗呐喊。

补给分两种：一种是官方设置的补水点，但不同于国内，递水的多为小孩子，一脸真切，不渴也不忍拒绝小孩子递过来的水杯；一种是街边商户或者家庭自发组织的补给点，这里的补给品就五花八门了，我吃到的就有炸薯条、蛋卷，还有不知叫什么的小吃，饮料、水果都有。

也有隔空参与的，在自家阳台上，支起烤炉，放着音乐，喝着啤酒，向着跑步队伍欢呼，炫耀，这个有些馋人。

再说沿途景色，景色无敌。

一路在海边跑步，街道起伏非常大，转弯也很多，不经意一转弯就看见远远的悉尼海港大桥、悉尼歌剧院。大家纷纷跑到路边，合影留念。再一个转弯，海港大桥不见了，出现了一处平静的海湾，游艇林立，海面帆船点点，这种时候我都是跑下街道，去旅游一番，到港湾里转一下，拍照游览一圈再返回主路继续跑步。

这样的跑步当然不是比赛，天气非常给力，蓝天净爽，十分干净的那种蓝，温度逐渐升高，阳光应该下有 20℃，极为适宜跑步，亏得我一身短打扮，外衣缠在腰间。而有些当地跑者热了就直接把外套扔在路边，结合跑前海德公园里看到的景象，我估计是直接扔掉了，不可能回头再取。外国人的生活就是简单，没用的就扔，当地二手商品交易也极为发达，人们并不忌讳买二手衣服，价格很是低廉。

比赛总有终点，Party 总要结束。虽然有些不舍，14 公里还是在狂欢中来到终点，而且路牌指示最后 3 公里都是下坡，一路下坡我们到终点——邦迪海滩。

冲浪者的天堂，也以裸泳闻名的邦迪海滩。

今天的邦迪依然美丽异常，地理位置原因，海浪极大，浪花翻卷，隐约看见冲浪者穿梭其间。我们是橙色组，最后一个出发，到达时海滩已经人潮涌动，护栏外大批的选手已经挂着奖牌嬉笑合影留念了。顺着人流，跑向终点，还碰到了轮椅组的几个人，他们是早两个小时出发的。

终点更是热闹，除了计时牌，还有好多摄影师在捕捉选手们冲刺的瞬间，即便是一路走完的，这最后几步也要跑一下，冲刺一下，秀个帅气的冲线瞬间。

冲线过终点后，找人帮我拍终点照留念，这时想，要是有同伴一起跑完全程该有多么好。如果有机会带家人一起完成这 14 公里又将是怎样一种体验。

邦迪海滩的巨浪给我留下了深刻印象，这也是我人生第一次亲眼看到真实的冲浪场景，以前的了解都是来自影视。

8 万多人的跑步，选手赛后疏散是个大问题，悉尼人很有经验，大家排队上大巴，转乘最近的地铁。更人性化的是，今天，只要手拿完赛奖牌，或身穿有比赛号码簿衣服的人，乘坐任何交通工具皆免费。

一开始我还不懂，进了地铁问服务员哪里买票，人家说：You are free。我不解，工作人员指了指我不经意露出的号码簿：Because of this。我马上明白了。接下来一整天我都穿着这衣服，故意露出号码簿，当然，哪里乘车都 Free。

度过了无比自豪的一天。

我知道，我今天所经历的远比我之前所经历的一切都美好，我将获得的满足远比我所获得的一切都甜蜜。

下午一点，辗转换乘，准时来到悉尼歌剧院，同伴也都准时汇合，到达时间前后不差 5 分钟。要知道我们都是第一次来悉尼。

之后就简单了，歌剧院，海港大桥，到此一游。

经验留下两条：

第一，歌剧院只可远观，不可近玩，近看不好看。

第二，在距离海洋稍远的地方吃饭，谨防海鸥，抢你没商量。

注：事后查询赛事网站，本人成绩 1:54:59。

小贴士

悉尼慈善赛，没有国内意义上的参赛包，也没有完赛包，途中补给很丰富，习惯赛后补充的选手建议自带补给。终点附近排挡、饭店林立，可以尽情补给。这类比赛更适合带家人、朋友一起参加。

二十七、澳洲　徒步——“倪萍”河上的大鸟

2015 年 8 月 10 日　晴空万里　澳洲东海岸　Kiama 小镇

在澳洲，像长江黄河一样的大河并不多，Nepean River 是其中之一，昨夜入住的房车营地就在河边。

天蒙蒙亮时，起床，跑步。由于是昨天夜里入住，无法察看地形，只是知道营地就在河边，或许可以有跑步道路。我穿过营地的一个小小的角门(营地正门出去是火车站及一些商家、住户，不适合跑步)，来到河边，是很陡的坡岸，河边也无路，坡上都是厚厚的草，今早雾气极重，露水很足，几脚下去鞋已湿透。而且路面极滑，几乎是滑到河边，扶住岸边的树站定，才不至于滑到河里。太阳还没出来，不远处就是 Nepean 河大桥，确切的名字是维多利亚桥。

河边栖息的野鸭水鸟被我惊动，纷纷扑棱着翅膀飞向河中心，在水面划出一道美丽的波纹荡漾开来，我急忙掏出手机抓拍“惊起一滩鸥鹭”的景象。站定河边不动，野鸭看我没有恶意，便停下悠游起来。这时不远处游来一只大鸟，最初我以为是谁家孩子的鹅型玩具船遗落在河里，小孩可以子坐在里面的那种。漂得离我近了，朦胧中我一看竟然是一只大鸟，嘴巴似乎比身体还大，好熟悉的形象，竟然见到真的了，努力搜索，记忆中真的不知道这鸟叫什么名字了，肯定很熟悉。后来在墨尔本动物园才知道，澳洲许多地方都有这种大鸟，学名叫鹈鹕。光线不足，又是逆光方向，水面雾气蒸腾，无法拍真切，只能静静欣赏。

十几分钟后，阳光逐渐从对岸的铁桥后透射过来，水面开始清晰一些，由于昨夜温度太低的缘故，依然有雾气蒸腾。难怪刚才下到岸边的草坡中露水那么大。由于这里已经无路可走，鞋已经湿透，只好看了一会大鸟和野鸭就原路返回，没跑成步，却看到了真的鹈鹕，也是大收获，其他几位依然酣睡的同伴就没我这份经历了。

今天的安排是休闲，大家都洗漱、吃好早饭后，便依照地图去营地旁的一个公园徒步。天光大亮后发现，公园的路就在河对岸，要从桥下的一条小路转到桥上通过，路上有一些跑步的人，遗憾自己早上没有找到这条路，那么好的河边跑步经历错过了。也怪当地人极少这么早出来跑步，不然我就可以跟随了。现在是集体活动，况且已穿着户外衣服，无法跑步，只能徒步了。说是公园，其实说是荒野也绝不为过，在中国，这种概念一般叫生态公园，也就是保持原来的样子，澳洲保持得更彻底一些。走了一段时间后，路已经很难觅。由于一直沿着河走，也不怕迷路。

河里，有明显发过大水的痕迹，成片倒伏的树木也无人清理，或许有心无力，澳洲没有那么多人来做这些事，亦或许人家就是要自然的这个样子。房车游的路边也经常看到旷野中光秃秃的枯树干或伫立或倒伏，无人处理，尽显苍凉。

河中野鸭、不知名的鸟、还有那种大嘴鸟——鹈鹕亦成群，早饭时吹的牛，以为鹈鹕是自己早上独有的收获，可是日出后看得更真切时发现，鹈鹕随处可见。

在靠近营地的一段平缓河面上，有皮划艇爱好者在晨练，单人的四人的都有，野鸭、鹈鹕、划艇的人相安无事，各玩各的。看滑艇的人（都是女生）装备极为专业，岸上就是俱乐部基地，我猜是国家队，同学说，澳洲人这种俱乐部很多。我少见多怪了。

上午的公园游玩变成了荒野徒步，估计走了有一个多小时的样子，脚下已无路，我们这种休闲装备已经无法继续徒步，计算返回时间已到，只好原路返回。整个徒步过程接近 3 个小时，除了河中赛艇训练的人外，路上没有碰到其他人。查看地图，我们只不过刚刚进入了公园的一个角落，想走完整个公园或许需要几天时间。

澳洲真是大得让人无话可说。

今天的计划本就是休闲，不赶路，所以休闲地在营地自己烧午餐。

耳边蜜蜂嗡嗡地叫，石竹花的芳香在营地空气中飘溢开来。

异国陌生地，想迅速找到当地人的惯常跑步路线，如果没时间、没条件预先了解到，最好到居民区附近等候，跟随跑。房车营地里都是外地游客，绝少熟悉当地情况的。

二十八、澳洲 Kiama——日落下的喷水洞

2015 年 8 月 11 日 晴空万里 东海岸

下一站，澳洲东海岸小镇——Kiama，只有一百多公里车程，今天很休闲嘛。

车行东海岸，丘陵地形，太平洋时见时不见，一不小心一个上坡，坡顶可见万顷碧波，仿佛下坡不踩刹车都担心会冲进大海，触手可及。可不及近海，一个转弯又是坡路，碧海蓝天一切都不见，只有红墙绿树和环屋飞的鹦鹉。

路过旅游胜地 Wollongong，这里有当地知名大学伍伦贡大学（University of Wollongong）。在澳洲这是一个极为普通的大学，之所以知名是因为中国留学生众多，这所学校几乎成为华人学校，可能和留学门槛低有关，又有留学之名。也正因为中国留学生太多，当地政府为讨好中国人，学校最初将中文名定为卧龙岗大学。没想到这遭到了中国学生、家长的反对，嫌弃这个名字太中国化，而且也俗气，强烈要求改得洋气一些，不然毕业证书拿不出手，在国内炫耀时也说不出口，于是当地政府中文翻译校名改成了现在的伍伦贡大学。

都是钱多惹的祸。

今天的营地位于海边小镇 Kiama，中国人的习惯是到海边的一定要看日出或者日落。而我们也在日落前赶到，先看日落，明天一早再看日出。

但愿日出和日落能有不同之处。

房车营地就在海边沙滩旁，简单的入住手续办好后，就是太平洋日落时间了。

海滩两边皆是高地，澳洲东海岸，现在是冬天，面朝大海，太阳会落在身后的高地，也就是说海上无日落，身后有晚霞。

太阳落在山的那一边，海边变暗，走上几十级台阶，我们登上左侧的高地，高地上绿草如茵，厚厚的，软软的，形容为踩在地毯上绝不为过。有一条显然是清理过的小路，路边还有长椅，面向大海。高地上有几户人家，正宗的我有一间房（别墅），面朝大海，几乎清一色的落地玻璃窗、开放式露台、休闲桌椅。我惊叹于世上真的有此种住处，得天独厚说的就是这种房型位置，和同伴感慨：我们的日子都是白过了，人家这才叫过日子。

同伴宽慰我说，我们能来到这里已经很不错了。

一户人家的露台上，一个老人站着，手里拿着啤酒，和我们打招呼。估计刚欣赏完日落。当地的人们非常友好，见面无论是否认识，一定打招呼问好，这或许和当地人口比较少有关。几天的旅游下来，我们已经习惯了路遇陌生人打招

呼。试想在摩肩接踵的上海，躲避都来不及，怎么能和每一个见面的陌生人问好。

坡顶转角处，独独有一长椅，公共区域，朝向海面，我们毫不犹豫奔过去，坐下来，很自然，我们已经在山之巅，面朝大海，凭海临风，明早看日出肯定就是这里了。无论是谁到了这里都会变得有诗意，再不济的粗人也会说："这么好的地方，有酒吗？"

大家约好，明早来这里一起看日出。

看地图显示，坡下是一处景点，Kiama 小镇引以为豪的一处景点，旅游指南上列出的唯一景点——喷水洞（Blowhole）。Kiama 有两处喷水洞（Blowhole），我们这里的是较小的喷水洞。今天既然已经到了这里，就看一下吧。

在海边，喷水洞（Blowhole）是指一种自然地理奇观，被为"天然神奇喷洞"，被誉为世界五大奇景之一，是游客们的必游景点之一。石灰岩岸在浪潮多年的冲蚀之下，形成了很多奇形怪状的洞穴，其中有些大的石穴，每当浪潮拍打过来，海水就会穿越洞穴向空中喷射，水柱最高时可达 10 米，同时还会发出惊人巨响。

在 Kiama，这样的喷洞有两个，另外一个大的按照景区指示在 4 公里外的海边。

喷水洞很神奇，随着浪涌，嶙峋的岸边礁石中每隔一段时间就会喷出海水，和鲸鱼的喷水很相似，只不过这里有十几米高，力量煞是惊人。或许和现在正是涨潮有关。天色已暗，不时喷出的白色水柱更是惊心动魄。中国人说的"惊涛拍岸"，大概就能在这里体验了。仔细看下，更惊人的还在后面，就在喷水孔洞十几米外，有人在钓鱼，那种光滑的岩石，站都很难站稳，那人竟双脚岿然不动，双手不时甩杆。我瞬间想到了硬汉海明威。

喷起的水雾随着咸涩的海风向我们迎面吹来。

小贴士

海边岩石被海水冲刷得十分光滑，特别是那些上面长满青苔状植物的石头，更是奇滑无比。旅游者不可尝试上去，或者捕捉石下贝壳类海生物，极为危险。

二十九、澳洲　东海岸——把每一个普通的日子都过成良辰

2015 年 8 月 11 日　晴　Kiama 到 Lakes Entrance

把每一个普通的日子都过成良辰。

这是谁说的？鸡汤味也太浓了，不过我喜欢。

可这样一个不普通的日子该过成啥样呢？

日出之美在于之前的等待。

昨晚我们就集体决定，今早不再像惯常一样我独自早起晨跑，而是大家一起去看日出。信息显示，Kiama 今早 6 点 43 分日出。

为了看日出只能摸黑走出营地。穿过沙滩，攀上几十级台阶，踩过几百米地毯一样的草地后，我们集体来到了那个得天独厚的位置等待日出——面向东方突出崖壁的椅子旁。

同伴是看日出，我的计划则不同，今天我是一身跑步装扮，紧身长袖抓绒骑行上衣充当跑步服，外罩一件蝉翼风衣。同伴们没有其他计划，都是穿上了所有带来的衣物御寒，我则是不停地做着跑步前的准备活动，和大家一起等待着日出，当然也不时地摆拍一些文艺范十足(做作)的日出跑步照片。

希望我们的日出观光没有影响到几十米外的悬崖上的住户。

震撼却没有太多惊喜的日出过后，其他人到坡下去看那个小的喷水洞，我则开始了今早的重头戏——独自跑步去 4 公里外的那个大的喷水洞。

澳洲早起的只有两种人：跑步的和遛狗的。

我按照地图指示，沿着海边跑向大喷水洞(Blowhole)。澳洲人都非常友好，每一个遇到的跑步或遛狗的都微笑着和我说着“Morning”，我也礼貌回应，估计他们把我当成了小镇的新居民。一路我还真没遇到一个亚洲面孔的晨练者或者遛狗者。

海边的路高低起伏严重，我是第一次遇到，毫无经验，上坡段极为费力，一度需要靠走才能跑上去，下坡也由于过陡，无法放开脚步，但却轻松许多，有溜下来的感觉。凭经验判断，Blowhole 应该就在不远处的那个白色灯塔处。但由于海岸线不是直的，是由一个连着一个的海湾组成，还经常有居民房屋阻路，倒不是真的阻路，是我找不到路。陌生的海边，大清早的，又不好冒然穿过人家院子去海边，明知道那里应该有小路。在澳洲私人宅院是不允许乱入的。所以有几处需要绕到大路上，看到路口再转回到沿海跑步道，毕竟我对自己的方向感很自

负，不会迷路，只记得不离开海边就是对的。就这样高低起伏地经过了两处沙滩，都是和营地前的一样。有人在练习冲浪，虽然浪不是很大，但看得出那人并不熟练，我停下拍照他还有些不好意思，我友好地打招呼后，继续向前跑。身体早已发热，风衣脱下来塞进骑行服后面口袋。澳洲这样的气温穿一件抓绒骑行服跑步对于我刚刚好。

白色灯塔出现在眼前高地上，建有停车场，一看就是旅游景点的模样。我顺着跑步路上了坡顶，身体活动开了已不觉得吃力。灯塔下海岸边一片黑色奇形怪状礁石，中间修有游步道，不用说，那就是观景台了。走过去，并没有发现Blowhole，走了一圈也没有发现，只碰见一个亚洲面孔的中年妇人，我以为是中国人，上去打招呼，对方听不懂，改用英语，才知是柬埔寨人，度假来的。我请人家为我拍照，到此一游。仍然不知哪里是 Blowhole。按照昨晚看到的那个小的 Blowhole 的规模，这里是大的，应该更加壮观啊。

悻悻的，有些失望，百思不得其解，往灯塔方向高处回返。这时来了三个当地人模样的游客，这里称外国人不合适，我自己才是外国人。他们在一处围栏旁等待着什么。我走过去问，哪里有 Blowhole？他们指着眼前乱石，说这就是啊。我细细看，依然没有喷洞的任何踪迹，况且不是应该很壮观的吗？

他们指着礁石中一个巨大的洞，我疑惑地问真的是这里吗？

那几人见我英语不太好，边说边比划着，我恍然大悟：这里就是Blowhole，但由于现在不是涨潮时间，海面过于平静，所以无法形成喷洞奇观。他们在等涨潮。

我搞懂后，知道自己不能陪他们等下去看喷洞，因为我还有 4 公里起伏路要跑回去，同伴还等着我吃早饭，今天还要赶很远的路到下一个营地。

这就和天下闻名的钱塘江大潮一样，不是你随时来钱塘江边都能看到是一个道理，要有天时地利人和的。

想想昨晚已经看到了小的 Blowhole 的壮观喷射，还要求什么呢？

这就是旅游。

有遗憾的旅游才是完美的。

原路返回，丝毫不用考虑呼吸、步频、配速。澳洲东海岸，小镇 Kiama，我跑步而过，起伏路的障碍瞬间消失，身体已经适应。往返近 10 公里，完成了一次真正意义的晨跑。

下一处营地在 600 公里外，盘旋山路，今天会很累，我说的是司机。

路上不细说，夜里 8 点多钟，我们抵达 Lakes Entrance 营地。光看名字就知道这里风光无限，具体如何，明天早上再去看吧，那时我们就会知道一切了。明天，我会找出一条美妙的跑步路线。

毕竟，明天又是新的一天呢。

小贴士

异国跑步，要尊重当地人的习俗、习惯，特别是不要打扰私人住宅。当地人打招呼要礼貌回应，最基本的问候用语是要学会的。

三十、澳洲　Lakes Entrance——湖海之间，无人沙滩，日出天边

2015 年 8 月 12 日　晴　转阴　Lakes Entrance

在我眼中，海边破晓的时候是最好的。渐渐发白的天际线，有点亮了起来，幻彩的云微细地横在那里，是很有意思的。

这里是南太平洋，早上起来，面向东方，左边是湖，右边是海，看双日出，这是一种什么样的体验?

这样的景色就出现在澳洲南海岸的 Lakes Entrance，看地名就知道这里有许多湖，而这里偏偏又是海边，先前看了资料介绍，这里是澳洲一个重要的旅游目的地，附近已开通机场，有专门为游客设置的出海看鲸鱼、湖上捕鱼等项目，还有最著名的潜水、冲浪等海上运动项目。

以上都不是我的菜，我只想看双日出，迎着朝阳跑步，吸收来自南太平洋的能量。

昨天赶路 600 公里，司机很累，吃过晚饭大家都迅速睡觉，已经不可能像在 Kiama 小镇一样一起看海上日出了。我之前做过功课，Lakes Entrance 这里日出时间大概在早上 6 点 50 分。

生物钟准时在 6 点叫醒了我。外面已有些亮光，房车上空间小，为了不影响其他人，没开灯，摸索着穿好衣服，吃了两片果酱面包，喝了一杯热水。这都是跑步前的必须，正好半小时后开始跑步。

6 点 15 分出了房车，由于昨晚入住时已经很晚了，根本不知自己位置，更不知方向，所以要预留时间找到湖边海边方向。出了房车马上发现，太好辨认方向了，因为霞光已出现，日出先兆已非常明显，那里就是湖海方向，其实就在房车营地大门外，几十米处就是湖。

远处发亮，脚下眼前却有些黑，穿过空无一人的街道，摸到湖边，许多水鸟的黑影，看体型巨大我以为又是那种大嘴鸟——鹈鹕。我脚步轻轻，矮树丛掩护，靠近湖边。天色已有些变亮，水鸟依然很黑，但从长长的脖子上看，不是大嘴鸟，再靠近一看，原来是黑天鹅。好多黑天鹅和野鸭夜晚就栖息在湖边，朝霞此时已满天，色彩开始变换，湖面更是水光粼粼，黑天鹅这个天然背景逆光拍摄效果极好。

根据地势判断出这里是湖区入口，水面不宽，结合昨夜临睡前快速研究的地图和不远处横跨湖面的桥，判断桥那边就应该是太平洋。虽然湖面景色绝美、精致，但看双日出的目标要求我不能在此停留，还需要迅速找到海，日出前的美景只存在几分钟。今天日出方无云，而其余地方都是云，我很幸运地看到了幻彩朝

霞满天的景色。根据经验判断几分钟后太阳便会跃出，我迅速跑步过桥，过桥后即发现路标，显示前面土坡后即是大海，几十米的土坡跑上去后，眼前瞬间开阔，宽阔的沙滩，无际的大海，翻卷的海浪。似乎正是涨潮时间，整个沙滩只有我一个人，跑在被海水冲刷得有些变硬实的沙滩上，只有我一串脚印，那感觉无以言说，仿佛自己是世界的开创者，既豪迈又孤单。海浪舒卷，海风却不大，迎着日出方向奔跑，肆意奔跑，跑步技术要领在这里是多余的，什么摆臂角度，钟摆90度，什么重心控制，都是多余的。

南太平洋，日出前的太平洋，前方的前方是南极，那里有企鹅，那里冰雪覆盖，而这里天空的色彩美得令人窒息，日出前的色彩，完全和这道百米土坡另一侧的湖边日出景色迥异。在大海边你只想张开双臂去迎接，湖边更多的是想拿出相机去记录。

其实我并不孤单，海面不时有鱼逐浪跃出，海鸟也飞来与我相和，不远处开来一艘渔船，综合成最完美的日出景象。

太阳跃出海面后，我无法招架，不能直视。几分钟后，云层接走了太阳，海面归于平淡、普通，仿佛刚才的一切是一场魔幻演出，甚至可能是我的幻觉。

前后二十几分钟的幻彩演出结束后，我才感觉到浑身发冷，现在可是南半球冬天的早晨，还没有了阳光，我只穿着薄薄的跑步服。我马上返回到湖边，那里有人工修筑的跑步道，开始今天的跑步。

这时湖边已经有了跑步和溜狗的晨练者，澳洲人大多热衷运动，运动设施也齐备，就拿跑步来说，几乎我所到的每一处，哪怕是很小的小镇，也修建了完整的跑步专用道，且标识明显。

Lakes Entrance 这里的跑步道是沿着湖的，一边是林立的游船，一边是有着各种店铺的街道，你遇到的每一个人都和你打招呼，“Morning”“Morning”不停，尽显澳洲人的友好。

小镇不大，但在我游览的小镇中这已经算很大的了。一公里后已经到了边缘，便折返往回跑，跑向小镇的另一边，才发现原来我们的营地是在镇中心地带。两边都跑好，看时间已经出来一个多小时了，估计跑步距离也有 7 ~ 8 公里的样子，身体已经发热出汗，进入跑步途中状态。按计划房车今天要回墨尔本，大家是个集体，不能因为自己尽情去跑步而影响了集体出发时间。马上回营地，在房车旁做跑后放松拉伸，其他人也已起床，也有人去湖边转过，看了日出后的景色。

早起的鸟儿才有虫吃。

日出前令人窒息的美景只有我看到，却无法言说。

旅游就是这样，即便走相同的路线，乘同一辆房车，每天看到的景色，经历的事件也各不相同。

跑步看风景，世界大不同。

小贴士

沙滩跑步只适合摆拍，凹造型。沙滩软硬不均，容易崴脚，鞋里容易进沙子，且不易清除干净。如果非要浪漫，建议光脚跑，但前提是沙子足够细。

三十一、墨尔本　皇家植物园——草地上的跑步者

2015 年 8 月 13 日　墨尔本　多云　皇家植物园

昨天是房车游澳洲的最后一天，返回墨尔本继续开启阴雨寒冷模式。

今天行程计划是去看植物，去植物园，而且是皇家的。

植物园就在罗德拉沃尔球场边上，中间隔了一个亚拉河，皇家植物园很大，品种极多，但绝大多数不认识，标识的英文也不认识，又没地方问，变成了纯粹的看稀奇。就以我认识的多肉植物为例，国内这玩意正流行，大学城门前许多摆摊的，连盆加植物也不如一个拳头大，绝大多数是这样。我也就一直认为多肉植物就是这个样子。皇家植物园颠覆了我的认知，几乎所有的多肉植物都巨大无比，几乎都比人还大。或许原来国内的多肉不是天生那么小，是因为你给的空间小，当然只能长那么小。澳洲不缺空间，多肉长小了都不好意思。

澳洲人以爱运动、会运动闻名，强项运动比如游泳。中国国家游泳队不都是去澳洲集训嘛；比如网球，著名的澳网为代表；比如海上项目；比如澳式足球……

澳洲人对运动的热爱我是亲眼见识了。

我们从植物园出来，正是午后两三点钟的样子，环植物园出现了许多跑步的人，跑步本没啥奇怪的，澳洲街上随时都能发现跑步的，这次有些奇怪的是跑步的人非常多，我都怀疑是否在举办一场比赛。但从跑步者的差异和状态又明显看得出是自由锻炼的。各种配速的都有，有些人的配速明显是全马 3 小时 20 分的水平；也有慢跑的。无论速度快慢，有一点是相同的，那就是都有一身十分专业的装备。就跑鞋来讲，通过这些天的观察，澳洲人更青睐亚瑟士（日本运动品牌，该品牌跑鞋名列世界四大跑鞋之一），还有一些青睐新百伦和索康尼，布鲁克斯比较少见。

回到同学家聊起皇家植物园跑步的现象，同学给出了原因：在墨尔本，皇家植物园外围环道是沙土路，天然的土路，原来是有草的，跑的人多了，草就很少了，也就是说，这是对人体损害最小、最适合跑步的路，难怪有那么多人，果然专业。这样的土路在墨尔本还有一条，在离皇家植物园不远的艾伯特湖环湖路，和现任澳洲总理一个名字。据同学讲，这样的土路有这么两条。

听了同学介绍，我禁不住脚痒了，这消息怎么不早知道呢，肯定比橄榄球场的草坪要好很多（球场草坪有些偏软）。看自己的行程是没时间去天然土路跑一次了。

还是那句话，旅行留些遗憾才是完美的。

也不禁对杭州、上海感到悲哀，偌大的城市竟然没有一处足以跑步的天然土路。

2015 年 8 月 14 日　墨尔本　晴转多云　动物园

我也自诩是练习长跑的人，自恃有耐力，我盯着树叉上的那个小东西，希望它动一动，看看它的全貌。10 分钟过去了，它没动，又过了 10 分钟，还是没动，我已经围着这个一百多平方米的围栏走了一圈，各角度观察着，这家伙还是没动，几乎是一动没动，甚至看不到呼吸时肚子的起伏。半小时过去了，我放弃了，或许这才是它的真实面貌。

不用说你也能猜到，昨天我去了植物园，今天当然是去动物园，澳洲的动物明星是考拉。上面描述的就是考拉。这半小时内正值每日例行讲解，讲解员进入到围栏内，和树上的三只考拉最近的那只距离不到一米，几乎触手可及，扩音器里传出的大的讲解声也未能使考拉稍微动一下。

由于语言水平有限，讲解的内容我听不明白，期间几乎是全神盯着考拉的。估计许多游客都有我的想法，讲解员能否把考拉抱下来讲解啊，或者想办法唤醒它。

讲解员很专业，当然不会去打扰动物来满足游客的好奇心。整个墨尔本动物园的设计都很亲民，许多不会伤人的动物都离游客很近，用国内的话说，动物都很傻，见人也不跑。或许这和当地人一直和动物友好相处有关。人类不伤害它，它当然也不会对人类有戒心。

国内许多人都是看到动物离人很近，首先想能否抓住，甚至占为己有，至少能否摸一下。比如澳洲河边成群的野鸭，在中国离城区这么近是不可能出现的，早就被不法分子捕获卖到饭店，吃野鸭肉了。黑天鹅和鹈鹕估计命运也会如此，而我在澳洲竟然可以和鹈鹕、狐猴近距离合影，前提是我不试图伸手接触它。杭州钱塘江边曾经许多小店都有野鸭烧的菜，甚至被捕获的野鸭就摆在饭店档位上供人挑选品尝。

动物园就在墨尔本大学后面。我们一早乘车在墨尔本大学下车，沿路走过去，走了好久，原因是之间隔着好大一块草地，近于半荒的草地，但又看出是有管理规划的天然的跑步场所，看着眼馋，无奈自己穿着棉衣、牛仔裤，只好步行了。

步行也是享受，刚好太阳露出来了，蓝天、绿草地，心情更加舒畅。

2015 年 8 月 16 日　杭州

凌晨到杭州，一早醒来第一件事是称体重。

73.5 公斤，（今早未跑步，之前都是晨练后称体重）半个多月的旅行加跑步体重没有丝毫变化，不同的是澳洲期间几乎每天都喝酒，以红酒为主。

澳洲人体型两个极端，要么肥胖得骇人，要么是型男、辣妹型，这和是否有运动习惯极为相关，每天看到的那些积极锻炼的人都体型极好。

体型虽然和吃什么相关，但吃完后是否锻炼是个更加重要的因素。

红酒在众多酒类中应该是极有竞争力的运动用酒。正如法国人虽然和美国几乎有着同样的饮食习惯和结构，但法国街上胖子很少，据说就是因为法国人更多喝葡萄酒。

在这里，我祝各位跑友都幸福长寿。

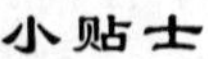

小贴士

根据 RSLab 运动理论，天然土路是最适合跑步的，遇到一定不要错过。但由于几乎所有马拉松比赛都是在水泥或者柏油路面上进行的，所以日常跑步要做适应性训练，避免比赛时受伤。

三十二、上海　家中——跑步禅

2015 年 8 月 22 日　上海　大雨

我在写前面或者后面那些段落的时候，几乎是一直在孤独地跑着，在马路上，在上海的长风公园、华东师大的田径场，在杭州下沙的钱塘江边，身边经常没有任何跑友。

我习惯边跑边思考。

思考很耗费体力，有时并不比体力劳动轻松多少，甚至有过之而无不及。跑步过程中如果一直专注于自己的速度、距离、时间、心率等数据，会徒增紧张，加速心跳，徒然耗费体力。即便在日常生活中，即便你一动不动，突然想到某些让人紧张的事，马上也会心跳加快，心慌不已。所以经常有人说，跑步要专心，但又不能太专注于跑步。

记得一位跑友说，跑步时可以胡思乱想些跑步之外的事。

这话极对。

前几天和一位有佛缘的朋友交流，了解一些佛家概念。说禅可以静中求，也可以动中求。意思是说，绝大多数人眼里，参禅悟禅是要极静的，只有免除一切干扰，才能去寻、去领悟。相反，动中同样可以参禅，解脱，悟佛。这需要更高的境界，大隐隐于市也是同样的道理。

朋友当时讲到一个亲身经历的求佛的故事，说是一次大家一起打坐，结束后就自己的体会和迷惑可以向法师提问，一个居士问法师，为什么她打坐时有一段时间没了呼吸？法师解释：呼吸吐纳是吸收外界能量维持身体的运转，停止呼吸说明那一段你已经进入了不需要能量或者需要能量极少的境界，这就是所谓的禅定。普通人很难做到，即便是有一定修为的僧人也未必可以。后来交流得知，那位居士前些年曾经有过参禅的专门修炼，悟性较高，一定条件下就会出现呼吸停止的状态。

佛家一般吃得很少，有修为的法师吃得更少，是因为身体不再需要那么多的食物供给。

同理，跑步是个体力、能量消耗大的运动，比赛中又不适合随时补充能量，因此如何在运动中既提高成绩，又减少消耗是个难题。可否考虑参考佛家禅修的原理，引入跑步禅的概念，把跑步当作动中求开悟，边跑边悟佛，引入禅修的原理，减少能量的消耗呢？最明显的指标就是心率和呼吸频率，如果能把这两项指标降下来，能量消耗自然就少了。如果能达到那位女居士所说的不需要呼吸的境界，却依然在奔跑，那会是一种什么样的状态啊。

看来跑步需要取经，真正的取经。

近日浏览微信公众号，有一篇文章题目是《长跑的时候，你都想些啥?》

文章援引《国际运动与锻炼心理学杂志》上刊登的研究结果：40% 的跑者说的都跟他们跑步的步调和距离有关。32% 的跑者都在念叨着他们这里疼那里不舒服。剩下 28% 的想法被研究者归入与周围环境有关的主题。

而优秀的长跑运动员迈克尔·乔伊纳说："优秀的长跑者会专注于跑步过程，包括身体动作、用力情况及速度，而非优秀的跑者则会想其他事来分散注意力。"

那么，我长跑时想些啥呢?

我先告诉你一个由以上研究得出的结论：我已经步入优秀的长跑者行列。前提是研究结果绝对正确。

也就是说，在跑步的最初阶段，我是胡思乱想的，我 2015 年 3 月以来所有申报的课题标书、写作的书稿、工作相关的文件草拟、微信的文字，甚至胡诌的打油诗……这些都是我在跑步中构思的。可以说，最初几个月，跑步成了我思考的专门时间(之前是边骑车边思考的)。

近两个月来，特别是 7 月初，RSLab 跑步教练课程培训结束后，我对跑步的认识有了质的飞跃。之后的跑步我开始更加专注于跑步本身，专注于自己身体在跑步中的感受，专注于跑步课程中讲授的种种要领及规范，并在跑步过程中逐渐规范自己的动作、过程及心率控制。不再是最初跑步时的只关注跑量。

跑步时应该专注，任何分散注意力的和跑步本身无关的思绪都是无益于跑步效果的。极端一点，即便和跑步有关的思绪也是一种分散，如果能做到无一丝杂念，也就达到禅定的状态，岂不是更加无敌。

跑步禅的修行应该是在已经进入优秀行列的跑者中进行，也就是说，跑步可以分为四个阶段：第一阶段，胡思乱想阶段；第二阶段，专注于跑步规范阶段；第三阶段，专注于内心感受阶段；第四阶段，禅定阶段。

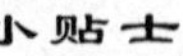
小贴士

跑步时可以思考，但不能走神，特别是在马路上跑步，要随时注意对向来车、来人，安全第一。

三十三、舟山　朱家尖——海滨度假，不仅要自己带盐，还要自己带锅

2015 年 8 月 25 日　浙江舟山　朱家尖　晴见多云台风后

初来乍到，我便不可救药地爱上了这里——朱家尖。

因为这里在海边，这里有海鲜。

虽然这次相伴而来的还有天鹅，我说的是台风“天鹅”。

旅游遇到台风怎么办？

当然是尽量避开了。

昨天台风“天鹅”扫过浙江，主要扫过的是舟山群岛，一天风雨大作，就在这一天，按照暑假前的安排，我风雨无阻地乘车来到舟山朱家尖度假。

迎难而上，这是一种什么精神？

本来就没打算跟着旅游团到处走，我只是来这里按照我的方式度假罢了。

海滨度假怎么过？

多年的海边旅游度假经验告诉我，特别是在国内，无论商家多么信誓旦旦地说海鲜平价，自产自销，都不要相信，都会有一个深深的坑在等着你，以致许多人以为海鲜就是这个价格。

如果这样，你还有兴趣去海滨度假区吃海鲜吗？（不差钱的除外）

所以，早在策划度假之前，就决定这次我的浙江舟山朱家尖海滨度假自己做主。不但要为自己带盐，还要为自己带锅。还因为这次是带父母一起度假，我们决定自己烧海鲜，带了蒸煮两用锅、电磁炉，各种烧海鲜的辅料，吃海鲜的调料。

在昨天的狂风暴雨中我打听到了朱家尖只有一个大的海鲜市场，在朱家尖中心城区大洞岙，距离我们的宾馆（南沙海滩旁的一家有海景房的宾馆）5 公里。今天一早，照例 5 点多起床，由于是度假第一天，打算带父母一起去看海鲜，体验渔家菜场的新鲜和乐趣，这也是父母喜欢的内容。也顺便挑选中午的海鲜，这也是主要目的。我在换好了跑步行头后，陪父母乘第一班公交车赶往 5 公里外的海鲜市场，在公交车上观察了巴士的行走路线，并暗暗记下。

一小时后，我们以令人难以置信的低廉价格买了几种海鲜，说价格低是和杭州比，和排挡价格比，更是便宜很多。

我让父母乘公交返回。我跑步返回，父母略惊讶，我说：“没关系，我肯定不会比你们晚到。”

说完，我把海鲜交到父母手里，开始跑向来时路。

有人可能会说，吹牛吧，你能跑过公交？

能，至少这一次能。

理由很简单，5 公里的路程，我半小时肯定可以完成。根据我的观察，我们在公交站台等车时，车站空无一人，在早上买菜返回的高峰这情况只能说明前一班车刚走，而班车是 20 分钟一班，由此算来，如果公交准时的话，我应该和班车同时到达。

朱家尖的公交很靠谱，当我跑到南沙车站的时候，公交朱 1 线也同时进站了，我还没来得及做拉伸放松。车门打开，父母下车，惊讶地看我接过海鲜。

跑步去买菜，我在杭州做过这事。买菜跑步回，我在舟山朱家尖实现了。

虽然跑步时间有些短，但台风后出的太阳很猛烈，我虽然躲到逆行方向树阴下躲避着跑步，仍然大汗淋淋。

后来嘛，自己烧菜分外香，我们享受了一顿十分满意的海鲜午餐。

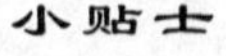

小贴士

对于很少有时间去锻炼的人，晨跑去买菜是个不错的选择，跑步去几公里外的菜场，买好后搭车回来。这属于跑步之外的实用功能之一。

三十四、舟山　大青山——晨跑风景区，收费就说再见

2015 年 8 月 26 日　浙江舟山　朱家尖　大青山

朱家尖迟早会被当地政府现在的管理思路毁掉，除非有一天他们改变。

现在的朱家尖，只要是稍微有些许看点的地方，不管多大都用栅栏圈起来，修起一个门房，立个牌子，变成景区，开始收费。

南沙收费 65 元，情人岛收费 50 元，大青山收费 100 元，乌石塘收费 40 元，东沙不收费，那是暂时的，因为栏杆还没有修好，拦不住游客。但收费处已经修好了，马上就要收 35 元了。即便只是以上几个所谓的景区，合计已经近 300 元，这仅仅是朱家尖本岛，如果加上更加“著名”的所谓普陀山、桃花岛等地，那来一次舟山仅门票一项就至少 500 元，还不包括自费的游乐、演出项目的收费，当然还有那宰人不商量的海鲜消费。

这还没算往返交通和住宿。

难怪但凡有点想法的，有点能力的，相同价位都宁可去国外看真正的蔚蓝海岸。

朱家尖正在走向死亡，即便中国人口基数很大。

还好，我旅游一不进收费景区，二不听导游讲故事。

我只需要一条可以跑步的路。

朱家尖当然有可以跑步的路，早上 5 点半，准时出宾馆大门，右转上了一条山路，这是一条有起伏的柏油路，刚走不到 500 米，就来到一处看日出的绝佳点，已经有两人在守候了。“神秘”的南沙就在脚下不远处，说神秘是因为收费我没有进去过。

大青山就在眼前，大青山今天早上只属于我一个人。

跑过几段起伏路就到收费站了，没想到这么早门口已经有人看守了，估计是昨晚值夜班的。我故意问：“可以进去跑步吗？”

答案当然是否定的。

我转身顺另一条路跑下山坡，坡下是个村庄，刚刚醒来的海岛村庄，男人骑电动三轮车，女人井边打水，村口倒垃圾，我穿着鲜艳的跑步服，放慢脚步，怕有狗冲出来，在这里我是个异类。出村是条岔路，无从判断该往哪个方向跑，这时过来一个三轮车，我示意司机停车求助，司机比划着我该走的方向，我意识到，这是个聋哑人。我也马上意识到，他看懂了我的求助意思：问路，出村，去大路。

某些情况下，语言并不是必须的。

按照聋哑人的指路，我很快就上了正道，因为我看见了公交车，昨天在市区见到的朱 8 线，跟着它可以回到 G329 国道。不一会果然看到了路牌，清楚指示出了大青山、南沙、朱家尖城区的走向。

今天体感极佳，跑步一个小时的时候依然很兴奋，虽然早上只是喝了一杯水。Brooks GTS 跑鞋经过几次试穿已经十分合脚，脚感舒适。RSLab 提供的跑步上衣今天第一次穿，令人惊艳，虽然汗透，但不贴身，体感极佳。

跑上 G329 国道，就是熟悉的路了，那是昨天早上买海鲜跑步回来的路。

7 点钟跑回宾馆，宾馆建在海边山坡上，有一个木制大平台，面朝大海，是跑后恢复拉伸的绝佳地。

天气略阴，不见太阳，有海风吹来。栖在平台栏杆下一只巨大的蝴蝶，被我拉伸动作吓得一惊，扑扑飞起，在空中盘旋了一圈飞走了。煎蛋和海鲜炒粉的香味从平台下的餐厅丝丝缕缕地升上来。

小贴士

独自在陌生地段跑步，如果没有极佳的方向感，最好带着装有 GPS 定位导航的手机，或其他智能装备。勤于问路，善于问路，交流也是必须的。

三十五、舟山　朱乌线——最美朱家尖，不是海，不是山，而是清晨独自奔跑在山海间

2015 年 8 月 27 日　浙江舟山　朱家尖　庙根山　朱乌线

发现最美朱家尖，不是山，不是海，而是清晨独自奔跑在山海间。

昨天傍晚我和夫人说，会比原计划提前一天结束度假回杭州，原因很简单，我已经跑遍了朱家尖可以跑步的地方。

今天早上是最后一站跑步，也是我最神往的线路。地图上目测较长，估计有20公里的样子，加之是山路，考虑还要赶回宾馆吃早饭、收拾东西返程。于是5点钟不到就起床，喝水，食物只有一个鸡蛋。

5点20分跑出宾馆，出南沙，奔东沙，出门就是上坡，10分钟LSD(长距离慢跑)，刚好到东沙海边，沙滩上空无一人。目测无日出可看，因为天空阴云密布。就在起床前还下了一阵急雨，我还担心今早的跑步会否泡汤。好在出门时雨停了。这时，几个建筑工人，显然是东沙海滩修筑收费景区大门工程的提早来上工了。我指着左前方小乌石塘方向的山垭口问："这里可以过去吗?"

工人回答："都封上了，只能返回。"

我是想从沙滩直接跑到今天的跑步山路，看来被封闭了，过几天这个东沙就将成为只有一个收费大门进出的沙滩，成为"东沙景区"。

迎着看不见的日出方向，做着跑前热身。海浪拍打着砾石，不知将来管理者是要买来乌石还是细沙，亦或是其他噱头铺就，不然就现在这样粗糙的海滩应该不好意思收费。

出东沙，上正路，过一个剪刀湾就到了垭口，回身看东沙已在远处山脚下了，不是距离产生美，而是距离让人看不清细节，登高远看清晨的一弯海滩，即便天空阴沉也是美的。

下了垭口几百米外是一个隐秘的村落，有几十户人家。相对于东沙、南沙那边嘈杂的建筑工地，酒店渔家排档林立，这里忽然安静下来，村口古树，瞬间变窄的小路曲折伸进村里。清晨，空无一人，更显静谧，隐约有海浪声，根据路标指示，这里就是小乌石塘了。这时天空开始飘雨，雨滴在刚刚发热的身体上有微微的凉刺激，很舒服。但这样的凉不能贪，时间稍久就会受凉，我轻手轻脚进村(怕脚步声惊醒近在咫尺依然睡梦中的渔家人)，循着海浪声寻找小乌石塘。村落太小，几分钟就走到尽头，一处堤坝，拾级而上，一弯仅百米左右的海滩出现在眼前，不用猜也知道，海滩是用乌石(黑色的鹅卵石)铺就。精致的小海滩，这里

显然是本村渔民的渔港，也就是出海口。望向海面才知道我不是最早的，已有渔民划着小艇出海了。

雨一直下，不能贪恋静美的渔村，返身跑回大路，惊喜的是出了村雨就停了。接下来就是盘山路，一公里后回望小乌石塘，已经远远地镶嵌在山海之间了。山路一直盘旋向上，由于不停地回转，路边的景色不断变化，或坡地茶园，绿意葱茏；或绝壁岩石，海浪拍打；或杂树野草，肆意丛生。往远处看则是惊喜连连，海面颜色呈条带分布，黄色绿色相间，可能是和前几天的台风暴雨有关，或许本来近海就这样。我看到了舟山群岛该有的模样，每转过一个湾，都看到大小不一的海岛排列，路面一直上升，之前从没跑过这么多的上坡路，但由于景色过于吸引注意力，也不觉得脚步沉重呼吸困难。到达一处高点，公路所能达到的最高点，因为还设置了几个停车位用作观景台。这里视野更加开阔，左手边已经能看到今天跑步计划的终点乌石塘了，右手边刚才经过的小乌石塘依然在视线内。

稍作流连，继续跑步前行，脚步突然轻快许多，有了生风的感觉，开始一路下坡。

这一段精华的盘山观海路段便是朱乌线，看路标有 5 公里左右，极为适合晨跑，最美的朱家尖也只能在这里看到。骑车也不错，就是距离显得有些短了。

到了一处山间岔路，右手是乌石塘方向，左手是庙根(村)、G329 国道，考虑乌石塘之前游览过，且路途较远，赶不及回宾馆，便选择了庙根下山，回到宾馆。

一早跑步约两小时，大部分路段为坡路，在回程的最后两公里是平路，大腿肌肉感觉发紧，有了半马最后阶段的感觉。

回宾馆认真做了放松拉伸之后，无碍。

收费的朱家尖很糟糕，不收费的朱乌线极美。

2015 年 8 月 29 日　杭州　阴　74 公斤

即便恢复拉伸做得再充分，不熟悉的路也容易出现不适。朱家尖最后一天的跑步就超出了预期，因为山路太多了，第一次遇到这样多的山路，虽然跑后也认真做了恢复拉伸，但回到杭州后隔了一天大腿依然有酸痛的感觉。这也算是为 20 天后的千岛湖半程越野马拉松做的适应性拉练吧。这期间看来需要适当增加些越野性质的练习，起伏路最佳。

今早继续排酸跑，没办法，朱家尖的感觉还在。

今天第一次得到了夸奖，一个骑着自行车做清洁的大姐对我说："跑得挺快啊，赶上我骑车了。"

我窃喜，有些飘飘然，暗下决心：做人就要从不乱扔垃圾做起。

清洁大姐比赛似的，捡好垃圾又超过了我。

我毫不犹豫地追上去。

风拂过我的脸庞，我唇上挂着一个像微信聊天微笑表情那样大大的微笑。

我继续追。

小贴士

晨跑海边山路，特别是阴雨天，应穿皮肤风衣，必要时挡风遮雨，防止受凉。

跑过四季——秋

一、上海　华东师大——又见丽娃河

2015年9月2日　上海　华东师大运动场　晴

2002年9、10月间的一个平平常常的日子，天空中没有一丝云，火辣辣的太阳肆无忌惮地扑向大地，让人无处躲藏。时令已快到白露，却毫无霜降的影子，露水往往还没来得及生成，就已经消失得无踪无影了。江南闷热而漫长的夏天看来就要过去了，但那真正凉爽的秋天还远没有到来。

那天上午，华东师范大学新生入学的人流中，出现了一个穿着不合时令的衣衫，托着行李箱，汗透衣背的东北男生。

时隔十几年，我再次回到母校——华东师范大学夜跑，再次回到田径场跑步，

晚饭后，稍作休整，和夫人步行至华东师范大学，一起锻炼，本计划去长风公园，可晚上公园关门，正好借机重回母校。

从面朝金沙江路的门进入，右手边是网球场，这是当年我耗费业余时间最多的地方，不知当年的管理员老吴是否还在，我不想去求证。网球场上依然一位难求，和上学时毫无变化，每次来都有人在练习，看来依然需要预定。过了网球场是文化中心，从廊下穿过就是丽娃河、夏雨岛，夜色中的丽娃河略显朦胧，浪漫气息浓郁；夏雨岛上野猫依然横行，使你不敢贸然踏入。记得这里有棵杨梅树，当年师兄带我应时来偷摘果。河东叫丽娃路，河西叫夏雨路。田径场就在夏雨路这一侧，依然是那个别扭的小门，胖子进不去的小门。塑胶跑道应该是后来铺就的，不记得当年有这先进的玩意。旁边的篮球排球场上永远有学生生龙活虎地打着球。田径场中间是足球场，夜色未浓，两只队伍依然不肯罢休，偶尔踢歪的足球，飞到跑道上，惹得抱怨声一片。

今天不同的是，田径场边体育与健康学院的大门上挂着“欢迎新生入学”的横幅，才记起9月是新生入学的日子，刘翔的巨幅招贴画就在横幅下面，正疑惑的时候忽然记起，刘翔是我校友啊！

跑道上锻炼的人不少，快步走的多于跑步的，看来许多人不得要领，以为走步就是锻炼，殊不知心率达不到一定指标的运动只不过是促进消化罢了。或许人家就是出来走路促消化的呢。我就别操这个心了。

学生模样的并不多，或许大多数的是附近小区的居民和教工家属。锻炼的人都默契地逆时针绕圈。

田径场是流动的和谐。

我和夫人加入了逆时针人流，开始跑步。

运动场上那么多人，用我这“准专业”的眼光一看，光就动作来讲，跑步的几乎没有一个标准的，这是个需要跑步教练的时代啊。

今天有点特别，比往日多了灯光，人也似乎多了些。仔细观察，原来有个跑团今晚在运动场活动，似乎是招新后第一次活动，还发放了统一的会员服。许多人都是荧光色夜跑上衣，很是醒目。有组织者在讲解活动流程，我跑圈的时候断断续续了解到一些，组织者也准备了补给，只看见香蕉，应该还有水之类的。

跑团先是慢跑，然后集体拉伸，准备活动，然后是5公里绕圈。由于我也只是跑了5公里左右，所以没看到这个跑团后续的活动程序，估计也是跑步结束，恢复拉伸，然后总结今天的活动，相约下一次。

近一年来，各类跑团迅猛增长，其速度无法形容。你的朋友圈里要是没有几个跑团圈就会显得很落伍，聚会聊天如果聊不到跑步、跑马、越野赛那就更加不合时宜。

就本质来说，跑步更适合一个人进行，是一个人享受孤独的运动。就技术层面讲，跑步也不适合一群人一起跑，因为很难找到和自己步频、速度、心率区间差不多的人。差不多的人虽然一起跑是种快乐，但一起跑步的跑友在运动时间上肯定会有迁就的，如果迁就那就达不到预期锻炼效果，如果被迫跟跑甚至会被带受伤。

记得暑假在国外那一段时间，就没有看到有一群人在一起跑步的，几乎都是一个人在跑步，这更符合跑步的本质。

国外的跑步俱乐部制更加合理，训练是个人单独进行，俱乐部经常组织比赛，比赛时当然是各自为政了。国内的跑团经过一段时间的活动后，也会内部分化成几个小团体，组织者也会考虑各种差异，参与者也会逐渐接受这种分化。

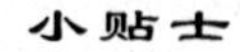

小贴士

初入门培养跑步兴趣、学习基础知识的时候，可以加入跑团；如果已成为跑步老手，想提高成绩，则更多地需要单独训练。

二、杭州　校友会——和医生交流，学而时习之

2015 年 9 月 5 日　杭州　雨　74.1 公斤

十多年来，我都置身在历史上的名医大德中，这是我的“Medical Story”。

十多年前，我与哈尔滨医科大学结缘。

筹备了多日的哈医大浙江校友会第一次聚会昨天终于顺利召开，作为筹备组和聚会暖场成员之一，我在晚宴前和各位(100 多位)校友分享了我在浙江的运动经历，另有两人分别讲述了在浙江的吃和创业的经历。我这个属于玩的范畴，内容也没那么严肃，医生似乎是最不懂得健身的一个群体，因为他们真的没时间。

我以自己十几年的健身经历，从网球讲到自行车，又讲到跑步，向大家证明，健身不是时间问题，而是一个观念问题。可能有人说没时间锻炼，但不见有人说自己没时间吃饭。如果你有一天把锻炼健身和吃饭同等看待就可以了，因为健身也是生命的必需。

分享是否有效果，对校友们是否有促动我不知道。只知道随后的晚宴依然不改吃喝本色。难免，浙江有这么多哈医大人，第一次聚会，许多原来就是一个单位的同事，这么多年竟然不知道是校友。

校友会成立是正能量，健身也是正能量。参加校友会是作为社会人的需求，健身是作为人的个体本能需求，都应该重视。

马上晚宴后，有些校友不尽兴，又拐弯抹角地寻找老东北的记忆，寻到一家开在深巷中的烧烤店，千人计划专家、知名医院脑外科专家都变成了街头撸串的，这样的开心应该是多年未见的了。

凌晨 1 点我才回到家中，是来杭州工作十年来最晚睡觉的一次。

吊诡的是今早 5 点半照常醒来，最多只睡了 4 小时而已。

跑步可以解决一切，包括宿醉(我没喝多)，也包括疲乏。

马上换好装备，出门继续在柏油路上磨合我的越野鞋，为千岛湖越野赛备战。今天特意戴了心率表，担心睡眠少跑步会影响心率，结果身体未见任何异常，一路心率维持在 140 以内。与往常不同的是路边所有高校大门外都彩旗飘飘，迎新生的阵势十足。

10 公里，正常的跑步量。

早饭后困意上来了，睡了个回笼觉。

2015 年 9 月 8 日　杭州　晴　74.2 公斤

昨天本应跑步，却因大雨受阻。

RSLab 培训继续，是时下流行的线上授课，通过微信来听课。内容是跑步的强度控制和计划制定，都是之前暑假讲过的内容，等于又复习了一遍。正好自己这几天也找到了《运动生理学》《运动解剖学》《运动营养学》这三本书的电子版，可以利用时间好好学习一下基础知识。做教练，肚里有货心不慌。

晨起天空略有雾霾，依然挡不住我跑步的心。

或许和新学期开学有关，我起得虽早，路上已然有跑步的身影，教练的毛病不改，看谁的动作跑姿都有问题，又不好拉住人家纠正，感慨中国跑步正规化发展的道路任重而道远。

今天是白露节气，也就是已经进入早晚温差大的季节了，早上跑步明显感觉到了凉爽。由于起得早，太阳初升，人的影子是长长的，忽然发现，这是个纠正跑步动作的好办法，南北向跑的时候，太阳侧面照射，影子可以观察跑步姿势正确与否，主要是摆臂，肘关节是否呈直角、钟摆式摆动；而当我折返往回跑（向西，太阳在身后）的时候，拉长的影子在眼前，可以观察自己摆臂的前后姿势是否贴合身体，有否内外偏离。

这也是过几天教练证考试的内容，人的动作一旦成型很难纠正，即便心中默念如何摆臂也会有偏差，投入跑之后肯定又会忘记动作，可见一开始跑步就有教练指导动作多么重要。

一路纠结，一路纠正跑回。

美网第四轮大战正酣，巨人安德森阻挡了穆雷前进的脚步。发球正常的安德森无人可挡，同样的巨人伊斯内尔和卡洛维奇则稍逊。

小贴士

理论上跑步时前后应自然摆臂，但不能贴身体太近，也就是说不能有摩擦，不然用不了几公里就会有擦伤，汗水下来则疼痛无比，这也是跑步比赛前要在一些易摩擦部位涂抹凡士林的原因。同理，跑步服的质量好坏也是摩擦与否的因素之一。

三、杭州　聚会——西湖日落和钱江日出之间只隔着一只烤羊腿

2015 年 9 月 9 日　杭州　晴　73.2 公斤

我在本书的许多篇章都提到晨跑江边，这个江是钱塘江，因大潮而闻名天下的钱塘江。许多年前旅游业在杭州就已经迅猛开展，但我所在的这一段江边（下沙段）却荒芜冷落得如同一片野地，很少被人记起。虽然每天同样潮起潮退，日升日落。

十几年前大学城的建设改变了这一现状，现今下沙钱塘江江边已然成为郊游热土。

今天已经是第三次跑步上江堤了。

突发奇想，何不连续一周跑步每天拍一下钱塘江日出作纪念呢？今天早上直接在江边发微信朋友圈：献给那些每天都看不到日出的人。

果然有朋友回复：说的就是我。

许多人奔波于俗事俗物，或许早已忘记还有日出这个东西。都市中，又有谁会停下脚步看一下身边的自然事物：日出日落，花开花谢，云卷云舒，草枯草荣，白露立秋，季节变换……

更多的人只关注股票涨跌、房价高低、收入多少……

既然暂时还不能影响太多的人，就先做好自己吧。

体重恢复到正常范围：73.2 公斤，总结了近一周的两次体重超过 74 公斤的情况：一次是校友会聚会，一次是大雨停止跑步一天。

2015 年 9 月 11 日　杭州　晴　73.4 公斤

昨天去市区公干，结束后接近傍晚，距离晚上哈医大校友会聚会商讨进展适宜时间尚早，便在西湖湖滨寻了一条长椅，坐下等日落，坐下的时候太阳还有些高，但江南天空雾蒙蒙，阳光不那么明亮，也不怎么刺眼，湖面上已有了落日的景象。湖面极为平静，眼前就是湖滨手划船码头，船夫以日落下班为由招揽着游客上船，说这是今天最后的游船机会。

坐在湖边等日落，看船夫为生计而忙，看游客湖边留影百态，近些年手机自拍功能的开发，湖边搔首弄姿的人多起来，全然不知近在咫尺的我在抓拍。我旁边坐着多半是外地游客的一对夫妻，男士坐了一会就歪头睡着了，日落美景与他无关，妻子则在一旁守护着，估计是西湖逛累了。我则不时起身拍不同时间段的日落，搭配不时出发的手划船作背景。我退到椅子后面看西湖日落，游客夫妻便

也成了落日美景的一部分。

日落后，去赴校友会的聚会，一处专营烤羊排、羊腿的小店。炭火烤着整只羊腿和整片羊排，气场十足，味道也十足。晚饭少吃，晚饭不吃肉，少吃烧烤，晚饭不要吃得太晚，少喝酒……这一系列跑步营养规则今天都暂停一天。

今早晨跑照常，要排掉昨晚吸入的过多的糟粕，也包括多余的能量。

今天空气好些，江边视线也好，和前天同样的时间到江边时太阳已经亮到无法直视，不是红彤彤的日出景象了，虽然刚日出不久。

返程跑时，继续借助影子纠正跑步姿势，后来脚后跟感觉不适，停下检查发现，原来是袜子破了个洞，上一次穿另一双鞋时磨出来的，忘记补了。

小贴士

跑步时感觉脚部不适，应马上停下检查，鞋子、袜子、脚，逐一排查原因，不可坚持忍耐，大致原因有：鞋内异物、鞋带松紧、袜子有折叠、脚趾甲未剪等。另，正式比赛不要穿新鞋、新袜。

四、杭州　报名——又是一年跑马季

2015 年 9 月 14 日　杭州　阴转大雨　73.4 公斤

抽签公布的的早晨，朋友圈那惨淡的气氛像《斯巴达克斯》里奴隶起义的叛军在晨雾中遥望罗马大军摆阵一样因为完全是毫无胜算。

一般是 10 点过后公布结果，紧接着就是一片哀嚎，因为中签率极低。只有那些早已拿到直通名额的大神才会不失时机地跳出来说些所谓安慰的话：

“没关系，还有下次。”

“备胎赛去吗？不用抽签。”

“好好训练，争取明年直通。”

跑马季到了，朋友圈、qq 群到处都在问“杭马报吗？”“上马报吗？”“有渠道搞个名额的。”“文成那个不错啊，免费。”“千岛湖也不错，第一次办。”……

总之，接下来的两个月在浙江就有十多个马拉松上演，拉人气成了主办方的第一问题，杭马、上马这一类不用拉，名声在外，名额紧俏得很，只得抽签凭运气。至于那些跟风办马拉松，搞政绩的地方政府只能用各种优惠拉人，比如免报名费，提供住宿，赠送旅游门票等。因为适宜比赛的时间就那么几个周末，结果一些精英选手成了抢手货，纷纷赠送名额，而大众选手则需要交报名费，还得忍受当地宾馆房费突然上涨的无奈。

这样的跑马热只是主办方热闹，至少我的身边并没有与之相对应的体现，这几天连续晨跑，路上只是零星多了些跑步的人。这也和大学城开学有关系，并不像是针对跑马训练的人，大学运动场早晨最好的时间段几乎空无一人，资源白白浪费。难道跑马的人都是夜跑训练？

夜跑也不科学啊，几乎所有的马拉松比赛都是早上，一直夜跑又如何做到针对性适应性地训练呢？

管他呢，顾自己吧，根据自己的时间安排报了上马、文成马，拼运气了。

本来不打算晨跑，因为美网男单决赛，德约科维奇对费德勒，早 4 点开始，天还未亮便起床看比赛，结果美国纽约下雨，该死的阿瑟阿什球场的顶棚至今没有完工，比赛只好暂停等雨过去，眼看着遥遥无期，又不能接着睡，跑步去吧。

我预测比赛结果：三盘结束的话费德勒胜，超过三盘德约胜。（后来应验，德约 3∶1 胜）

出门时虽然已经 5 点多，但由于阴天，加之白露已过，秋意明显，外面还很黑，要借助路灯才能看清路面。

路跑原则，马路靠边逆行。

跑到江边依然云层很厚，视线还可以，虽然不见太阳，照例日出方向拍照留念。

心中有太阳，管你出不出。

2015 年 9 月 16 日　杭州　晴　72.7 公斤

杭马今天报名，微信上到处是晒报名的，不过是预报名，都要等候抽签。

身边许多不跑步的人也在报名，看来，参加自己城市的马拉松，已经成了一种流行趋势。管他全马、半马，还有小马拉松(7 公里)嘛，参与进来还是容易的。

由于周末是千岛湖半程山地马拉松，所以决定今天最后一次跑步，接下来三天休息，专心储能备战。这几天只吃饭，补充能量，不消耗。

我决定今年跑一次全马，备战要专业专心，严格按照计划，两个月时间是足够的，接下来的两次半马都是周末，正好以赛代练。

跑步后量体重，忽然发现回到 73 公斤以下了，这是个好现象，说明体重刚好可以半马了，上一次体重低于 73 公斤也是上一次的半马前几天。

好兆头。

小贴士

跑马季订房间很有讲究，最好赶在报名前就预订房间，特别是热门地区的马拉松，要提前几个月预订。是离起点近还是离终点近，随个人喜好，当然是那种可以免费取消的房间。万一报名抽签不中或者其他原因不能参加，规定期限前取消预订即可。

五、浙江　淳安——鱼头细雨桂花香，山地半马千岛湖

2015 年 9 月 20 日　杭州　千岛湖　雨

千岛湖上白鹭飞，桂花流水鲢鱼肥。
青短裤，绿背心，斜风细雨纵情飞。

“篡改”古诗我最擅长。

细雨中跑步最惬意，何况是沿着千岛湖。秋季的千岛湖，桂花飘香的千岛湖，如果没有那虐心的山地跑部分，这次周末的千岛湖半程马拉松会相当地完美。

可这次参加的是千岛湖山地半程马拉松，山地部分是的亮点。

由于半程马拉松已经参加过几次（山地第一次），准备活动包括补给已经熟练，准备了盐丸 2 个、能量胶 2 个、创可贴 2 个，这次新增加的装备有 Herzog 的压缩袜、比赛用圈帽、Gore 的比赛短裤（之前都是穿稍大一些的短裤，比较下来这款更适合比赛）。

压缩袜一早费了好些力气才穿进去，第一次试用，不知效用几何？但 RSLab 教练说了这是当今最好的一款。好不好要试过才知道，但就从这小腿被紧裹的程度来看真的是很合格。

我和同伴赛前一天到达千岛湖，取消了预先计划骑车游湖，专心备战，补充能量为主，首选大名鼎鼎的千岛湖鱼头，鱼是花鲢鱼，杭州人称包头鱼。

关于鱼头的门道几乎可以写一本书，什么外地冒充的、外地洗澡的、本地网箱的、本地野生的……游客根本无从辨识，于是有人选择价高的，相信价高肯定有其道理；有人选择最便宜的，原因是自己分辨不出，要采用把可能的损失降到最低的策略。

同样的鱼头汤，加工方法也各异，猫腻很多，不认真的就是个鱼头清汤炖，无任何辅料，端上一大盆，店家说就吃原味；稍尽心一些的会加一些青菜叶、香菜；再好一些会有豆腐、菌菇出现在汤中；最考究的除以上配料外，还会有当地螺蛳见于汤底，硕大一盆，喝汤，吃肉，嗦螺蛳，一菜三吃，不亦乐乎。

我们选择的是这款比较考究的三吃。

米饭必须大量摄入，因为比赛要消耗大量碳水化合物。于是，老板娘不得不到其他饭店去借米饭供应我们这桌客人，鱼汤也喝得见底。

水果也要大量补充，西瓜、葡萄，遗憾的是没买到我赛前习惯吃的牛油果，幸好我自带有法国奶酪一小块，可以替代。有些时候，比赛幸运物更多的是起一

个心理暗示作用。

按照赛前两小时进餐的原则，只有24小时营业的肯德基最合适，记得义乌马拉松就是吃的肯德基，两份早餐套餐是至少的。

说起跑马该吃什么，记得早前读过西班牙《万象》月刊5月号上的一则报道，总结出被视为历史上最健康的50种食物，但作者并不建议读者只吃或者大量摄入某一种或少数几种，而应当把这些食物都列入自己的食谱，并根据个人情况调节摄入量。哪怕是看似百利而无一害的橄榄油，也要适量食用。

专家认为，食物并不存在好坏之分，关键在于饮食习惯和饮食结构是否健康所以建议最好都列入食谱。

我一时兴起，仔细看了这50种食物，去除一些国内不常见的，市场上难买到的。留下一些自己尝试过的，手边极易买到的。结合自己的运动经验，及之前的健康知识积累，造了一个跑步（马拉松）食谱。

分为平时训练食谱和比赛当日（早餐）食谱。

1. 平时训练三餐

食用油：初榨橄榄油

早餐：鸡蛋、燕麦、全谷物、核桃仁、开心果、橙子、草莓；

午餐：洋葱、胡萝卜、芹菜、蘑菇、猪肉、牛里脊、菜花、苹果、葡萄；

晚餐：鲑鱼（三文鱼）、菠菜、西红柿、西芹、香蕉、猕猴桃、酸奶。

2. 比赛日早餐食谱（马拉松绝大多数都是上午开始，所以只列早餐）

鸡蛋、核桃仁、开心果、鳄梨（牛油果）、香蕉、猕猴桃、酸奶、全谷物、燕麦。

后来，我基本遵照这个食谱安排饮食，平时大多不能自己控制，有所懈怠，但比赛早晨的那餐，基本按照这个食谱进行。

扯远了，还是说这次越野赛吧。

由于北马也是今天开枪，这周末杭州也有越野赛，北京还有铁人三项，导致选手分流，这次千岛湖山地半程马拉松报名人数并不理想，现场目测了下，200人左右，还包括10公里体验组。

赛前我就给自己定了目标，只看心律跑，计划140左右，最多不超150，也就是想轻松完赛。

事实上，根本做不到，心率全程几乎都保持在150上下，老天已经很照顾我了，无日晒，有花香，风景好，还有警察维持秩序。

山地部分是亮点，虐心的亮点，下雨天平路跑舒服，上了山就不是了。况且全部是山路没有一级台阶，纯粹的野山。狭窄的称不上路的小路，有几处地方必须手脚并用才能通过，雨天湿滑，山路仅能一人通过。进山后，顺序便排定了，因为根本无法超越，只能一个跟着一个，心率有时会到160多，汗随雨下，沿着帽檐流下的汗，我知道那绝不是雨。

好在山里极为清幽，尺把宽的小路落叶堆积，一侧是深谷水潭，由于树木茂密，不用担心跌落深谷。在山谷间的一段平缓路段，小溪淙淙，水杉高耸，有原始森林的感觉。几公里的山路只遇到两个山民，我们只能听见自己的喘气声，还有脚踩落叶的沙沙声，偶尔也有运动员的喊山声，回荡山谷，显然比赛很轻松。本来嘛，对于如我一样绝大多数的参赛者是不关心名次，只来享受风景、比赛过程的，完成即可。

同伴第一次跑马，虽然身体基础很好，但我们还是谨慎对待，一直跑在一起，互相照应。最消耗体力的山地部分放在了比赛中段，山路陡峭难行，没有补给点，导致许多如我一样没带水的参赛者消耗过大，这是比赛经验问题，需要总结吸取。山里几个转弯处只有志愿者在引路，志愿者朝每一个参赛者喊“加油”，参赛者几乎异口同声：我们不要加油，我们要加水。

终于跑出了山，进入回程平路，最后 7 公里左右，补给也出现了。香蕉变得非常美味，我直接拿了一瓶水，边跑边补充，遵循比赛补水原则，小口慢喝，但还是有了岔气的感觉。之前平路都是遇到补给就喝点，毫无问题，这次出山身体饥渴，虽然只吃了半个香蕉，我还是吃得急了，造成岔气。只好和同伴放慢速度，边跑边调整，最后几公里恢复，已经看得见终点就在几公里外了。

没有了岔气的感觉，马上步伐又轻松起来，超越了几个选手，平稳到达终点，组织者很贴心：设置了终点线，让每个人都有个撞线的瞬间。但理智告诉我，对于普通跑者，马拉松不宜加速冲线，匀速到达即可，一时冲动，带来的结果可能是运动伤害。

每个完成的人都有纪念奖牌，愚蠢的是奖牌上没有任何马拉松字样，只是印有露营大会纪念几个字，很显然，组织者偷懒，一种奖牌多个活动使用。这样的公司组织的活动以后就不要参加了。

还是总结下：第一次山地半马完成后没有丝毫不适感，特别是小腿，这肯定和 Herzog 压缩袜有关，当然也和近期一直系统锻炼有关。记得第一次半马下来腿几乎都抬不起来，就想坐下休息。

比赛帽檐很管用，虽然出汗很多，但大都顺着帽檐留下，多的时候就甩一甩，避免了之前经常出现的汗水流到眼睛、眼镜上，刺激得眼睛都睁不开，跑步中清理起来又不方便。看来，以后比赛要必备帽檐和压缩袜了。

2015 年 9 月 21 日　杭州　阴　73.2 公斤

比赛后第二天排酸跑是必须的，虽然并不怎么酸。小腿是几乎没有什么异常，估计和那个 Herzog 的袜子极为相关。穿脱极为不便，但穿上后感觉很好，或许这就是德国人的质量。后来我抱怨袜子难穿脱，有经验的女跑友则教我如何操作，毕竟人家经常穿这种高筒袜，经验大大的有。

一次高强度的比赛或者运动后，是要进行排酸运动的，排解掉运动时产生的乳酸，慢跑最适合，自行车和游泳等换个运动方式也是非常适宜的。这就要看条件了，记得就见过莎拉波娃用骑行台缓解排酸。

这次山地半马下来，过了一个晚上，只是活动时大腿肌肉略有酸痛，慢跑拉伸后就恢复如常了。因为昨天又有山地部分，是手脚并用的山地部分，怀疑大腿肌肉（股四头肌）酸疼感和这些爬山动作拉到了平路跑时不常用的肌肉。

记得第一次半马结束后一周内，几乎都无法下楼，大腿疼痛得厉害。从这一点上看，训练科学有进步，装备科学有提高。

排酸晨跑照例钱塘江方向，景色依然，多了桂花香，杭州是遍植桂花的城市，秋季满城飘香也就很平常了。但晨跑一路桂花香的感觉还是沁人心脾的，许多人开车上班，车流滚滚中，到单位停车地下室，电梯上楼，坐办公室，午餐叫外卖，晚上开车回家，看电视，睡觉，这类人桂花香是闻不到的，杭州的秋季不属于他们。

丹桂开的早些，正怒放，金桂仅初开。

小贴士

比赛前要做足功课，特别是要了解赛道情况、海拔变化，还要看好补给点的设置，心里有个预估。对于越野赛，要自带应急补给，比如能量胶、盐丸、小瓶水、运动饮料等，预防比赛中不可控的情况发生。有经验的越野赛组织者都有选手强制装备这一要求。

六、杭州　理论与实践——要做得很专业，而不是显得很专业

2015年9月23日　杭州　雨

按照训练计划，昨天休息，今天该恢复跑步。不想天气不给力，一早醒来就听着声音不对，打开窗户果然下雨，跑步泡汤。

打开手机，朋友圈里一片抱怨声，都在埋怨下雨，许多人晒出了已穿好的装备，只好脱下去了，家里有骑行台、跑步机的此时就派上用场了。

这两样我家都没有，那就练体能吧，单腿俯身触脚趾，单腿下蹲测试动作等，稳定性非常差，几乎很难合格地完成，和教练示范的差距很大。

有必要每天至少练一次。

2015年9月24日　杭州　阴　73.3公斤

RSLab教练通知，十一期间可能笔试，考取专业一级教练的笔试部分，当然还有实践部分。这个中秋国庆假期有事干了，好好复习下考试要点是必须的。对于并不以通过考试为目的的我来说，系统学习一直在进行，《运动解剖学》已经看完一遍，正在学习的是《运动生理学》，计划十一后学习《运动营养学》。

昨天练习体能，尝到甜头，发现不足，今天晚饭后继续练习腿部力量，练习平衡稳定，希望连续不断地练习两个月后会有大帮助。

休息了两天后继续晨跑，本计划是田径场练冲刺跑，出了小区门还是习惯性地拐向江边方向，左侧逆行，空无一人，桂花落满地，桂香阵阵，已不是暗香袭来。

周日千岛湖半马的影响已经全无，不仅暗暗为自己的进步高兴。

江边天际乌云浓厚，恰有一道缝隙阳光射出，江面幻出色彩，但不是红胜火。之所以今天依然跑来江边，是想连续收集日出景象，虽然做不到将365天的钱江日出都记录，但记录每次跑步江边的日出也很有意义，将来或许可以考虑集中在一起展示，这也是一种创意。

拍好照片，折返跑回，路上胡诌乱接一句：八月人闲待花落，秋来江边盼水蓝。

2015年9月26日　杭州　晴

中秋两天假，训练休息日，既然不训练，就得去置办训练器材。

闲逛迪卡侬，顺手买了橡皮带，最强力的那种，用于蹲举、大腿力量练习等。

逛完迪卡依顺便走到京杭大运河边的小河路，看工艺美展，买了徐志伟龙泉窑斗笠杯两个，就是浙江龙泉窑产地的那个龙泉，斗笠杯外形如斗笠，花纹古朴，翻开看内里是玉润珠圆的龙泉窑。傍晚回到家第一件事就是泡茶，启用新杯。前些天刚刚从云南弄回来的老树生普洱。暴走了一下午，口渴，新茶，加名人作品茶具，再配上为中秋准备的月饼，一切都不一样。

我窝在沙发里，端着茶杯，眼睛直直地望着电视机，浑然不知在播放什么节目，就这样，直到有人走来把手轻轻放在我的肩上。

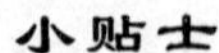

即便不想做跑步（其他运动项目也是如此）教练，如果想从事这项运动，哪怕只是健身目的，也应该系统地了解下相关知识，这样就不会被网络、自媒体上铺天盖地的碎片化的知识所迷惑。应提高鉴别能力，选取适合自己的知识。

七、杭州　心率——月圆中秋，来点有技术含量的

2015 年 9 月 27 日　杭州　晴　中秋　钱江月圆

为了运动健康，中秋了做一件有意义的事：测量自己的最大心率，这也是 RSLab 教练实践考试的一部分。

一早从朋友那里借来了心率带及配套的心率表。

操作过程很简单，早已熟悉：跑步机 5°坡度，热身 10 分钟，从自己常规速度的 50%起步，每半分钟速度调高 0.5 公里 1 小时，记录这期间稳定的心率值，一直记录到身体不能承受时停止。绘制心率随速度变化的曲线，理论上心率是呈直线上升的，到有氧无氧临界点有一个拐点，不再直线上升。此点为最大心率的 80%，依此计算自己的最大运动心率。进而计算各个运动区间的心率，指导日常训练和比赛。

理论是完美的，操作起来就不是那么美好了。

首先测量前我骑车取心率表用时 40 分钟，骑行 10 多公里，就当热身了。跑步机上的热身时间省掉了一段，只是试着跑了一会，几分钟的样子，也熟悉跑步机。

跑步机是小区为居民提供的，就放置在社区办公室走廊，天井有阳光照进来，虽然不是直接照在跑步机上，但侧面是无法看清跑步机显示屏上数字的。最好调节的是坡度，设置成 5°。

起步从 4 公里/小时开始，拍照计时则从 5 公里/小时开始，受测者需专心跑步，所以必须有助手来协助完成速度调节、计时、拍照记录等事项。我让夫人做我的助手，事先讲解了测试原理，操作办法，也尝试了拍照角度，查看了成像效果。由于考试要求提供速度和心率的即时画面，这就要求把心率表摆在显示屏速度旁边。

所有跑步机的设计初衷都是屏幕朝向跑者，这利于跑者随时观察数据控制节奏。当跑者在跑步的时候不能为了测量分心去观察时间变化，调节速度按钮时，就都需要助手来完成。而助手在侧面并不方便观察屏幕，半分钟一次调整速度，而速度又不是一个按钮一下就能调节到位，至少我用的这个跑步机是 0.1 公里一个调节档位，也就是说每次换速都要按 5 次，不能多也不能少。调好速度要在 30 秒内用手机拍照，理论上是要等心率稳定时拍照，30 秒区间能稳定到哪里去?

拍照时，由于体位原因，又看不到手机屏幕，只能依照事先的练习大致位置拍照，又担心万一拍虚掉，没数据，于是每个档位都拍了好几张以防万一。

这样操作下来，跑者逐渐累得汗如雨下（室内，无风，无空调，略紧张等因素），从5公里/小时开始加速直到12公里/小时，感觉体力不支，停止测试。

回家上传照片到电脑，整理数据，顿时头大，几十张几乎一模一样的跑步机屏幕照片，也没有个顺序，似乎手机拍下来的照片再传到电脑上就没有个严格的顺序了。

迅速进入艰苦的整理阶段：先按照心率排序，因为心率肯定是逐渐上升的；同时也按照速度排序，因为我们操作时确定无疑是逐渐加速的。由于光线等原因，照片上的数据显示并不全，主要是跑步机屏幕显示不清楚，有些速度不清，有些距离不清；心率表上的数据最清楚，每一个都很清晰，但只是看起来清晰，因为有明显不对的心率值，比如有的心率值是160多，底下速度只是6公里/小时，根本不可能，这样的数据明显不符合，所以剔除。

由于每个档位都拍了好几张，心率并不如预期的那样稳定，比如上下差个一两次，只能边画曲线边比较，选择符合预期的、图像证据清晰的照片留下并标记。每个档位留下一张照片（数据）。再参看屏幕上的跑步距离数据，逐渐上升的才合乎逻辑。

几经权衡比较，最后，绘出了心率随速度变化图（见下图），基本呈直线逐渐上升，160的时候出现拐点，略有偏差。

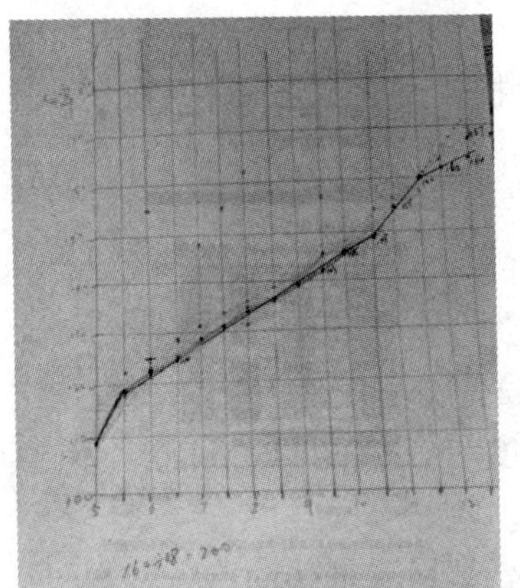

计算出我的最大运动心率为200次/分钟，次最大心率为160次，也就是有氧运动和无氧运动的临界点。长跑时应把心率控制在160以下。

这一结果和我的日常实践基本相符，据我历次跑马的经验观察，心率基本在150左右，平时训练则控制在140左右。而单车运动冲刺或上坡时心率会达到170多，那几乎是极限了，呼吸困难，坚持不了几分钟。

傍晚，钱江边骑车，先到江边看日落，然后由西向东骑行，等候月出，约20

公里，江边已满是等候赏月的人，各类相机也已架好。日落后，月亮显现在江面，其实已经升起很高了，只是刚才太阳掩去了月亮的光辉罢了。

江边好多钓鱼的人，也是一景。我找好角度，拍摄了一张“一个月亮钓上来”的照片。其时明月在天，清风吹叶，岸旁树巅鸟雀叽喳，又似嫦娥不堪寂寞，踏月下江南。钓鱼人大呼有创意，忙着模仿拍照，发朋友圈。

正是：秋风清，秋月明。落叶思归根，雀鸟还旧林。相思相见终有日，此时此夜总关情。

小贴士

每个人的最佳运动心率不是一成不变的，随着运动、训练量的增加，水平的提高，心肺功能也会随之改善，一般建议系统训练的人每隔半年测试一下自己的最大运动心率。

八、杭州　潮——钱江潮，壮观天下无；跑马潮，汹涌世少有

2015 年 9 月 29 日　杭州　大雨

八月十八潮，壮观天下无。

今天农历八月十七，预报天文大潮，看来已等不及十八了。

台风“杜鹃”横扫浙江。风雨挡不住钱塘江边观潮的人。

跑步圈今天还有一个潮，那就是报名潮。今天早上 7 点钟是 2016 香港马拉松半程报名的开始时间。前几天的全程报名日也是抢到了名额，但由于电脑线路问题，缴费阶段发生故障掉线，功亏一篑。再重新登陆，名额已经报满。有了上次的教训，今天早饭提早结束，两台电脑提前打开，准备好护照、银行卡。

7 点一到，双手同时刷新两个电脑，最先跳出报名页面的马上填资料。显示进入排序，前面有一千多人，很快，就排到我了。另一台电脑慢一些，排序在四千多名，果断放弃。

港马要求 15 分钟完成缴费，不然名额作废。几分钟之内，熟练地操作完毕，页面信息显示我拿到了名额。

註冊詳細資料	
註冊 ID:	R-0JPSXWJ8
參與者:	Jingqiang MU
日期:	2016年1月17日
地點:	Hong Kong Hong Kong SAR, HK
註冊類別和價格類型:	渣打香港馬拉松2016 - Standard Chartered Hong Kong Marathon 2016 - Half Marathon - Run 1 (Start time: 8:00am)

大雨阻隔不了我备战的脚步，中秋节那天迪卡侬超市买回了橡皮带，最大弹力那款。这下家里瑜伽垫、滚轴、橡皮带都全了。跑步核心力量训练可以随时进行，也就不用担心连日阴雨打乱训练计划。

这些奇怪玩意，家人也看着新奇，偶尔也会拿起来比划一下，看来有必要开发老少咸宜的橡皮带操了。

现在基本每天起床前先做臀肌募集两组。

训练已经深入到生活的每一时刻了。

港马报名热，杭马更热，不过杭马不需要抢，看的是运气。本人杭马半程中签，夫人也中签小马拉松，也就是说我们家运气好，都达成所愿。

朋友圈中签情况喜忧参半，总结来看，有过浙江马拉松系列赛成绩的中签几率高，组委会也确实是优先考虑或者可能是在抽签中设置了优先权。对于那些没有任何浙江马拉松积分、头脑发热报名参与的本地人则中签几率低一些。

小贴士

针对不同的肌群，橡皮带练习有专门的动作指导，不要随意创作动作去练习，也不能突然用力，造成肌肉拉伤，适得其反。

九、上海　十一——长假有多长，用脚来丈量

又是一年十一长假，真的羡慕那些可以出门旅游的人。对于我这种每年仅寒暑假就有 4 个多月的人来说，是体会不到那份激动的心情的。

这是微信圈矫情的段子，不过也是实情，每年这个十一长假，对于我来说都有种刚刚过去一个漫长的暑假，感觉还没有上班几天，怎么又放假了的感觉。考虑到太过拥挤和资源分配的问题，这类大小长假，我不会选择去任何景区，不去给已经十分拥挤的景区添堵，多半是留在家里看书或者运动。正如每年节假日，杭州本地人都会把西湖留给外地人一样。

今年这个十一我选择住在上海家里，跑步加看书度过，顺便备战 10 月 18 日的常熟半马。

第一天：跑步鸿瑞兴，再也无法纯粹地跑步了！

2015 年 10 月 2 日　上海　长风公园　晴

再也无法纯粹地跑步了？

上海晨跑长风公园，公园管理处规定：从十一开始，公园早上 6 点开门（之前是 5 点），这让不知就里的我在门口等了 10 分钟，幸好天边有云，银锄湖上日出的感觉还在，早霞依然满天。

长风公园的主干道是环形路，跑步（健步走）晨练的人流永远无法调和，顺时针的和逆时针的各自依然，哪个方向也不见减少，但不影响各自的节奏和速度。看来人的习惯很难改变。

为了拍摄日出，我今天改变了跑步习惯，逆时针，第一时间赶到湖边，湖的西边，朝日出方向，抓拍日出天边变幻的云彩。然后专心跑步，改变了方向跑步，觉得一切都不一样了，熟悉的景物出现在了自己相反的方向，有些路口还要辨识方向，尽量沿着公园外圈跑。

第二圈的时候，就熟练些了。

畅快跑了 4 圈多，约 1 小时，10 公里左右，结束了今天的晨跑。

已入秋，停下来马上就觉得有些凉，便选择了一处朝阳的湖边长亭拉伸恢复，亭子长廊上是老年健身操的队伍，似乎每一节分别有一个老人领操，口号响亮而有规律。

阳光变成了稀罕物，阳光下的拉伸成效大增，似乎吸收了阳光的力量。难怪小说中一些深山修炼的高人都是选择日出时分，朝阳而立。

记得十一前在长风公园跑步的时候就看到鸿瑞兴(上海老牌餐饮)饭店在装修，当时就期待，这开进了公园的(唯一的)餐饮名店，质量有保证，价格亲民，以后锻炼后的早餐岂不是可以一次性解决了。

今早跑步之前就知道，这家店已开业多日，就决定跑步后探店。

饭店很会讨晨练的人欢心，门口提供免费茶水，供给晨练的人。室内的干净整洁，先来一份老上海经典咸豆浆配油条，解决体内水分盐分的流失。以我这饭量，再来一份鸡毛菜荷包蛋细面，本店招牌，还是性价比之王，只要 6 元一碗的面。窗前坐定，细细品尝，窗外就是自己刚才跑步的路，流动的风景，挥汗的人群，现在是坐在饭店内享受早餐看别人晨练。

刚才自己跑步，也曾成为别人早餐时的风景。

运动后食欲旺盛，加之鸿瑞兴的早点质量上乘，还有这么干净优雅的环境，亲民的价格，这以后还能纯粹地来公园跑步了吗？

或许这会成为以后长风公园跑步的标配：跑步加鸿瑞兴。

回来后迫不及待，微信朋友圈发布：有约的吗？

第二天：跑步时想着碗里的，看着锅里的。

2015 年 10 月 3 日　上海　长风公园　晴

这次时间掌握得好，6 点前几分钟跑到长风公园门口，不用等待，工作人员开门入园。朝霞还在，依然选择逆时针方向，谁说习惯不易改变。

太阳天天出自东方，每次景色却各不同。

自从买了橡皮带后就一直带在身边，在家中可以练习蹲举，自己又开发了几个动作，分别锻炼大、小腿肌肉。长风公园 4 圈(约 10 公里)已经可以很轻松完成，但暂时还不想加量，平时先增加些核心训练。跑步时体会心率呼吸的变化，有意识地调整跑姿，不会使能量跑偏白白流失。

利用假期好好规划下已报名的赛事，香港半马我抢到了名额，正好利用假期预定酒店，我是早上 8 点钟出发那一组，考虑各种因素，决定在香港住一晚好好备战。以为提前 3 个月预定应该很早了，打开 Booking 却发现，自己熟悉的旺角一带的酒店跑步那天已经没有空房了。这才意识到自己下手有些晚了，赶紧在附近搜寻，迅速下单一间合适的酒店。

人民币近 900 元一晚，加上往返的交通费，看来这次港马的花费又不能少了，远远高出国内比赛的花费。

跑步远不是“有腿就会跑”“随便哪个地方就能跑”那么简单。

第三天：约会，准时到很重要！

2015 年 10 月 4 日　上海　长风公园　晴

今年十一假期的天气真是给力，我说的是上海。天气预报是“彩虹”台风袭击广东海南一带，估计那里的人就会抱怨，这个十一真是糟糕，好好的旅游又泡汤了。

好天气不容浪费，继续长风公园，继续长跑，继续逆时针方向。

长风公园是典型的上海老公园，晨练的老人特别多，各种运动形式都有各自约定俗成的位置和人群，看似杂乱，其实很有序，每天在固定的地方能看到固定的一些人。像我一样绕外圈跑的人也是基本固定的一些人。外圈中健步走、中老年人、很随意的居家打扮的锻炼者占绝大多数。

“专业”的跑者不多，一如上海驴友在驴友圈中的形象，打扮极其专业的跑者有几个，每次跑步都能碰到，“专业”的在绝大多数晨练者中成为另类，老远就能看出，当然，这也是长风公园的一大特色。上海是各色人物的汇聚地，大家随遇而安，各得其所。

今天早上遇到一个跑团聚会，约跑长风公园估计有人时间掌握得并不好，一个先到的等在一号门口，我跑第二圈的时候那人还在等。有人会说，你怎知道人家在等人？你怎知道是跑团聚会？这个嘛，你接触多了，自然一眼就看得出来。

果不其然，当我跑第三圈的时候，又来了两个队友，一如既往的极其“专业”的跑者打扮，依然等在那里。不知道其他队友为什么这么不守时，还是这几个人来早了。

这样不靠谱的队友，不约也罢。

一直以来，我更认同跑步是一个人的运动。

第四天：横穿上海——跑步成瘾不是病！

2015 年 10 月 6 日　上海　阴

这次是真的跑上海。既然今年去其他城市都跑步逛，无论国内外，上海为什么不跑呢？况且自己生活在上海这么多年，没道理啊。

难道因为上海是个大城市？跑步无法驾驭？还是因为上海太过熟悉？

决定今早跑步逛上海，横穿上海，选择上海最有名的几条路，终点为上海地标——外滩。

早 5 点起床，比平时略早一些，因为已入秋，5 点钟外面还有些黑。收拾妥当，补充水分，带好到外滩后的替换衣物及补给。事先约定夫人陪跑一段，我们 5 点半准时出发，外面行人很少，沿着大渡河路，笔直向南，过苏州河便是天山路，那里是地铁二号线娄山关路站，这一段有近 3 公里，正好做热身跑。在地铁口做热身拉伸，夫人则跑到这里为止，她选择乘地铁到外滩等我，我做好热身，6点钟开始跑步去外滩。

第一次在上海市区街道上跑步，从天山路一路向东，拐上延安西路，这是上海主干道，虽然可以直达外滩，但由于延安路有高架桥，在高架下跑步很不舒服，风景也变化不大，计划就是从延安路拐上南京西路。

几乎所有游客都知道上海有条南京路，但绝大多数人逛的南京路叫南京东路步行街那一段，是南京路很小的一部分。今天我就是要跑整条南京路，延安路首先拐上的那一段叫南京西路，开始一段很是清幽，可能和一大早有关，人行道上几乎没人，只偶尔有跑步的出现。不一会就到了南京西路中段——商家林立的静安寺一带，平时人潮汹涌的静安寺，现在出奇得安静，我甚至可以跑到机动车道上拍落叶(危险行为不推荐)。过了静安寺，顺便到常德公寓缅怀下，依照张爱玲的作息习惯，这时间，当年她应该还在睡梦中。

再往前是上海展览馆，这里是每年上海书展的主会场，今天当然不会有排长队的场面了，这反倒使建筑显得很落寞。再往前一公里左右便是上海的绝对中心——人民广场，看时间已经跑了一个小时，根据自己习惯速度可知，已经跑了10公里，身体略感疲惫。南京西路结束于西藏南路，再往东就叫南京东路了，也就是游客记忆中的、向往的、历史上知名的那一段南京路。几百米的步行街，前几天电视上还有镜头说南京路如何拥挤，现在(早7点)则游客很少，这时间这里是上海本地人的晨练场：健身舞、广场舞、太极拳……项目丰富，内容和长风公园没有区别，不同的是这里的晨练集中在路上——南京路上。和白天摩肩接踵的南京路不是一个感觉，我也正好稍放慢脚步，继续向前，出了步行街，过了和平饭店，南京路就结束了，抬头看见陈毅广场，外滩到了。

这时的外滩，是跑者的地盘，外滩上跑步的人多于游客，早起的游客毕竟是少数，跑步的占主流。我今天的跑步目标达成，从出门到外滩，用时1.5小时。在外滩，我最想做的就是在上海地标建筑前留下跑步的身姿，当然是摆拍，夫人早已等候多时。

外滩有风，浑身汗透的我停下来感觉冷，为避免失温，拍照后迅速换上御寒衣物。就近寻找早餐店，补充能量。

十几年前在上海读书，记得有骑车逛上海的经历，也曾骑车去朱家角，当时绝不会想到会有一天跑步逛上海，从学校(华东师范大学，长风公园旁)跑到外滩。

跑步真是奇妙的事，会上瘾，上瘾后，办任何事都会用跑步思维，和人说话交流也会三句话不离跑步，离开了跑步似乎就找不到话题了。

但愿跑步成瘾不是病。

本打算早餐后继续跑步去后滩，可到老码头发现，江边并不美好，甚至无法通行，还在围挡建设，因此也可以看出，中国真的还是处于发展中，发达如上海、繁华如南京路外滩的周边依然还在拆建改造，离发达国家还是有相当的距离的。暑期在老牌资本主义国家游荡的时候几乎见不到建筑工地，而在中国任何一个地方，抬头几乎都是建筑吊塔和围起来的工地。

于是昨天的跑步止步于外滩老码头。

第五天：跑团是个什么鬼？

2015 年 10 月 7 日　上海　阴转阵雨

约跑团长约来了一个团。

2016 年十一长假最后一天，继续跑步。前几天跑步都很愉快地度过，过一个运动的假期，再美妙不过了。

今天跑步地点还是长风公园，是参加一个跑团的活动，约跑长风公园。跑团美女团长樱桃是我 RSLab 训练班的同期学员，经营着一个跑团叫海乐樱。这次约跑地点定在长风公园，也是源于我们有事情要谈，一举两得。

略有些不地道的是人家跑团的人大多在闵行，赶过来有些远，还好跑步的人不那么计较。

时间早 7 点。

我的习惯是早 6 点之前开始跑步，没办法，自己先慢跑热身吧。

提前 10 分钟，樱桃到了长风公园一号门，队员也都陆续来了，跑团有规矩，要等所有人都到齐了才开始，主要是需要开跑之前拍张集体照，以便等到这次活动之后在微信的公众号上发布。

很有仪式感的跑团活动，我是第一次参加，但由于我之前慢跑了一会了，身体已经发热，现在已是秋天，加之阴天，停下来身体就发凉，我无法等候不知何时能全都到齐的队员，便独自开始跑步。

谁知道所有人都来了之后还有什么仪式，比如集体训话、拉伸、宣布活动主题、流程等，反正我是不参加了。

十几分钟后，等我跑完一圈回到一号门，发现跑团已经出发了，我有意识地放慢脚步，不久，陆续有跑团的成员追上来（统一着橙色衣服，长风公园里很是鲜艳的颜色，因为平时不常有专业打扮的跑步者集体出现），由于速度不一样，队员很分散，各自选择速度相宜的同伴跑在一起。

跑团是个组织，要求集体行动，跑步是一个人的事，很难有同步的。所以跑团是个很矛盾的存在，虽然有共同的兴趣，这是前提，但还要有其他因素把大家联结在一起，不然很难运转下去。

跑团的运作和现状也是我想知道的，这也是本次约樱桃要讨论的话题。

我比平时多跑了两圈，便结束，开始拉伸，然后去事先约好的鸿瑞兴等候，樱桃她们还有几圈才结束。樱桃本次跑步是为了达到一个周跑量记录，长假前几天累积了79公里，今天早上正好需要一个半马(21公里)就可以达到100公里的周跑量，也是自己的一个长假收获，所以我停下时她还有5圈。

我坐在鸿瑞兴靠窗的位置，点了粢饭糕、酒酿圆子等典型上海早点，边吃边等。我是幸运的，早点刚上来就见外面有打雨伞的，天气预报的阴转阵雨就在我进饭店门的那一刻开始转换了。

跑步的人不怕雨，跑团没有人因为下雨停下，不一会，陆续有达到计划跑量的队员进饭店休息，吃早点。

时间已经接近上午10点，已过了我惯常吃早点的时间，便直接继续午饭：油条一份、素鸡面一碗。5圈后，樱桃达到了21公里的跑量，开始早餐，也开始了我们的“约会”。

鸿瑞兴的面还是不错的，环境更是一流，就是生意没有预想中的好，或许周边的上海老人更习惯回家自己弄早餐。不过于我来说，这样更好，因为饭店环境更加清幽。

约跑也是约会，约跑谈事情一举两得，前提是约会双方都认可这种形式。

跑步会继续，希望鸿瑞兴也一直开下去。

早饭连午饭，样样都吃完，准备离开时，樱桃跑团还有一个人在跑步，据说他今天是35公里的计划跑量。

十一长假我跑步度过。

我不是跑步的鼓吹者，但不论我在什么地方，只要听到有人一边胡吃海塞，一边抱怨自己的体重，我都会报以怜悯的目光，我都会对他应声呼吁。我再说一遍，我所写的跑步的故事非常琐碎，但非常有意义，要是司空见惯，就没有必要写了。

小贴士

约跑谈事情不适合第一次见面，也不适合约没有早起、锻炼习惯的人。跑步是一个人的事，不能把自己的爱好强加到约会对象身上。

十、上海　网球——跑步，去看费德勒

2015 年 10 月 11 日　上海　艳阳高照

跑步最怕懒。

更忌讳先入为主。

一早醒来，就喊夫人抓紧起床，出门跑步，结果人家懒在床上，理由：今天雾霾严重，不适合跑步。

我拉开窗帘，指着外面：你看，阳光明媚，蓝天白云，哪里有一丝雾霾。

夫人没办法只好起床，一起去长风公园跑步。

夫人边跑边感慨：今天真是好天气，不起床跑步真是浪费了。

跑与不跑都是她的理。

那些整天嚷着早起锻炼的人，总是在早上找各种理由，不是身体不舒服，就是昨天累了睡得晚，要么就是今天空气不好（根本就没抬眼看看外面），然后就一个翻身睡过去了。其实这时候已经没什么睡眠质量了，再醒来时，或者迷糊中，等候着自己设定的闹钟响起来，手忙脚乱去收拾洗漱，然后手忙脚乱去上班，手里拿着街边随便买的早餐。嘴上自豪地称自己很忙，抱怨连吃早饭的时间都没有，低头看自己身体，接着抱怨最近又胖了，然后发誓，明天一定要早起去锻炼。

第二天又因为夜宵太晚没起来。

日子就这样过去，锻炼、早起，一直是列入计划中的，执行嘛，每天都差那么一点点，怎么这么忙啊。

“等我有时间了，一定去锻炼，还是先忙过这一段再说吧。”经常有人这样说。

……

今早的长风公园异于寻常的阳光明媚，银锄湖面波光粼粼，远处高楼的倒影清晰异常。脚步也就异常轻快，戴上心率表的夫人也表现很好，竟然不停步地跑了两圈，接近 5 公里，或许是天气影响，抑或是心率检测一直在健康范围（130 ~ 140 之间），直观的通过手表看见，没有了压力。跑步后，湖水边，迎着朝阳的拉伸也做得很是顺畅。

天气已入秋，拉伸恢复时，有风吹来，身体立马感觉冷。

跑步后是丰盛的早餐。今天是上海网球大师赛第一个比赛日。已经连续十几年观赛的我，今年也不会落下，2016 年就选择今天去看，天气这么给力。

临近中午，带好零食、水果，乘地铁到莘庄，按照大师赛观赛指示牌，顺利地乘专线车达到旗忠村的赛场。这场比赛，上海人的组织工作做得非常好。路上的

黄牛依然很多，不胜其扰。

今年赛场亮点多，莲花球场下的鲜花网球、澳网的宣传场地设计、“球爱”的场地设计都很出彩。

最值回票价的是，近距离看到了费德勒和穆雷的训练赛。

多年积累的经验告诉我第一轮的真正看点在外场，在训练场。真正大牌第一轮都是轮空，训练场反而星光熠熠，因为大牌每天都要训练的。今年除了纳达尔和德约科维奇还在北京争夺中网冠军（最后德约 2：0 轻取纳达尔）外，其他大牌都来了上海。包括人气最高的费德勒，还有穆雷等一众高手。

我们先在穆雷的训练场找到座位，前排，近距离看训练赛。不一会身后便有球迷在嘀咕了，费德勒在 5 号场（训练）。我笑道：你大声喊费德勒在 5 号场，这里人肯定跑一半。因为费德勒的号召力是第一的。其实有经验的球迷都会查看训练场次安排，有的放矢地提前去占座位。我是赶上谁就看谁，更加随意一些。

不一会，我偷偷溜了出来，我也想看费德勒，不能等真的有人喊出来。其实，我也是自作聪明，我来到 5 号场就发现，保安已经包围了 5 号场，里面人满为患，我想进去都进不去了。殃及旁边那个真正在比赛的场地也不让进了，因为是连着的，间隔很近，许多人跑进比赛场，站在最上面一排，背对比赛场，伸脖子看旁边场地的训练，这种弃比赛不看，却去看训练，弃自己的场地不看，却占着位子看其他场地的比赛，只有费德勒的训练才有这般吸引力。

等了一会，碍于我们都是买了票进来的，保安也就陆续分批放人进入。我机会很好，找到了最前面的位子占位。忽然间，费德勒就出现在了自己眼前，几米远的距离，球王简直触手可及，看过那么多年，那么多次比赛，这么近看费德勒还是第一次。由于只是训练赛，没有戴标志性的发带，和电视上有些出入，感觉不像。球迷都小声嘀咕说，人比电视上要瘦一些，这也是电影明星都吵着减肥，现实中却瘦得可怜的原因——为了镜头需要嘛。

但费德勒的动作还在那里，招牌的单反，优雅的正手，教科书般的发球，细腻的网前小球处理，还有新近练习的场内接发技术。由于没有戴发带，费德勒不时地捋一下头发，帅气依然，还是那个费德勒。

球迷人山人海也就可以理解了。

训练后签名不说，疯狂的球迷在费德勒离场后，连球王坐过的椅子也不放过，一脸幸福的样子，坐在上面拍照留念，感觉天王留下的体温。

女球迷居多。

关于费德勒，网球迷都知道，看一次少一次，特别是现场。

这个人也许永远不回来了，也许明年还回来。

 **小贴士**

入秋后跑步，应该带一件外套，最好是帽衫，跑步后马上穿上，避免受凉。前提是跑步场所有地方放外套，或者就带一件皮肤风衣，缠在腰间，随时解下穿上，是个不错的选择。

十一、杭州　手表——人人都挂在嘴边的心率控制

2015 年 10 月 12 日　杭州　晴　轻微雾霾　73.8 公斤

我什么也不怕，只怕心率超过 160。

因为那是我的次最大心率，也就是有氧无氧的临界点，跑步时要控制好。

前些天跑步机测了最大心率后，决定今天实测跑步距离，实测心律，其实是实测 TomTom 的功能，买了半年的 TomTom 心率表，一直没有用，之前使用的迈欧心率表，只有一个心率功能。TomTom 的直测心率也是用的迈欧的技术，加上自己的跑步软件功能，可以达到跑步中，不使用心率带的情况下，直接观测速度、距离、心率，是当今最实用的跑步手表之一（另一个跑步手表大佬佳明 Garmin 也开发了直测心率款，前天在南京国际自行车展会上看到了，询问下，原来最初也是用迈欧的心率技术），虽然直测心率技术还有被诟病的地方，但毕竟是现今世界上做的最好的一款了。

值得拥有。

秋意正浓，杭州今天却不那么美好，因为雾霾，不那么严重，也足以影响健康，更影响跑步心情。

戴表跑步，心率检测理想，去程一直 140 上下轻微波动，由于有对雾霾的顾忌，或许是心理作用，呼吸不是十分顺畅，离忘我状态差远了。按照我的预想，意识到呼吸存在就已经差了一个境界了。

些许安慰的是，钱江日出，绯红正浓，一轮红日跃升江面，轻微雾霾（肯定不是雾）日更红，拍照效果极佳。这也就是所谓的人经常被表面现象所迷惑，不能完全相信照片的原因。

回程遇到附近高校学生晨跑，几个学生都穿着长衣裤在跑，沉重的脚步声，很快超过了我，我笑着跟在后面，不变节奏，因为我知道这样跑法最多几百米，果不其然，没一会，也就 100 米的样子，超过我的俩学生都停了下来，改为走步，大口喘气。我继续向前，几百米后，跑到杭州师范大学校门，有学生在检查，估计是学生晨跑打卡记录考勤。没能培养出对跑步（锻炼）发自内心的热爱，是不会有什么健身效果的，也不会养成好习惯。充其量学校（学生）做了一件事情而已，和效果无关。

出门前只喝了一杯水，加之昨天白天看网球上海大师赛现场，有些疲惫，回程心率略有增加，维持在 150，速度则一直在 10 ~ 11 公里/小时之间。

这也是我习惯的速度。

TomTom 果然强大，结束查看数据，晨跑距离 8 公里，用时 49 分钟。

小贴士

不可过度依赖心率表，因为数据过大会造成心理恐慌，特别是直测类型的。本人在使用过程中发现，心率偶尔一开始竟然直接飙到170，这不可能，一般过了几公里，心率降到140，手表就恢复正常了，逐渐培养体感心率最好。

十二、杭州　向日葵——意外带来惊喜，计划竟然失望

2015 年 10 月 13 日　杭州　晴　轻微雾霾　73.8 公斤

晨跑钱塘江看日出，是我的日常跑步科目。

昨天的日出很美，但到江边已经 6 点多。日已出江面，当时就想：这么美的日出最初是什么样子的呢?

我想看看，很简单，比昨天早起即可。

于是今天 5 点半起床，外面还有些黑，迅速收拾完毕，跑出小区，一路向东。路灯还亮着，很早，路口很危险，有机动车无视红灯直接不减速冲过去。在我们这个一切都不太讲规则的国度，生命要靠自己把握，交给红绿灯就太天真了。

胸中有红日，脚下舞东风，想着去看日出，脚步轻快许多。

一路到江边果然太阳还未出，6 点钟的样子。窃喜，这下可以看完整的日出了。

自欺欺人的是杭州雾霾严重，江东尤甚。等了一会，估计太阳已经出来了，只是看不见而已。几分钟后，依稀看见红日逐渐显现，江上色彩变换并不明显，最终完全跃出雾霾(云层或晨雾)，江面开始有长长的红色倒影，开始了应该有的江面日出景象。正好利用等日出的几分钟做拉伸。由于时间较早，便临时决定沿着江堤跑步一段，到前面一个路口再下江堤，换一条路跑回家。

下了江堤拐到浙江工商大学前门那条路——学正街上，过校门后忽然发现校园里有大片向日葵开得正艳，朵朵向阳开。离我单位这么近，竟然不知道有这等去处，毫不犹豫决定，明早继续早起跑步，到此拍照，采蜜。

看来跑步要经常换路线才会连连惊喜。

2015 年 10 月 14 日　杭州　晴　轻微雾霾　73.6 公斤

意外的才会有惊喜，计划中的往往会带来失望。

跑步也是如此，昨天改变线路，遇到意外风景，很惊艳。当你再次跑那条路，期望再有奇遇，往往是失望。

今天早上起的很早，天不亮，路灯还在，要看日出这是首要条件，当然还要看云的脸色，雾霾的程度。

出门不久，就看见天空早霞极美，便想象江边日出肯定更美，于是脚步加快，常规的 10 分钟 LSD(长距离慢跑)，拉伸也省略了，准备 20 分钟后到江边边欣赏日出，边做拉伸，一举两得。

计划没有变化快，天上的云最是捉摸不定，十几分钟的工夫，在我逐渐接近钱塘江边之际，天上的早霞逐渐暗去，等我到江边时，已经基本消失，再看江面，雾霾、云雾笼罩，根本无看日出的可能。

怎一个失望了得！

于是回归跑步本身，按步骤拉伸，结束后依然没日可看，按时间估算日已出。不停留，继续昨天的路线沿江跑一公里，下一个路口下江堤，拐向浙江工商大学校园，去看那片开得正艳的向日葵。因时间关系，昨天早上跑过只是在外面看见。今天正式进去看，巧得很，昨天杭州的《都市快报》也报道了这片向日葵。

好大一片向日葵，预想中的迎着朝阳拍摄的美景，被雾霾和黑云破坏了，照片没有预想的效果，太阳已被吞噬，等候也没用。也不能等候太久，出汗的身体会受凉，几分钟后，跑步回家。

向日葵最专一，无论太阳出不出，都能准确判断太阳方位，坚定跟着太阳转。雾霾中面向东方的向日葵依然扬着笑脸，尽管还有些美中不足。

小贴士

晨跑，特别是太阳未出路灯依然亮着的时段，切记，过马路不能只看红绿灯，还要注意那些闯红灯的机动车司机。仅仅左右看是不够的，最好穿颜色鲜艳、带反光条的跑步服。

十三、江苏　常熟——常马不再来，只是不舍那碗销魂羊肉面

2015 年 10 月 17—18 日　江苏　常熟尚湖　晴

常熟不常来，岂止是不常来，是之前根本就没来过。当几个月前常熟尚湖半程马拉松报名的时候毫不犹豫就报名了。还是夫妻档，我半程，夫人 7 公里。

记忆中，常熟有个沙家浜，不知道还有个尚湖。看了比赛线路图才知道，常熟不仅有尚湖，湖边还有个虞山，沙家浜其实离市区还有一段距离。

终于到了比赛的周末，买了从上海去常熟的汽车票，从 42 元的票价判断，常熟离上海应该很近，一个多小时的车程吧。果然，大巴走高速，出嘉定，过太仓，一个半小时已经进入常熟——著名又陌生的江苏小城。

在常熟汽车南站下车，车站外兵荒马乱，很快就判断出常熟轻工业发达，因为环车站都是服装批发。几个耳熟能详的国内服装品牌赫然在目，只是以前从来没有关注过这些品牌出身在哪里。

时间还早，就沿着大街，判断着方向，不断问着路，向酒店方向逛过去。南站下车，酒店在城北位置，只要大方向不差就可以，边走边逛。离开南站商区，街道开始整洁起来，有了些江南小城的气象，白墙黛瓦，小桥流水，不堪的是河水很脏，虽然在流动，但却是城市发展之痛。穿过几乎所有中国城市都有的步行街——方塔东街，没有惊喜。既然名之方塔，肯定有塔了，回头不经意就看见方塔的影子，原来在西街，近在咫尺，建在一处园林里，理所当然地收费，理所当然我就不进去了。我们在外面看着方塔的大半个身子，免费所能看见的全部，也没有兴趣去追寻何以叫方塔，因为看着很新的样子。

这里就是常熟核心地带之一了。

离开方塔，继续向北走，沿着河边，倒也幽静。根据路人指点，两公里之后，我们走到了驻地——常熟大酒店。办理入住，条件很不错，宽敞明亮的大房间，据说已满员，显然是因为马拉松。照此理，宾馆饭店应该盼望天天都有马拉松才好。

或许和我们选择的地段有关，酒店周围很少看到饭店，本来应该好好补充碳水化合物，备战马拉松。结果只是勉强找到一家饭店，看情景只是点了三个素菜，加几碗米饭，可恶的是素菜里还带有咸肉酱肉，看着都不新鲜，本来就没打算吃肉，于是只吃了油乎乎的素菜。感觉很不好。

还好水果店不错，买到了我迷信的牛油果，马拉松神器啊。

午饭后，去体育馆取装备，根据地图指示，在宾馆北方几条马路的位置，便

继续走路逛常熟城。这条路叫海虞北路，金融区，银行林立，街道干净，人很少。也难怪，顶着个大太阳谁会在金融区逛啊。天气很热，如果明天比赛还是这天气，可要做防暑降温的准备了，虽然已经入秋。

参赛包是个亮点，记得我领取过最寒碜的参赛包是在悉尼慈善跑那次，只有一个号码布，难怪人家的参赛包就叫 bib(号码簿)。常熟人很热情，除了常规纪念 T 恤外，还有一个大大的参赛礼包，有几公斤重，导致原计划的领取完参赛包去逛虞山的计划只能改变，这参赛包太重了，加上这太阳高照的温度，只好返回酒店午休。

休息为上，就不顶着大太阳，带着重物逛街了。

好奇心驱使，回宾馆马上清点参赛礼包，是家庭用清洁、化妆品礼盒：什么洗手液、牙膏、护手霜之类的，大大小小数了下竟然有 8 种。再一细看，都是隆力奇牌的，不用说隆力奇是常熟品牌，以前还不知道。再一看比赛秩序册，隆力奇是赞助商之一。

礼包是免费发放，估计要么是企业赞助要么是政府买单，企业消化库存，才会有这和马拉松毫无关系的礼包出现。当然也算是有关系，比赛后可以好好清洁一下身体了，全方位地清洁。

这样想来，这礼包还不算离谱，至少不是什么保健品。

休息到傍晚，出门晚餐，室外温度也降了下来，往虞山公园方向走。

这里热闹很多，有古城墙，是不是遗址不知道，游玩的人很多，附近也有许多饭店，我本计划只是一碗面即可。一路走过来发现 4 家羊肉面馆，看来是比较有特色的，便决定吃羊肉面。忽然想起，苏州那个藏书羊肉面很有名，这里是偏苏北更是羊多，羊肉面也就多了。纯朴的小店，纯朴到我都没记住店名，进门老板娘介绍吃火锅，我们俩人选择吃面，没有菜单，要到里面亲自点单，原来是切羊肉的师傅那里点单。我前一位是打包带走的，那位女士只买了 100 元的羊肉，就是白切羊肉。难道就像在上海吃肴肉面一样？一碗面，另外放一块凉切肴肉在上面？

那不是我喜欢的吃法。

正疑惑间，切肉师傅问我，15 元还是 20 元？我一时愣在那里，怎么回事？师傅说，你不是来过吗？

我更疑惑，或许是我长得太大众化，总被人认作熟客。我说第一次来，怎么点单法？师傅说：你要多少钱一碗的，面是一样的，价格不同肉量不同。原来如此，我说那就两碗 20 的吧。

师傅拿出一大块已经烧好，压缩在一起冷藏的羊肉，切下几片放在一个盘子里，然后放到旁边一个盘秤上称了一下，倒入一个空的大碗，好大的碗，然后如法炮制，称了第二份羊肉倒入另一个大碗。

紧接着，两个大碗被回身扔到旁边一个案板上，示意我过去等候，我前移几步，原来是另一个操作台。一个师傅在操作煮面，约莫两碗面份量的干面扔入沸腾的锅里，煮面水有些浑浊，不知煮了多少碗面了。

想象是第一碗吧。

我就在等面熟的当口，师傅拿起一个大水瓢，掀开旁边的一口大锅，热气顿时升腾，舀了一大瓢汤水分别倒入两个大碗，想必是羊汤，煮羊肉的原汤。这时细面已经煮熟，师傅熟练捞出分装入碗。

端走，齐活。

一碗外表平淡无奇，略显浑浊的汤头，隐约可见的细面，比阳春面还要阳春白雪。就这么吃的吗？回头看见旁边还有一个案板，香菜末、青蒜末、红油辣子、姜丝各一盆摆在那里，还有一盆凝固的动物油，估计是羊油。我询问这些是自助？得到了肯定的答复。

不敢遗漏一样，生怕味道不正宗。用夹子夹了一点香菜，一些青蒜，少许姜丝，一勺红油辣子，羊油还是放弃了。马上原本一碗清汤面大变模样，红绿白色彩搭配，立马食欲来了。坐定后，撒一点胡椒粉，筷子稍插入碗底一挑，一块块的羊肉翻了上来，先喝一口汤，对头，就要这个味，再吃一块肉，肥美无比，就是这碗面了。接下来就是坐定，拉开架势，再点少许醋，开吃。

出得面馆，外面已经黑下来，环城北路，护城河边，秋风有凉意，热面暖心头，抓紧快步走回宾馆，准备补给，别号码布，临睡前又喝了一杯龙井茶，一夜无话。

比赛当天早上醒得特别早，或许和比赛兴奋有关，亦或许和那杯茶有关。当然也和昨天的餐食有关，我俩起来竟然有不同程度的拉肚子现象，虽不严重，但也影响心情，担心比赛中出现状况。

问题出在哪呢？昨天中午油乎乎的青菜？里面有咸肉、腊肉，颜色不祥，根本就没吃。还是昨晚的羊肉面？可是明明顾客很多，生意很好，难道是我们的胃不适应常热的饮食？不去想了，紧要的是早餐，这关系到比赛状态。

延续多次比赛的经验，这次也不能马虎，早餐还是肯德基靠谱。一是卫生可以信赖，二是时间够早，早到可以饭后两小时参加比赛。昨天就考察过了，运动员接站专线车站点旁就有一家肯德基，6 点钟，收拾停当，快步走过去，已然有许多比赛打扮的人在早餐了，看来和我们一样想法的人还真不少。

早餐极为丰盛：两份肯德基早餐套餐，也就是一根油条，一杯豆浆，一碗皮蛋瘦肉粥，一个芝士汉堡，还有我自带的两个水煮蛋，一个牛油果，坚果(核桃仁和杏仁)若干，葡萄干若干。

慢悠悠吃好早餐，也就到了接站车的时间，大巴很准时。车上听口音大多数是上海来的跑友，这也难怪，离上海近嘛。

出城不久，就沿着虞山脚下行进，约 20 分钟到了出发点，人欢马叫，各路跑团彩旗招展，热身，摆 Pose，拍照，一派 Party 景象。这一点是好现象，马拉松是个全民健身的活动。热身过程中，看到几名非洲选手也在热身，很显然，主办方好名声，非要请几个非洲选手，提高比赛成绩，最主要的是可以冠名“国际马拉松比赛”，多了这个“国际”不知是否还有其他猫腻。但显而易见的是：主要奖金都让外国人拿走了。

临近开赛，热身完毕。我又补充了一只香蕉，一个能量胶，一颗盐丸，喝了点水。这是以前比赛没有过的补给方式。

8 点半比赛开始，几千人的比赛，虽然不算多，但在一个小路上进行就显得拥挤。尚湖中间有一条大堤，比赛环尚湖和这条大堤划 8 字跑一圈，大堤跑两次正好半程马拉松。艳阳高照，但大堤两旁都是大树，整个赛程几乎都是在林荫道上奔跑，没有日赛之虞。不时有侧风吹来，对于汗湿衣衫的跑者来说不是好事，容易伤风受寒。

前几公里极为拥挤，无法正常速度跑，到了 10 公里的时候，渐渐拉开距离，有加速空间的时候，我按照自己的节奏跑。前 10 公里已经用时 1 小时，由此推算，半程结束不会跑进 2 小时。

和其他马拉松志愿者遍布赛道不同，常熟马拉松几乎看不到志愿者，或许是标志不明显。补给点也非常小，整瓶的运动饮料发放，并不适合比赛，许多人拿着跑不方便，大多数是喝一口就扔了，很是浪费。小口杯发放的并不多。有几次我想喝水却错拿了饮料。只好倒掉，找拿着水瓶的人要一点。

另外一处不理想是，赛道上很少有醒目的公里数标识，跑了多远都不知道，那么一个大牌子做一下不是很简单吗？为什么组委会想不到呢？这对于运动员很重要。后面几公里应该每隔一公里一个标识，给跑者以信心和动力。

按照自己的节奏跑了下来，心率表有些失常，可能和戴得不紧有关，有时会掉下来到手腕处，有几次无意中看到心率 180，但体感并没有那么高，还可以自由地跑动，没有气闷的感觉。

速度在前半段跑不开，一直是 8 ~ 9 公里每小时的样子，后来则维持在 10 公里每小时左右。原本计划这次半马突破 2 小时，结果略有遗憾，结束时自己计时 2 小时 3 分钟。与之前半马比赛不同的是，完成时体感比较轻松，结束后认真地做了拉伸恢复，每一个动作都做到位。RSLab 学习过就要用上。

奇葩的是，我结束时，夫人的 7 公里竟然还没跑完，打电话联系说还有 1 公里到存包点。几乎是同时出发的，按理早该到了。后来了解到是组织者误导，好多人走错路，跑完 7 公里又走了 7 公里才回到存包点（出发点），这样的奇葩事也真是长见识了。

回程车也出了问题，本就窄小的道路，私家车、大巴车拥挤在路上，同时都想撤出赛场。而我们来的时候乘坐的免费大巴已经在结束时不见踪影，问谁都不知道，也不知道该问谁，志愿者也没有一个醒目的标识。只好去找交警，交警焦头烂额地指挥交通，只是说前面有公交，往前走吧。现在已经11点多，12点就得退房了而我们还在湖中心找公交车。听旁边人说，尚湖马拉松已经举办了5次。可是看这混乱的撤退场面无法相信这里曾有过举办马拉松的经验。

总算找到一辆去市区的公交，到市区后马上再打车赶去酒店时是12点之前几分钟。聊可安慰的是酒店同意我们洗澡后再退房。毕竟这个酒店昨晚客满，几乎都是来跑马的人，比我们回来晚的肯定有。

另外，拉肚子被坐实，夫人临赛前又去了一次厕所，我是比较有抵抗力的，跑完后回到宾馆又去了次厕所。

总之，常马不会再来了。

2015年10月19日　杭州　晴　轻微雾霾　72.8公斤

马拉松消耗果然很大，昨天常熟只是半马，跑前丰盛的早餐，结束后喝了两瓶水，吃了两碗面，若干水果、干果，喝了两罐啤酒。今早跑步后净体重72.8公斤，几乎是降了一公斤。

昨夜睡得很香，一觉到天亮，今天早上按时起床，排酸跑。虽然大腿小腿都没怎么感觉到酸痛。还是按照惯例，跑步到钱塘江折返，计8公里。

纯粹的小LSD(长距离慢跑)，因为也无法提速，身体确实感觉到了累，无暇欣赏景色，今天雾霾稍轻了些，但钱江上没看见日出，除了时间不巧外，主要是江对岸还有云层。

慢跑后的恢复拉伸，我做得很认真。

早餐后，体力迅速恢复，上班无任何疲劳感。

总结：经检验，训练有效果，补给算合理。

小贴士

起终点不在市区的比赛要慎重参加，报名前应咨询好是否有便利的往返市区的交通车，不然被堵在郊区会很惨。外省，不熟悉的三四线城市举办的马拉松要谨慎报名参加，除非你有充裕的时间，而不仅仅是一个周末。赛前一天饮食要特别注意，尽量不要吃当地特色，特别是不要吃肉类，要吃自己平时熟悉的食物。赛前不要走太多路，比赛地景区游览要量力而行。

十四、杭州　盐仓——不看回头潮，170 分钟的 LSD，只为上马

2015 年 10 月 25 日　杭州　晴　72.6 公斤

计算了下，这是上马前唯一一个可以自己掌握的周末了。昨天爬山徒步，走了个半程马拉松距离，但那是休闲性质，强度不大，中间还不时休息，还有长时间的午餐补给休息，所以回家后身体并未感觉十分疲劳。

根据 RSLab 的全马训练计划，比赛前第三周末也就是今天，应该有个 LSD（长距离慢跑），170 分钟的长距离。于是上午休整，看了央视的合肥马拉松比赛直播，可恶的是，又是请外国人来拿走了奖金，不知各地主办方啥时候能不那么崇洋媚外，多惠及下国内普通跑者。中午饭大吃了顿，有意识补充碳水化合物，然后电视正好是环海南岛自行车赛直播，这次中国人争气，领骑 50 公里，遗憾的是最后 3 公里被大集团追上，最后拿了个敢斗奖。赛事有水平，会自动吸引高手参赛，而不是去花钱请高手参赛来给自己贴金。

14 点 30 分，外面阳光明媚，我看看天气算算时间，该出门拉练了。换好装备，想想只是训练，就临出门吃了两颗盐丸，带了一瓶略加盐的白开水，还有一块水果糖。另外又塞了两元硬币在裤子口袋里。

拉练的线路是早就心仪的一条线路，以前骑车经常走的，沿钱塘江向北一直到海宁盐仓，就是天下闻名的钱塘江观回头朝位置。看钱江潮讲究一潮三看，包括一线潮、交叉潮还有回头潮。回头潮说的就是海宁盐仓这里，因为钱塘江至此折向南流，所以涨潮至此会有回头景观。变幻莫测，多少次堤毁人伤，但观潮人兴致不减。看潮来说，还有月夜观潮（听潮）一说，更具独特魅力。盐仓离家估计有十几公里单程，临出门我戴上了 TomTom 运动手表，既能观测心率也顺便实测下里程。

带着一瓶水，还拿着手机跑步确实不舒服，但没办法，自己训练又没有补给跟随，沿途是江堤，也不会随时有可用的补给。

这是第一次拿着水瓶跑步。

天气很好，也不想拉速度，只是想拉个长距离。上午听央视杨健解说马拉松还在说，马拉松是从 32 公里开始的。而我从来没有跑过 32 公里这么长，也就没有体会过所谓的撞墙期，最长距离就是半马，这次上马前最后一次长距离希望至少突破半马的距离，体验下。

20 分钟后跑到了江堤上，游人很多，难得雾霾消散，可以看见对岸的景物，我对江边太熟悉了，没有看景，马上做了跑前拉伸，然后高抬腿、直腿、后踢腿

跑，正式开始沿着江堤向北，也就是向盐仓方向进发。

很快就过了江东大桥，江边有许多钓鱼的人，许多还下到江里去钓，看江面平静，应该潮水已过。或者现在并不是大潮汛，危险不大。

岸边烧烤聚会的不少，也有外国人组织的聚会，跑步的似乎只有我一个。本地人用诧异的眼光看着我不做声，经过聚会的外国人眼前则听到他们大喊“加油”，我回以招手微笑，继续前行。

不一会，就过了钱江渔人家——一户以钱塘江捕鱼为生的人家。几年来我经常到他家买野生钱江鱼，很是熟悉。之前都是骑车过来，这次不停留，到这里我知道已经跑过了7公里，因为以前单车码表测过。

正跑着，忽然听到身后有脚步声，那种跟着追赶的脚步声，真正跑者是不会追别人的，因为每人都有自己的节奏，听声音又很轻，我没有回头，玩个猜测游戏，这是什么人呢？

脚步声在逐渐接近，听声音判断已到身边，我侧眼扫视，原来是个10岁左右的小男孩在追我。这时有个女声在指导：“慢点跑。”还有电瓶车的声音。我猜到了，是母亲骑电瓶车带着孩子在江堤玩，小孩子看见我跑便下车想跟着跑，当然是想超过我。我不做声，继续自己的节奏，小男孩超过了我，显然是用尽力气，我知道用不了几十米，小男孩就会停下，因为跑步不是这样跑法。果不出所料，超过我后的小男孩得到满足，也气喘力竭了，停下大喘，我继续前行。又过了一会，母亲骑电瓶车后座载着小男孩超过了我，过了好远，小男孩还回头看我。

阳光正好，视线也好，回头潮的转弯处就在远处，已然可见。喝了大半瓶水后，终于跑到转弯处，体感有10多公里。由于不是大潮汛，盐仓看潮处没什么人。在江边一处小店补充了一瓶水，回程继续带着一瓶水跑。

回程就不轻松了，体力消耗太多不说，这江边风向风力也有了变化，身体出汗很多，正逆风都不舒服。关键是这风还不定，搞得肚子也有了感觉，被迫跑到江堤下树丛中解决了一次，节奏被打乱了。

昨天爬山的消耗这时体现出来，后半程明显降速，大概每小时8公里的样子。这次拉练是把自己先扔到最远处，身上没带现金也没带交通卡，只能自己跑步回家，必须要跑完全程。

这时太阳西斜，江堤上人已经很少，偶尔有骑电瓶车赶路的人。只有我一个人在艰难地跑着，看着路碑，一公里一公里地数着往前跑。

看着远处家里的城区方向，起了雾霾，那雾霾似战场硝烟一般，感觉自己正在跑向战场。雾霾给自己的心理暗示很明显，立马感觉呼吸沉重，也曾打算放弃这次拉练，毕竟雾霾的危害太大。可如何放弃呢？现在只能跑回家，或者走回家，无路可选。

在距离江东大桥还有两公里的时候，身体疲惫明显，昨天爬山的疲乏这时早已显现出来，之前半马都没有的大腿疼痛竟然出现了。小腿倒是没有什么感觉，今天连压缩袜也没穿。估计和昨天爬山有关，昨天虽然没啥感觉，今天集中发作了。

加上雾霾的心理压力，开始跑走结合，缓解大腿疼痛。

但效果并不怎么好，这时已经跑了半马的里程了，离家里还有4～5公里的样子，看时间，已经远远超过平时的半马时间，接近2小时20分。

最后的4公里是跑走结合完成的。人家都说马拉松是从32公里开始的，看来我的全马堪忧，这距离32公里还有好长的距离就已经这样了。

马拉松的灵魂是匀速，今天彻底没做到，不仅被打乱节奏，中间还上厕所，停下拍照，买水，后来还走走停停，有些恶心的感觉，不敢再跑。

太阳已经下山，昏暗路灯下雾霾明显，饥饿疲劳中走回家，时间显示2小时54分，距离24.56公里。数据惨得可怜，但训练时间却达到了RSLab计划中全马前170分钟LSD(长距离慢跑)的要求，聊以自慰。如果今天就是全马比赛，没有补给是无法完成的，即便有补给也要5个多小时完成。

这也算是上马前最后也是唯一一次长距离拉练了。时间达到了要求，里程还差得远。这也给上马备战提了醒，要高度重视，不要盲目乐观，保持匀速，带足补给十分重要。

浑身疲乏，大腿酸痛，认真拉伸两个回合后有所缓解，洗漱后，体重只有72.6公斤，是十年来历史最低。晚饭补充了蜂蜜水、水果、稀饭，食欲受到了影响。

晚上习惯性喝茶，加上疲乏过度，睡眠也受到了影响。

切记，极度疲乏后不要喝茶。

造成这一结果的原因还有自己身体依然处在受寒感冒恢复中，昨天爬山也有一定强度。

今天，我累惨了。也许是昨天就已被累惨，只是我不知道。

小贴士

全马前的LSD(长距离慢跑)极为重要，即便距离达不到30公里，时间上也要达到3小时左右，这是对自己身体和实力的检验，要认清自己，对困难有心理准备，避免仓促上阵。

十五、杭州　杭马——央视直播，看到我没？

2015 年 11 月 1 日　杭州　中雨　73 公斤

说来好笑，今天你千万别跟任何跑友谈起杭马。你只要一谈起，就会提到奖牌。

可是，除了杭马，今天还会有别的话题吗？

杭马今年奇葩，未跑奖牌先发。

杭马最大的新闻或许就是比赛未开始，奖牌先发到手，前天我去领取参赛包，顺便拿到了奖牌。为此电视台还做了一个专访，主办方给出的理由是去年有人在终点哄抢奖牌，造成拥挤混乱，有踩踏危险。今年考虑终点还有施工，避免发生危险，所以提前发放。毫无疑问，这是典型的懒政行为。

不过也好，杭州开了马拉松历史上的先河也不错，敢为人先。

连续几天都预报杭州有雨，就是不下，杭马前一天我去带同学游西湖时还天朗气清，温度适宜。现场给同学讲解，明天杭马会跑过这里，届时会封道，就不能顺利地游览西湖了，同学有庆幸之感。

所有的雨终于憋到比赛这一天开始下了。

早上 5 点多起床，就听见窗外哗哗的雨声，家人提醒：这么大雨，还是不要去参加了。

跑马，风雨无阻，估计不会有人因为下雨而放弃参加，即便有，那也不是真正的跑者。

按预定时间吃早餐，带足装备补给，多带了一把伞和一件一次性雨衣。因为出门要乘地铁转公交，早晨雨势还比较大，必须打伞，不然一身厚衣服淋湿，跑完就没的换了。

地铁、公交车上基本都是背杭马红色参赛包的选手。我和家人（夫人报的是短程跑 7 公里，群众参与性质的小马拉松）调侃道：这年头，如果你不背个小红包就太 Out 了，都不好意思出门。

早上 8 点发枪，我 7:35 赶到黄龙，路上满是匆匆赶往体育场的选手。参赛通知上说，半马选手存衣 7:40 结束，因为半马终点在滨江，所以需要存衣车开过去。这 5 分钟可是有些紧张，如果真的按要求 7:40 存衣车开走的话，看路上这人流，估计得有好大一批选手来不及存包。

由于事先看好了赛事地图，加之自己对黄龙体育中心这一带比较熟悉，很快就找到了存衣车。遍地湿滑，雨一直下，根本没地方可以换衣服。将就吧，反正一会是要湿透，于是，就地迅速脱下外衣，用塑料袋包好，防止进水，好在存衣包是放在大巴上，不会淋雨。

换好衣服，迅速吃一颗盐丸、一个能量胶，把另外两个盐丸和一个能量胶放进短裤口袋，喝几口水。然后把包存到指定的大巴上。这时已经7点45分，离比赛开始还有15分钟。热身是不可能了，也没地方，地上都是水，关键是人流拥挤，根本没有热身的空间。再说还没找到出发区呢。这一点杭马组织方还有待提高，入口处十分混乱。

自己也不是速度选手，边跑边热身也无所谓了。

找到出发区进入安检门，里面已经人满为患。黄龙这个地方虽然叫做体育中心，但组织几万人的比赛还是有些小，或许是组织者有问题，应该再把临近宽阔的天目山路或体育场内场也征用一段，作为出发区，分段进入，就不会造成这样的混乱了。结果是：安检形同虚设，我这一区明明是半马区，可里面还有好多跑全马的，号码条是红色的选手赫然穿梭其间，旁边有人提醒他们走错地方了，可是看时间离开始只有几分钟了，怎么可能挤出去再找到全马出发点呢？好吧，就在这里吧，依旧是通过计时点才开始计时，再说，又不像是可以拿到奖金的选手。队伍里也有跑7公里小马拉松的选手。最奇葩的是，一些选手（肯定是新手）的后勤家属也进到队伍里，帮着选手打伞，开跑后有好些人拿着选手脱下的衣物，打着伞逆流往外挤，非常危险，真是不知说什么好，娇气溺爱到这种程度还来跑马拉松，又能起到什么锻炼作用呢？如果家属被撞倒还很容易发生踩踏事故，组织者的安检不知起什么作用。

照例是听不清是谁，不知道在哪里，也没人听的领导讲话，8点，准时发枪出发。

出发的是前排的特约选手，轮到我踩到计时点出发时，拱门上面的时间显示已经是11分30秒过去了，慢慢跑好了，毕竟几万人的队伍。

一些不甘心被阻挡，想出成绩的选手只能左突右奔超越。可这是雨天，地上有水，你看见的空隙大多是人家故意躲开的积水区。结果是不时有人溅起水花，估计遭人暗骂。虽然雨天，但谁也不希望飞溅一身水。摔跤也不可避免，至少我看到有人在出发区滑倒，引起惊呼一片。

或许是上周感冒受凉的余威还在，加之下雨，路上鼻涕不断，只好甩了。形象是顾不上了，只要不遭到旁边选手的投诉就可以。

7公里的小马拉松路线最美，跑过断桥、白堤、北山路、曙光路。但路口指示不明显，只有几个志愿者在喊大家应该右拐。并不规范的普通话面对汹涌的人群，事情来了，我在湖滨路看到两个外国人，号码牌一看就是小马拉松组的，显然跑错路了，应该是听不懂拐弯提示。但愿有志愿者能指明白让外国人回去的路。

杭马前半程西湖边这一段我很熟悉，跑过断桥、湖滨步行街、解放路、钱江新城我都没啥感觉。因为小雨不时下，路面有积水，不看路面会踩进水坑，鞋里进水可不是好玩的。我的鞋有简单的防水功能，也就是说正常毛毛雨是不会进水的，但有两次旁边人踩进水坑，水飞溅进了我的鞋也只能自认倒霉。好在没严重到鞋内积水，不似后来论坛上有选手说鞋全部湿透。看来我这双鞋还是真的不错。

另外，夏天在法国阿维尼翁买的那套半长款跑步服：Gore 的过膝六分裤、半袖紧身上衣只是在悉尼慈善赛上穿过一次，这是第一次在国内正式比赛穿着，性能无与伦比。原本穿着别的短款衣服会摩擦到的大腿内侧和腋窝处（前几次半马下来都磨得有些红肿，跑到后半程会不舒服），这次则完全没有不舒服的感觉。果然是传说中的最好的跑步服装之一。心痛的是，由于跑步服太柔软，也就娇气一些，别号码簿的地方磨损了好多。

整个比赛路线上，比较吸引我的是新城隧道和复兴大桥，这两处是我平时没有跑过步的地方，特别是长长的隧道里。上万人的队伍，许多选手故意在隧道制造声音，那回声有演唱会现场的感觉。复兴大桥是钱塘江上的第四座桥，杭州人俗称“四桥”，旁边一个外地跑友问我这是不是钱塘江大桥，我看了一下他的号码布（红色，是全程选手），告诉他，这是复兴大桥。钱塘江上现在有 9 座大桥，选手所指的钱塘江大桥是茅以升设计的那个，俗称“一桥”。我告诉他，你一会儿还要跑回起点黄龙那里，再次经过的那座桥是钱塘江大桥。

旁边一个选手说，四桥上是今天最舒服的一段了，因为不用淋雨。

因此，停下来在此摆 Pose 留影的也多起来。

起跑前一粒盐丸、一个能量胶；10 公里一个能量胶，15 公里一个盐丸，我坚持着我既定的补给策略。

终点处只有计时地毯，跑过去啥都没有，连终点计时的电子屏幕都没有。许多选手习惯结束后拍照留念，可哪里都没有终点的标识，手里也没有本来可以炫耀展示的终点奖牌（奖牌已发，许多人并没有带着在身边）。诸多尴尬，拍出来的照片都不知道是哪里，但毕竟冒雨跑完了半程，纪念照还是要拍，自己知道这是终点照就可以了。

组织者本想做好件事：半马选手结束后可以凭号码布免费乘地铁一次。

这个想法是好的，执行却出了问题。

中国人的通病，或者是组织者的通病，先入为主地认为会有人一号多用，多次乘地铁，于是要求进入地铁站后的选手人工登记号码，才能发地铁票。附近只有这一个地铁站，外面下着雨，近万选手陆续结束比赛，终点又没有计时器，也没有值得流连的地方，地铁站瞬间被挤得水泄不通。一直拥挤到地铁入口的队伍都在等候领取地铁票。主办方提前发放奖牌的初衷就是避免拥挤，发生危险，让选手迅速疏散，结果反倒是组织者的惠民政策导致了拥挤。

清楚记得，暑假时在悉尼参加 City2Surf 慈善跑，当时 8 万多人的比赛，疏散时也没产生拥挤。悉尼的政策是只要是参赛选手就可以凭号码布一整天免费乘任何地铁线路，不限次数。结果是疏散得非常及时，进入地铁站的选手都能快速离开，人家根本就没有登记换票一说。连查验都省了。只要是选手打扮即可走特别通道，后来我晚上回驻地已经换下跑步衣服，但我亮出了号码簿，一样一路通行，免费到底。

反回来再看杭州，有限的万把人的比赛，只有一个地铁站，整个杭州就那么两条地铁线，还担心有选手多次占公家便宜，只发单程票，只允许乘一次。这下雨天，哪个选手不想迅速离开现场，跑回家换下湿衣服洗热水澡呢？谁会利用这张号码布乘来乘去逛街。即便选手去逛街，多乘一次又何妨，一年只有这么一天。

而且登记只不过是手工登记一下号码，如果哪个选手拿着号码布完全可以到另一个入口再登记一次多取一张票，不可能马上知道多领了一次。也就是说，手工登记纯粹是耽误时间，人为造成拥堵。

最大的效用是主办方统计需要这些数字，统计发放了多少张免费票，作为自己的业绩，捞功名用。

别无其他。

地铁到家时，外面雨势加大，全马 4 小时以上成绩的应该还在路上，祝福这些选手们。

家人已准备好了午餐，调侃说看了早上杭马的电视直播(央视五套)，但没看到我。

看新闻了解到，男子全程组冠军 2 小时 12 分钟。毫不例外，前 8 名都是非洲人，所谓的特约选手。只有一个真正的新闻是一个温州姑娘获得了女子全程组第 4 名。

不知主办方是怎么想的，为何国内马拉松比赛都要去请非洲人运动员，然后大把奖金拱手送人，电视直播也是千篇一律看几个我们永远都记不住名字的非洲人在跑步，然后冲线，上领奖台、领奖金，美其名曰国际比赛。为什么组织者那么不自信，有了几个非洲人就提高档次了吗？就是国际比赛了吗？那些奖金能惠及真正养着你们的成千上万的国内跑者才真正算是有意义，要知道这些人才是这些比赛的衣食父母。

算了，不操这个心了，还是自己拉伸排酸吧，前 2 万名有奖估计才能轮到我。

回程地铁上收到一条短信，提醒下周上马的注意事项。

有啥办法？自己喜欢，再多牢骚还是要交报名费去跑步。

杭马终点手计时枪声成绩 2 小时 18 分 50 秒。

鉴于出发时已经过了 11 分 30 秒，估计最终成绩 2 小时 10 分以内。

跑步理论上说：跑马 24 小时后需要进行排酸跑。

睡了近 10 小时后，第二天一早照例 5 点半起床，身体也感觉到了疲乏，大腿酸痛比昨天有些加重，看窗外天气良好，看来只有昨天一个雨天，杭马这个运气啊，怎么说好呢！起床跑步排酸，毫不犹豫。前后一小时，8 公里，完成了首次排酸跑。

本周日上马，可是我报的人生第一个全马，严格地说，杭州半马是上马前最后一次 LSD（长距离慢跑）拉练。

收到杭马组委会短信：半马完赛成绩 2 小时 9 分 20 秒。

创历史新低！

小贴士

长跑时凡士林（润滑油）必不可少，特别是那些两腿比较直，腿间缝隙小，或者肥胖腿粗的选手，跑前应该在大腿内侧和腋下涂抹凡士林。同样道理，比赛尽量不要穿赛事发放的纪念衫，可能因为没磨合过而擦破身体不舒服，特别是男士的乳头容易受到伤害。

十六、上海　上马——大叔战全马，究竟要做多少准备才能算充分？

2015 年 11 月 8 日　立冬上海　大雨转阴

很多年以后，当我坐在午后暖阳下的窗前，准会想起第一次跑全马的那个遥远的上午。当时，上海的两千多万人口几乎倾巢出动，塞满了通往外滩的每一条道路。

2015 年，迎来 20 岁生日的上马（上海马拉松）号称国内最具国际视野和水准的马拉松赛事，主办方事无巨细，赛前 7 天开始，从饮食到心理，从装备到天气，从路线到存包……开赛前每隔几小时一次的中英文短信提醒，估计肯定有人已经觉得有些婆婆妈妈了。

不用说，网络和微信圈满天飞的跑马攻略我是看了不少，该准备的装备开赛前一天晚上都已妥妥地排列在地板上了。

由于既有地利之便——本人家在上海；又有人和之利，夫人也在我的影响下爱上跑步——本次上马夫人答应做全程后勤，为我这人生第一次全马保驾护航。

有朋友说：就差天时了。是的，一切具备，只待天时。赛前最后一次组委会短信提醒：比赛当天的气象情况：阴有阵雨，偏北风 3 ~ 4 级，17 ~ 20℃，8 日早晨 AQI 40 ~ 60，空气质量优到良。

之前的多渠道天气信息都提示，比赛当天有雨。

上马，首马，雨战不可避免。

这就是天时吗？

我自嘲：雨战，没什么，我有经验。上周末杭马雨战我已经适应性训练过了，当时参加的是半马。

还是说说我为上马做的额外准备吧。

先说装备，沿用上周杭马检验过的雨战装备——Gore 跑步套装：紧身六分裤半袖贴身上衣；两双跑鞋，前 30 公里使用稍有防雨功能的 Brooks 超轻跑鞋，如果比赛中大雨，鞋进水，30 公里处换另一双备用跑鞋；两个帽子，开赛时小雨或者无雨用空顶帽，若大雨则用有顶帽，进入赛道前决定；两双袜子，开赛时大雨则用普通 CS 跑步袜，小雨或无雨则用 H 的压缩袜（担心遇大雨，袜子太长，湿透会累赘）。

为什么是 30 公里换呢？

赛前一天，我和夫人对照上马线路图和电脑上的上海地图，仔细研究，分析哪里补给交接合适。我有过多次半马经验，也就是说 21 公里之前我可以独自轻松应付。根据上海人一贯的严谨作风，比赛期间封道路段应该不允许随便穿越，而我在后半程需要两次补给，理论上25公里和32公里最为合适。所以需要根据线路设置找到一处可以便利到达这两个点的观众入口，事先无法踩点，只能根据地图判断。最后发现地铁7号线龙华中路站是最佳切入点：一是地铁站交通便利，补给后夫人赶去终点也方便；二是龙华中路地铁站附近就是25公里处，鉴于组委会在25公里处设有官方补给点，届时必定兵荒马乱，不利于我和夫人交接补给。于是，我们决定在龙华中路南侧上行到24公里处交接，实现第一次补给。第一次补给内容是一小瓶运动饮料。补给后我继续向前，夫人则拐到瑞宁路，前行几百米就是30公里处，这是两个私人补给点距离最近最方便也是最合适的点。

在30公里处我将接到一块蛋糕、一瓶自配蜂蜜水、一条补给腰包。腰包我会带在身上，陪我到终点，里面有若干块巧克力，3块小蛋糕。

之所以选择30公里处补给，还有一个原因，就是网络上有大神说：马拉松是从32公里开始的。当然还有各种身体极限期，撞墙期的说法，大都集中在32～35公里，所以，我的集中补给要在32公里前就进行。

如果到时候无论24公里还是30公里，都没发现我的私人补给怎么办？或许有各种意外发生，到时候就是没收到补给怎么办？当然，我也准备了最后的方案。

别慌，我跑步短裤的后面有个补给口袋，我已经把里面塞满了：4个能量胶、6颗盐丸、两块水果糖。另外，我相信上海主办方的官方补给，毕竟绝大多数选手都没有私人补给，也有为数不少的人和我一样是首次跑全马。

闹钟设定在4点半，其实4点不到就醒了，不是兴奋激动睡不着，而是被雨打遮阳篷的声音振醒的，我家住二楼，窗下就是一楼长长伸出的遮阳篷。听声音肯定是大雨级别。拉开窗帘，外面漆黑一片，老小区里近处路灯也不见。忽然，对面一扇窗子亮起了灯，难道也是跑马人？正好奇，灯又灭，窗子很小，原来是起夜内急人。

自我安慰，农村有句老话：早上下雨一天晴。

又自我打气：风雨无阻。

4点半，备马，埋锅造饭，无非是热一下昨晚就已熬好的燕麦大米粥，5点钟准时开吃（7点开赛，提前两小时进食）：一杯清水，一杯蜂蜜水，两个煎鸡蛋，粗粮葡萄干面包，外加我的跑马秘密武器，每次跑马前必备的，心理暗示如纳达尔比赛水瓶的固执摆放方向，那就是牛油果一颗。如果是在外地跑马（半马）我一般是两份肯德基早餐加一个牛油果，两个鸡蛋。

检查装备，5点半，出发。雨依然在下，但小了些，需打伞，小区门口打车，出金沙江（路），过大渡河（路），奔娄山关（路），最近的2号线地铁站——娄山关路站。这一路的街道名，怎么和当年红军长征一般，看来前路多艰险啊，但红军当年成功走到了终点陕北，结局是完美的。

上马起点在外滩，距离地铁2号线南京东路站最近。随着地铁一站站越来越接近南京东路站，车厢里各路跑马英雄汇聚，有些人已经在活动腿脚开始热身了。

决战上海滩，听来就让人热血沸腾。

军事史上的1937年，谢晋元率领“八百壮士”决战上海滩，那场四行仓库保卫战就发生在上马起点不远处的苏州河畔；金融史上的1949年，在陈毅市长率领下打响的大上海金融保卫战……

上马也是一场战役，对于绝大多数选手来说是一个人的战役（争奖金要拿名次的除外）。

6点35分，出了南京东路地铁站，雨已渐止，不需要打伞了。我迅速执行无雨战计划：用无顶帽，换上压缩袜。运动衣裤存衣包交给私人后勤，不放官方存衣车。这样，夫人背包里除了我换下的衣裤，还有一双备用跑鞋，一双备用袜、一个有顶帽、一件运动风衣、一个补给腰包、两块大蛋糕、三根香蕉、一瓶蜂蜜水、一瓶运动饮料、一瓶纯净水、若干巧克力。

不能免俗，和平饭店前拍张定妆照。南京路上阴云密布，浓雾低垂，背景中东方明珠只有下半身可见，跑马也主要也是靠下半身。转角进入外滩选手出发区，在陈毅市长（雕塑）的注视下顺利进入自己所属的出发区。空间虽有限，热身还是足够的。

一个能量胶，一颗盐丸，顺水服下。

上马战役即将开始。

一如上海人的办事效率，简短的赛前仪式，照例听不清楚的讲话，发枪。

激昂的乐曲响彻外滩，催人向前。第一次感觉到音乐竟然有这样振奋人心的力量，赛后夫人也反应说当时现场音乐很振奋，还用手机录了一段。

音乐这么好，怎么舍得跑。先是被动后是主动欣赏了近10分钟音乐，终于轮到我上起跑线。

压抑之后才更有激情，上海人深谙此理。

出发不久就回到了南京东路上，著名的步行街。一个月前我曾经拉练完整跑过这条南京路，这次是相反方向。大上海地标一一从身旁闪过，首先是南京路上旧上海四大公司，唯一遗憾的是永安二楼阳台那个吹萨克斯的男人今天这么重要的场合缺席了，取而代之的是大妈广场腰鼓队。

人民广场，国际饭店，大光明电影院一一跑过，当然还有跑马会旧址，这是上马最应景的一处地标，百年前人看马跑，现如今看人跑马。接着，跑马大军进入南京西路，梅陇镇伊势丹、中信泰富、久光百货、静安寺……文艺小资跑友肯定在跑过常德路时会望向右前方，那幢8层公寓叫常德公寓，当年叫爱丁顿公寓，小资祖师奶奶张爱玲就在6层阳台给小资跑友们加油助威。

转过南京路是华山路、常熟路、旧上海、老别墅，夜雨梧桐落满路，人跑过，秋叶随风舞。

下一处跑过的地标是淮海路，旧时叫霞飞路，晚霞朝霞伴你飞，号称“东方香榭丽舍大街”。资深吃货跑友到了陕南路、茂名南路肯定会不自主地流口水，因为红房子西菜馆就在右手路边，虽然现时有些风光不再，但有老上海情结的人还是会隔一段时间就去坐一坐，哪怕只来一份罗宋汤，一份面包，也要西装革履，慢条斯理，铺好台布，轻翻菜谱……吃的是那个腔调。

……

有读者急了，老大，跑马，不是旅游，跑题了吧，跑到哪里了？

别急，全马42公里呢，刚10公里你就急，就考虑战略战术，考虑心率配速，那后边还想不想跑完了？

放轻松，绝大多数选手都很轻松，边跑边拍照，当然都是和我水平相近的。转过新天地，跑过西藏南路，就一直向南浦大桥方向了。那里是曾经的世博园区，黄浦江边，真的是一番新天地了。

虽然看风景跑步两不误，但有个前提我不会逾越，那就是心率监测，我手腕上的运动手表有即时心率监测功能，150是我的心理标尺，绝不能超160次。整个全程都是控制在150左右，上下不差一两次的水平。几个月的训练经验告诉我，这是我可以控制的跑步强度，如果超过这个界限，后半程就可能不受控制了，我不能冒那个险。

路上也经常会有一些给后面选手带来压力的消息传来。比如，当我刚刚跑过19公里指示牌的时候，消息传来，说领跑的非洲兄弟已经到41公里了。我看了下手表，心率没丝毫变化，我满意于自己的心如止水，波澜不惊，非洲兄弟不是我的竞争对手，我没有任何自己身体之外的竞争对手。

我的补给也按部就班进行，前半程不错过任何一个官方补给点，无论是水还是运动饮料，都稍稍补一点。在官方补给点的间隔处，13公里处我吃了个盐丸，18公里处我吃了个能量胶。

半程平稳跑过，一如之前跑过的多个半马，只不过配速稍慢，用时加长了几分钟。这是我要的效果。

雨一直没有下。

过了半程，雨依然没有下，天空阴沉，湿度很大，时有微风，体感舒服。

转入龙华中路，24公里牌子，就在前方100米处，几乎没有什么围观的群众，我却有些激动，因为我的私人补给点到了，远远的就看见夫人在路左侧路牌旁招手。我放心了，是路左侧，下一处30公里补给也没问题了。

夫人老远就开始拍照，到了近前我又在24公里指示牌前特意留影。

按照计划，我在此处上交了手机，取而代之的是手里多了一瓶运动饮料。后面的18公里我要专注于自己的内心去跑，风景不再是我的关注重点。因为，我还没有在正式比赛中跑过这个距离。

有了这瓶运动饮料，路过官方补给点我便直接跑过，不用在人群慌乱中去接水喝水还要防碰撞，时间也节省了不少，也避免了节奏被打乱。我可以悠然地小口补充，28公里处，吃下了第二个能量胶。

官方补给在20公里后开始丰富起来，不再是水、饮料加海绵，更多了些实质性的内容。前20公里路旁拉拉队空喊口号，赛前吹上天，神秘莫测的上马赞助商之一，西贝莜面终于露出真面目。第一个点还是第几个我忘记了，记得西贝提供的是一片萝卜(咸菜)，许多选手不明所以，抓起来就吃，但我分明看见跑道上许多只咬了一口的萝卜咸菜，还有一些根本就没咬过的，估计是刚闻到那霸气的味道就扔老远了。

我是手里有私补，前方还有私补在等候，所谓“家里有粮，心里不慌”，根本就不用理会西贝。

30公里如约到来，我提前喝光了饮料。指示牌后是个计时器，我留影于此，时间显示3小时24分。

按此推算，5小时完赛的赛前目标妥妥的。

在这个补给点拍照留念的很多，夫人按计划守在此处，我取得了补给包绑在腰上，里面有三个小蛋糕和几块巧克力。又拿上了一瓶自制蜂蜜水，另一只手抄起了一个塑料袋，里面是两大块蛋糕，本计划只拿一块的，一时找不到食品袋分开，索性就都拿着跑吧。

我告诉家人，可以乘地铁去终点等我了。

一个半小时后见。

这时，赛道上多了一个左手一大袋蛋糕，右手一瓶蜂蜜水的东北汉子。只见他单手操作塑料袋，这边咬一口，嘴外汗液粘连，蛋糕特别松软，吃下一大半，外面粘了一小半，跑动中，蛋糕屑随风飘落，汉子浑然不觉，嘴唇蠕动数次，抬起右手，又喝下一口因跑动而泡沫丰富略显浑浊的液体。

东北汉子脚步不停歇，隔一段时间就重复一遍动作，很是熟练。

……

西贝又现身了，这次包装极为精致，竟吸引我分神一探究竟。

马卡龙?

不对。

黄金糕?

不对。

……

客官再猜。

……

我猜不着。

好吧，此乃西贝大名鼎鼎的窝头是也。

我大叫一声：天才也，真所谓：

上马二十年，没米莫进来。

西贝来加莜，咸菜配窝头。

咸菜窝头，我越琢磨越觉得不对劲，怎么这么熟悉的搭配。这不是传说中的经典牢饭吗？忆苦思甜影片、作品中也经常出现。

难道是说，跑马必须要有把牢底坐穿的精神吗？

我看了看手里凯司令出产的蛋糕——张爱玲都爱的玩意儿。又看了一眼费力不讨好的西贝，呵呵，冷笑出声，任凭脚下咸菜窝头翻滚，嘴上蛋糕碎屑飞溅，绝尘而去。

32 公里马拉松才真正开始，我已经开始了。

35 公里是撞墙期，我没看到墙，已经 38 公里了。

左手蛋糕还有一个，右手蜂蜜水尚有半瓶。体感我已经不再需要了，我忍痛（心痛，我不是个轻易浪费食物的人）把蛋糕放在了路旁垃圾桶边。只拿着半瓶水继续向前。

言归正传，马拉松赛道是上海市区名胜风物的展示，是一条长 42 公里的美丽风景线。跑马，人才是主角，跑马的人是一道流动的风景，绵延 40 公里的风景，这一点不夸张。因为当我还没有到 19 公里的时候，第一名的非洲兄弟已经过了 41 公里，而我后来了解到，在所有 15000 多名全马选手中，我名列 7500 多名，也就是说，我后面还有一半的选手，所以说跑马大军绵延近 40 公里绝不为过。而每一个选手只能看到属于自己的一路风景，以我为例，给我留下印象的选手并不多，但他们都成了我心中流动的风景，刘翔不在我的风景里，于嘉也不在（此二人也参加了今年的上马）。

南京路上时，人潮涌动，根本无法超越，索性跟着人群看风景。这时，几个身材高大的外国人如羊群中的骆驼般穿梭超越，很是显眼，令人印象深刻。21 公里处还有一个女外国人撞到我的镜头里，一脸笑容很灿烂。

十几公里处，一个身穿“中国老兵”背心的选手吸引了我，确切地说是他的音乐吸引了我。这位老兄带着高音喇叭，一路播放着似乎是军队出操口令的音乐，1234 整齐有规律地喊着口令，踩着口令跑步极为舒服，正符合我的节奏、配速要求。许多人都跟着这位老兵跑。可惜，24 公里处我停下接受夫人带来的补给时，就再也没有追上这位老兵的队伍。

大约 30 多公里的位置，一个看样子不足十岁的小男孩在我前面跑着，大家看了都稀奇，跑马不是有年龄限制吗？小男孩身后跟着一个大人，有人问：是你儿子吗？大人回答：不是。旁边有知情人说，北马也看到过这个小孩。

最后几百米处，一个选手手里拄着一个比他还高的棍子艰难地走着，显然是抽筋无法继续跑，只好临时找来一个怪异的拐杖，他坚持到了终点。

还是说我吧。

其实，我的身体也并非毫无感觉，是感觉麻木了。毕竟是第一次全马，30 公里以后大腿已经有酸痛的感觉，但我知道，只要心率控制在 150 以内，加上手里已经有了充足的补给，乳酸堆积的速度肯定在我的控制之内。

我坚信，匀速是马拉松的灵魂（别人说的），不能停，不能歇。即便是那座恐怖的高架桥，好多人都走步通过的情况下，我依然小步跑着；最后 5 公里，一路上惨状连连，路边随处可见抽筋拉伸选手的情况下，我依然小步跑着。我知道，停下一次，就有第二次，第三次。

这时我默念不知哪里学来的跑马姿势口诀：头顶鸡蛋，腹部挨拳，（摆臂位置）牛仔拔枪。虽不成系统但很有效果，我知道，这个姿势最节省体能。

默念中，龙华寺跑过了，看到了高高的龙华寺塔；龙华烈士陵园到了，我行注目礼跑步通过。

前 35 公里，我是在不断被人超越中跑过的；后几公里，我是在不断超越中机械跑过的。我的速度前后并没有多大变化，当然后程稍慢些。

我的秘诀就是一步也不停歇。

最后两公里，我扔掉了尚有一点水的瓶子，潇洒跑完。而夫人给我的补给腰包根本就没有打开过，我的短裤口袋里还有四颗盐丸、一个能量胶没有使用。24 公里之后，我就再也没有拿过官方的任何补给了。

上马，我准备得有些过于充分了，但我没有错，特别是对于首次跑马的选手来说。

最后一公里，主办方很贴心，到处都是提醒“量力而行”的标语，害怕有些选手盲目冲刺带来危险。

我迎来了人生首马的最后 100 米，熟悉的上海万体馆就在眼前，赛道两旁加油声不绝于耳。有些人会预先设计好庆祝动作：或振臂高呼，或伏地亲吻，或与家人热烈拥抱。我知道，我不会冲刺，我会平稳跑过，100 米时我鼻子一酸，有些激动，但刹那就过去了，最后那几十米，我鼻子又一酸，些许激动，人生首马啊！最终情景是：我就像一个跑马老手一样，停了表，回头看了下官方计时牌，4 小时 50 分以内，然后，云淡风轻，经过终点，飘然离去。

上海人被挤怕了，终点处不允许观众进入，选手只能靠自带的手机拍照，在记分牌前留念。我的手机 24 公里处给了夫人，无法拍照，只能转身离去。

按照设定的撤离通道，穿过一处大厅，满地都是拉伸的选手，我领了完赛包，交了计时芯片，换取了完赛奖牌，出得大门，远远地就看见夫人在人群中兴奋地挥手。

我挥手示意退出人群见面，在一处稍空旷处，夫人扑上来：

“侬噶结棍哦！（你好厉害哦！）”

（言论有自由，发表有尺度，此处省略500字。）

回家的地铁上，拉伸中忽然记起，上马今年20岁，正年轻；今年我刚好42岁，刚刚跑完了42公里，原本以为42岁的我无法再追逐20岁风华正茂的上马，可看到赛道上依然坚持的头发花白者，我释然：老少配，上马正当时。

全程未下雨，天时在我。

跑马是一个人的事。

跑马又绝不是一个人可以完成的事。

向上马赛道旁的志愿者、工作人员致敬！

向上马赛道旁的观众致敬，上马一路风景需要大家的身影！

向本人私补——全心支持的夫人致谢！

跑马，无论完成与否，走上赛道的都是英雄！

附1：顺利完成首马，2015年7月份接受的RSLab专业跑步培训功不可没。几个月来，虽没有100%去执行RSLab的全马训练计划，但其跑步理念已深入我心，严格执行在每一次的日常训练中，逐渐体会到跑步的乐趣，最关键是身体并没有出现伤病困扰。我记得培训课上说用80%的能力去完成比赛，留下20%的能力去抵御风险。

附2：组委会发来成绩短信：总排名7581；男子排名7524；净成绩4小时39分46秒。

附3：统计数据，上马比赛共救治1123人，重症32人，其中1人心脏骤停，被医护人员抢救成功。

附4：上马后第二天上班，走路下楼梯大腿略有不适，但在可控范围，和之前的半马没有不同。增加的不适是右脚大脚趾，似乎是鞋不合脚造成的那种不适，当然，这一点是可以否定的，估计是第一次全马，长时间跑动，当时大腿酸胀，后期动作有变形。虽然我也一直默念动作口诀，保持标准姿势，但毕竟消耗体力，脚掌有代偿性的受力动作，最终吃不消，当时也未察觉出来，今早走路才感觉疼痛。但并不严重，走路无感，只是活动大脚趾才感觉得到。背包回家上6楼有些气喘，身体已经透支是肯定的，据说专业运动员一年只跑两个全马，可见消耗之大。至少这一周要好好休养。

小贴士

第一次全马无论怎样充分准备都不算过分，安排私补不仅是物质上提供给养，精神上的鼓励也很大。这一切的前提是有至少三个月的系统训练和每周跑量作支撑。

十七、浙江　绍兴——出差，背包里的那双跑鞋

2015 年 11 月 13 日　绍兴　阴　小雨

自从开始跑步，出差也变得期待起来。

出差整理行李，第一个放入背包的是跑鞋，然后是跑步服装，超过一天的出差会带两套跑步服。最后才是和公事有关的内容。

这次出差绍兴，虽然只住一晚，天还一直下雨，天气预报也说这几天一直有雨，但依然挡不住去绍兴晨跑的信念，毫不犹豫第一个放入背包的还是跑鞋。

昨天下午大雨中到达绍兴，公交车换出租车赶到会议地点——永和山庄，兰亭序开篇第一句就是"永和九年……"很明显这个山庄离绍兴著名景点兰亭很近，参加会议之前已经考察过，永和山庄位于绍兴城南，一座小山脚下，北面是两所高校。信息均显示此处风景绝佳。

适于跑步。

可惜雨太大，无法查看周边地形，偌大个山庄只有我们一组人开会，很显然和时下反腐有关，据说此处之前曾是某政府部门的疗养后花园。房间内就可以看见不高的后山上有一座体量相对巨大的塔，十分不协调。在和门卫的聊天中得知，此处当是明天一早的跑步目标。

会议安排的晚餐一如既往的丰盛但不奢侈，大吃一顿，正好借此补一补前几天上马的消耗。

一如既往地不参加稍后任何会议小团体吃吃喝喝的聚会，准时睡觉。

窗外夜雨声，更显山庄静谧，一夜无话。

窗外雨滴声中早上 5 点半准时起床，拉开窗帘，院子里依然昏暗，推开窗。可感觉到大雾弥漫，并无大雨，雨滴声来自房檐聚雾成滴。

穿好跑步行套，来到酒店大堂，昨天约好的几个人一个都不见，显然，不是真跑者。老规矩，一分钟不等，等候是对守时者的不尊重，再说了，等也不会有人来。

慢跑出山庄转角上山，跑坡路是我从来没有专项练过的，今天绍兴给我提供了这个小山，就做坡路练习了。

上马的酸痛周三的时候就已经完全消退了，但身体明显感觉没恢复，42 公里的消耗不是 3 天就可以补回来的。经过周一到周四集中的营养补充，今早已经感觉基本补回上马消耗。

上坡属于难度训练，不到 100 米已经不能持续，只好降速，步频不变，维持

心率稳定。这样几乎就是脚尖踩脚跟，大雾，路灯很暗，能见度不足20米，山路盘旋，路旁是茂密的林木，挡住了视线，由于时间过早，不用担心有车从山上开下来。

跑步理论讲，坡路最练习大腿，膝部力量。难得有此机会。

山并不高，山路盘旋也不到一公里的样子就到了山顶——昨天看到的那个巨大的塔下。看塔值班人已经起床，在清扫塔四周的落叶。我礼貌地问候了一下，那人稍回应，继续清扫。我转身跑下山路，下坡是练习步频的，下坡也有技巧，今天的坡度过大，步长不能太大，不然很伤膝关节，只能小步快速下坡。

不管怎样，下坡就轻松多了，俗称“一路小跑”就下来了，心率也骤降到110多。不到3分钟下到坡底。怎么办？回宾馆？

开玩笑，刚跑了不到十分钟。

上马结束后的第一次恢复跑，也是本周末德清马拉松前的唯一一次训练。

转身继续上山，这时天色渐明，山路已完全可见，但路上依然只有我一个人。第二次上山就熟练多了，跑姿和心率都控制得很好。

如此这般，连续跑了4个来回，38分钟，3.49公里。根据RSLab训练计划，半马前的最后一次跑步以前后40分钟为宜。

雾气依然很大，有毛毛雨的感觉，湿度也极大，迅速回房间拉伸放松。

烟雨江南，晨跑绍兴。

我浑身汗水回到酒店时，大堂里开始出现参会同行们起来吃早饭的身影，一张张脸都转向我，我被这些目光牵引着，仿佛被一根魔线牵着似的，迈步走了进去。

新的一天开始了。

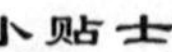

小贴士

晨跑山路不要偏离正路，以机动车路和台阶等人工修筑的路为宜，不要跑野路，阴雨路滑易滑倒摔伤不说，还容易遭到毒蛇、野猪夹等的伤害。

十八、浙江　德清——两个老男人的青梅竹马

2015 年 11 月 15 日　德清　阴　雾霾　中度污染

德清、莫干山、老别墅、农家乐、洋家乐、密林、竹海……

这一系列字眼促成了我德清竹海马拉松的报名，作为浙江马拉松系列赛的一部分，还可以赚些积分，为明年的杭马免抽签赢得机会。

一同报名的还有老友邢老师，长于徒步，一直没有跑马的经历，这次被我鼓动报了名，想体验下时下这么流行的跑马的魅力到底在哪里。

我的主要任务就是陪邢老师完成这人生的第一次半马。

德清马拉松有两个项目：半马和青梅竹马 8 公里，8 公里要求必须男女两人一起报名，所以才叫“青梅竹马”，纪念 T 恤上写的就是“为爱奔跑 20 年”，这是个不错的创意。

比赛出发点在山里，所以组委会安排了当天早上的接驳大巴，可惜出发地点设计不科学，在远离市区的体育中心，那一带是新区，附近又没什么宾馆，估计大多数选手都不方便。我是看着地图选的宾馆，结果只满足离汽车站近这一条件，其余都不方便：离体育中心有些远，车不方便，吃饭也不方便。

于是，破天荒第一次，跑马赛前早餐自助解决：前一天晚上在市区采购了生鸡蛋、馒头、方便面、西红柿、香蕉、橘子、蛋糕、酸奶，还有为我个人单独准备的牛油果。

比赛日，按照计划，5 点半起床，埋锅造饭，宾馆电水壶煮鸡蛋，烧开水泡面，顺序进食，慢悠悠按部就班吃好早餐，先白开水、酸奶，然后主食部分，香蕉留到赛前半小时吃。

出发点设在安缇缦酒店内的大大的绿绿的草坪上，草坪上有大大的德清马拉松字牌，周围是群山环绕，满足了跑马人凹造型、热身的需求。

赛前信息显示，本次比赛只有 1500 人的规模，属于小型比赛，也适合在山间小路上举办，不会产生拥塞、想加速无法逾越人群的现象。

比赛在莫干山下的几个乡村间进行，并没有进入莫干山景区，不需要爬很高的山。都是在村路上行进，中间有几段是起伏路，也有一座山需要翻越，在开始的几公里就是一座山，竟然还有几个剪刀弯。两旁竹林密布，路边野花点点，看起来很美，跑起来就不那么美了。邢老师明显有些不适应这种路段，我们一直在一起跑着，我也不时卖弄讲解着上坡要领，步频、步长和心率的控制等等。最主要的一点是不要停下来走。跑跑走走停停是马拉松大忌，会破坏节奏。

由于邢老师行进速度比我平时速度慢一些，我可以以很低的心率来应付，在风景绝佳适合拍照处不时停下来给邢老师的人生首马拍照留念。比如路边堆积如山的砍下来的竹子堆、剪刀弯处、山间溪水旁、村庄别墅区……

路边美景变化不断，我只需要找好地点拍照即可，邢老师则在我的监督下坚持慢跑着，德清人民很热情，几乎每隔一两公里就有补给点：水、饮料、香蕉、橘子……我们自己带的补给几乎用不上。这也就免去了补给不足、体能跟不上的担忧。10 公里后风景有了变化，不再是竹海，开始出现大片茶园、水稻田，路两边或是水杉或是银杏，配合清澈的溪水，跑步一点也不枯燥。最后几公里，即将回到出发点的路段，路旁是几十年树龄的梧桐树，秋意无限。

最后几公里，邢老师的步伐明显有些沉重，但依然坚持，我不允许他停下来，当然是在咨询了心跳和呼吸是否可以承受的前提下，让邢老师继续坚持。腿部酸痛是初次跑马不可避免的，好在最后几公里基本是平路，路边加油的村民也很多。不时和观众互动一下，特别是那些小孩子，难得见到这么欢乐的活动，还有在路边数人数的，记得我经过的时候，两个小孩子在大声数着，似乎是685，看来前面已经有 680 多人跑过去了，我们不是最后。

终点不得不也忍不住吐槽下，德清马拉松这一天的天气太差了，中度污染，全程虽没有下雨，但雾霾一直相伴，极度影响心情，我甚至一度产生退赛的念头。可转念一想，哪里又躲得了呢？即便不动不也得呼吸吗？况且还有陪跑的任务在身。

终点总是让人愉悦，看着计时牌上数字，邢老师很高兴，2 小时22 分多一点，在预期目标的 2 小时 30 分内，我们一起通过终点。志愿者给我们胸前挂上奖牌，披上擦汗毛巾。这一刻需要定格，志愿者热情地帮我们拍照。

两个老男人的“青梅竹马”就这样顺利完成了。

虽然我又一次创了自己半马成绩的新低，但依然很高兴第一次陪跑成功，也是不错的体验。

一直幻想，竹海马拉松的奖牌会是竹雕作品，结果很失望，特别失望，德清马拉松的奖牌不但没特色，令人发指的是竟然沿用杭马的奖牌，几乎是一模一样，除了不得不改的文字（杭州改成德清），几乎是一个模版出来的。回家和杭马奖牌摆在一起，真是难分彼此。只不过杭马上面是平湖秋月，德清上面是几个竹叶。

可以说，德清失去了一次宣传自己的大好时机，那可是一千多人微信朋友圈的广告效应啊，还有不可估量的微博宣传。本来可以作为一个卖点的竹制奖牌却没有做，现在奖牌变得几乎无人关注，太普通了。

回头想想，德马前后四餐主食都是面条，超级碳水。

回程时看得出，邢老师满意了。尽管过程多舛，他仍完成。跑马是自然而然发生的，就如同夜幕降临，白日西沉。

小贴士

可以考虑拥有属于自己的跑步幸运物，虽然不是万能的，但能起到一定的心理暗示作用，也可成为一个跑马的小花头，增加些仪式感。比如有人喜欢比赛戴一条红色发带，有人喜欢穿某款袜子、某种颜色的衣服，也有人习惯身上带一个小挂件的……不一而足。我则迷信牛油果，每次比赛前必吃一个，相信这只有着奇怪味道的水果可以给我力量，带来好运。

十九、上海　杭州——和时间赛跑的日子

这个题目很励志，很鸡汤的样子，实际情况远不是这样。确切地说，应该是和这糟糕的天气赛跑，在雾霾、阴雨、寒冷夹攻下抓住时机去跑步，抢时间去跑步。没办法，这江南的冬天实在糟糕，特别是近几年，几乎就是户外运动的噩梦。

进入11月以来就没晴过天，11月1日开了个不好的头——雨战杭马，之后就一直阴雨连绵，万幸的是11月8日的上马恰巧我跑马那5个小时没下雨，比我慢的5小时开外的选手大都淋雨了。紧接着的11月15日的德清竹海马拉松也是阴霾不展，这些比赛前我都是做了雨战的准备的。

随后11月22日的丽水马拉松，已然报了名，但由于丽水莲都区山体滑坡事件，丽水市政府把比赛延期至2016年春天。其实马拉松本可以和救灾同时进行，也可以成为一次宣传正能量的马拉松。但组委会直线思维，只能做一件事。于是，原本我一个月跑四场马拉松(包括半马)的计划落空了。

老天依然不开眼，11月22日那一天也是大雨中度过。

这雨要下到什么时候呢?

2015年11月22日　上海　阴晴不定

这个周末在上海度过，周六大雨中去看电影《007》，看无论怎么折腾西装永远笔挺，动作永远摆酷耍帅的，永远能在最后关头化险为夷的，永远有美丽女主角投怀送抱的邦德——詹姆斯邦德。枣阳路秋雨落梧桐，曹杨影院邦德拯救世界。

电影结束去环球港萨洛蒙(Salomon)专卖店闲逛，原计划是去一站路之外的迪卡侬买冬季跑步裤子的，可雨下个不停，斜风不断，打伞已无法安全行进，只好去这家专卖店。本来闲逛，但服务员给出的6折优惠还是打动了我，仅剩最后几天的折扣，计算下来还是在自己的预算内的。据服务员说，这种6折优惠极为少见(商家的诡计，当然不必要当场揭破)。于是和夫人挑选起来，不一会，我选了两条跑步长裤，一条宽松一条弹力紧身，夫人选了一双越野鞋。这样也好，以后就可以拉夫人一起去越野跑了。

买新装备的好心情冲淡了大雨带来的阴郁，回家半途买了两瓶啤酒和小菜，因为晚上还有恒大队的亚冠决赛，志在必得的恒大广州主场，是需要喝点啤酒看热闹的。

恒大队不辱使命，如愿夺冠。

周日一早起来，雨不依不饶地还在下，晨跑看来又要泡汤了。

早饭后，在知道比赛结果之前，迅速电视回看早些时候的 ATP 年终总决赛的半决赛，费德勒对瓦林卡，看这对冤家、朋友、老对手操戈。按照以往规律，瓦林卡室内赛是赢不了费德勒的。最近这俩瑞士人状态都特别好，这一次谁知道会怎么样呢？

一开始二人各自干净利落保发，随后进入拉锯，正看得兴起，夫人大喊：出太阳了，快去跑步。

出太阳了，怎么可能？刚才还看见楼下有人打伞呢。

抬头看，分明是真的出太阳了。扒窗子往外抬头看究竟，原本阴沉的天空露出一片蓝天，正好露出太阳。

这可是天大的好事，胜过看费德勒瓦林卡对决。要知道自打上周末德清马拉松结束，就一步也没有跑过，今天如果再不跑步一次，这整整一周就没有跑步了。那是无法忍受的纪录，身体早就抗议了。

几分钟内迅速换好跑步装备，飞奔出门去长风公园。

路上还有很多雨水，那是今早的雨水。

等我们赶到长风公园的时候，太阳已经不见了，但看情况暂时不会下雨，天空并非早上那么阴沉。

简单准备活动后，开跑。一早的风雨，公园环路上落满梧桐叶，环卫工还没来得及清扫，想想已经有近一个月没在长风公园跑步了，上次似乎还正值酷暑，跑得大汗淋漓，转眼月余，秋意已渐浓。

梧桐小径上跑步适合摆拍留影，于是各种设计动作，各种俯身低拍，要不是地上湿滑，早都躺地上拍照了。跑过梧桐，跑到东北角发现，不知何时环路旁已然有一段小路铺上了塑胶行步道，红红的塑胶雨水冲刷后更显清新，而塑胶道旁就是一片银杏林，叶子已全部金黄色，地上也落满厚厚一层，正是观赏好时机。

如果此时能有一道阳光射下来那就完美了。

能有机会跑步已经很不错了，还要阳光？不能奢求太多了。

现在这亮度逆光拍摄正当时。

于是夫人又多了一组“搔首弄姿”的银杏林跑步照。

微信朋友圈又可以引来羡慕一片了。

各种拍照后，专心跑步，5 公里后，又找到了跑步的感觉，但好时光总是走得很快，天空又有些暗下来，风也加大，出汗后的身体感觉不好，因为只穿了短袖。提早收工，迅速返回家里，防止受凉。

回到家不久就开始飘雨。这可真的是和时间赛跑。

2015 年 11 月 24 日　杭州　阴雨连绵

如果阴雨不可避免，那就雨中晨跑吧。

杭州似乎已经不知道太阳什么样子了，只记得进入11月以来就没晴过。早上5点多醒来，毫不犹豫地去跑步，管它下不下雨，其实是刚才醒来躺在床上的时候没听到雨声，估计即便下雨也不会太大。脚已经痒了，本周必须去跑步。

拉开窗帘看外面还很黑，路灯下偶有路人经过并未打伞，显示无雨。

出得门来才发现不是没雨，是毛毛雨，极细的，半天脸都不会湿的那种。这当然不会影响跑步，但有风，出门犹豫了下，没有选择跑向江边，万一到江边雨势加大无处躲藏。选择了反方向去跑理工公园，周边建筑物多，突遇大雨可躲避。

今天试穿新买的萨洛蒙宽松长裤，面料极为舒服，对跑步没有任何阻碍感，超轻。由于一早气温尚可，跑步时间也短，不知这款长裤适合的最低温度是多少，还需要等降温后再试。

公园外围路已被脚下的落叶堆满，路灯下，树上的叶子色彩斑斓，反倒有别样的美，手机拍照有蓝天背景的感觉。半小时后跑到警官学院一带，毛毛雨打湿了脸，身体已经发热。这时忽然听得脚步杂乱、喧哗之声，听声音判断是警官学院运动场，猜想应该是出早操的学生集体跑动发出的声音。可这突然而起的杂乱声音似乎又不是训练有素的警官学院学生跑步的声音，肯定有问题。马上我意识到，是雨声，大雨来了的声音，极像学生接到解散口令的撤退声音。果然，几秒种后，风来的方向雨也来了，感觉到雨滴的雨，庆幸的是，此时我离家只有100多米，树荫、门廊足以保我不淋湿跑到家。

这就是和时间赛跑。

见缝插针这40分钟，完成晨跑5公里。

这恼人的雨，估计还得下一天。

2015年12月17日　杭州　晴

央视天气预报说今天一早杭州城气温今冬首次跌破冰点，也就是今早会很冷，积水的地方应该有冰。

这么低的温度，要去试一下了，我说的是跑步。

我在东北零下20几摄氏度都照样出行，按理不该对这种低温有啥反应。主要是试一下服装，毕竟周末的莫干山越野赛也是要在这种温度下进行。今早5点30分起床，迅速收拾好，出门，换上了越野鞋，既是赛前热身也是适应一下好久未穿的鞋。

稍作准备活动，出门即开跑，没有冷的感觉，但几公里之内没发热，路上几无车辆，行人也很少，只碰到一个遛狗的，这一点国内外相同：早起的除了跑步的就是遛狗的。路边开门准备营业的依然只有馒头（芭比馒头）和包子（甘其食）店。冬天在馒头包子店工作是个好活，蒸汽升腾，起码不冷，给人温暖的感觉。

那些缩头藏颈的顾客、路人肯定都会羡慕这份好工作。

上了钱塘江大堤看到跨江大桥远处倒映江中，离日出还早。冬天了，日出地点南移了许多，这时只有些微光，但已经有大气象的前兆，想想下周就是冬至节气。今天天气出奇的好，天空可见星星很多，不知是否和乌镇举办的互联网大会大人物到来有关。

观此天象，预测一会肯定有壮丽日出，可身体不由人，稍在江堤上停留一会，后背便有些凉意，只得转身往回跑。

8 公里晨跑，前后一小时。

完成越野赛前的最后一次训练，保持肌肉对跑步状态的记忆。

2015 年 12 月 26 日　上海　晴

从来没有一样东西能这样广泛地影响人们的生活，是所有人的生活。

从来没有一样东西能这样持久地占据人们的日常讨论话题。

也从来没有一样东西能这样一致地遭人痛恨又无可奈何。

是雾霾，就是这该死的雾霾。

几乎这几个月来就没见过几个好天气，PM2.5 低于 150 原本属于中度污染，但这基本上就是我们要庆幸的不错的天气了。动不动的 300 以上的爆表的节奏，搞得许多单位工会活动就是发口罩，让人哭笑不得。

只记得去广东那几天空气还算过得去，还能畅快地喘口气。其余在沪杭的这几个月几乎噤若寒蝉，大气都不敢出，更别说运动了。偶尔的一个晴天，稍微露点蓝天，都能上各大媒体头条。

上周末的莫干山越野赛也是在凄风冷雨中完成的，云雾满山，霾的成分不大，回来杭州后就雾霾锁城，几乎天天重度污染。北京、上海更夸张，据说有些时段、地区竟然 PM2.5 超过了 500。

昨天来上海，夫人老早就提醒，上海重度污染，要戴口罩。

周末只好不出门。

今天一大早，想想外面也不会有什么好天气，电视台还发了橙色预警，注意雾霾。但难得一周末，也不能窝在家里一动不动啊，于是吃过早饭后，讨论今天干什么。

去附近商场瞎转，看看跑步装备?

人太多，少添乱吧。

去最近的影院看个电影，据说《老炮儿》口碑不错。

这圣诞期间还是不要和年轻人去挤了，估计影院空气也好不到哪去。

那么……

正讨论着，偶然一抬头，看了一眼窗外，不对呀，怎么看见了光线，哪里的灯这么亮？

奔到窗前往外看，一看不要紧，我看到外面晴天了，上海出现蓝天白云了。

这是什么情况？天象异常啊？

夫人说：管他呢，还讨论什么，赶紧换衣服，去跑步啊！

一语惊醒梦中人。

以最快的速度，换好跑步装备。

跑步是最佳选择，没有之一。

马上去跑步。

10 分钟之后，我们已经出现在长风公园的跑道上，我们还是慢了，公园里已经满是遛弯赏景的人。这样的蓝天白云太少见了，附近几乎所有的居民都赶到了公园。

由于人太多，跑步不顺畅，但也心情愉快，正好慢慢享受下阳光。

惯常的两圈怎么能够，一高兴今天跑了 4 圈，10 公里的样子，夫人竟然也坚持了下来。

都是蓝天的力量。

当我们跑步结束，心满意足地回来后，微信上已经被蓝天白云的内容刷屏了，大家在奔走相告，今天极端不准确的天气预报被原谅了。没人再去诟病，或许这是破天荒第一次。

不久杭州也传来好消息，好天气出现了，接着就是微信朋友圈被运动照刷屏。

不出所料，第二天杭州几乎所有晚报类报纸都在头版报道了晴天这一好消息。

关于天气，关于雾霾，我们知道发生了什么事，却不愿意相信它，如今似乎已回天乏力，于事无补，只能默默承受。

小贴士

极端天气中，见缝插针去跑步，时间是以分秒计算的，这就需要不浪费时间，几套跑步装备随时准备好是必须的。要在几分钟之内很便利地就能换好合适的装备出门跑步。在家中，跑步装备集中、规律、整齐存放是必要的，不能临出门翻箱倒柜找跑步短裤，这样也许会错失良机。

二十、广东　东莞——晨跑，误入坟场

2015 年 11 月 29 日　东莞塘厦　晴　暴晒

“如今我已是一个死人，成了一具躺在墓地的死尸。”

“别吓我。”

“那你过来看看啊”

夜黑黑，一个人跑进坟场是什么感觉？而且是在不知情的情况下，忽然发现已在坟场。

不是小说，不是故弄玄虚，是今早的真实经历。

还是从头说吧。

2014 年受邀参加华南两轮车极限越野赛做骑行类图书展示，宣传骑行文化，效果尚可，今年继续接到邀请。今年主办方换了新场地，第一次搬到东莞塘厦镇，我也想看看这新场地，在周末时间紧、举办地偏僻不熟的形势下，依然周末从杭州赶来东莞下辖的塘厦小镇，参加这一国内知名的顶级比赛。虽然这一年来个人已经很少骑车，但老友的信任和召唤，加之老友今年已退休，或许这是其参与的最后一届越野赛，以后怕是很少有机会见面了。

话说，哪里不是跑步呢，况且现在的杭州冰冷刺骨，南方的广东温暖异常，正好享受下南国跑步的感觉。

周六辗转乘车赶到举办地，晚上在宾馆附近大致看了下，也大致了解了东莞塘厦镇的格局。就我所住的地方来说，是工厂区，几乎没有居民，只有和工厂配套在一起的宿舍区。一个挨着一个的工厂，生产电子产品的居多，有一些工厂夜晚也在开工。有些工厂似乎已经停产，也有空着的工厂挂着寻租广告牌。工人们下班了似乎也没有什么事情可做，要么不出宿舍，要么就是街道两边小店门口打台球，或者看电视。小店为了招揽生意会在门口摆上一台电视外放，多是电影，给人十分萧条的感觉。宾馆不远处是一座小山，有野外的感觉，昨晚上太黑没找到上去的路，计划今天一大早跑步探营塘厦。

5 点半起床，外面依然很黑，由于计划跑一小时，7 点半要去餐厅吃早饭，然后去比赛现场，所以便摸着黑跑出宾馆。根据昨晚的一些印象，沿着街道跑起来，果然是南方的南方，背心短裤正好，久违了的跑步感觉。之前在杭州跑步已经穿长衣裤了。

先在有路灯的工厂区跑了一会，估计有十几分钟，路边景物已经有些依稀可辨，我便朝着昨晚看到的那座小山跑去。经过了一小段设置了路障的小路，路障

不但挡住了机动车道，也挡住了人行道，我没在意，因为附近好几段路都是这样，我想可能是工厂区域，不对外，但一大早跑步又没什么，我也不进工厂大门。于是迈过矮矮的护栏，继续朝里跑。到了山脚下，脚下感觉柏油路变成了土路，路两边都是荒草，我想这就是进山的路吧，继续沿着路往里跑。路不宽，两边荒草很高，看不见多远，心里有些发慌，担心突然跑出一条狗，可能会吓人一跳。跑了几百米，已经深入腹地，回头看也只有进来的土路，刚才工厂区的路灯已经看不见。往前看还是没有灯光，天色已经依稀可辨，前方远处似乎有楼房，却没有灯光。我继续朝楼房方向跑去，已经放慢脚步，原来以为楼房很远，因为看着很小嘛，忽然发现，竟然就在眼前了，再一细看，天哪，哪里是什么楼房，竟然是一排排的墓地排列在山间，远看如一排楼房。

我竟然跑进了坟场！

前后没人，或许有鬼，天只蒙蒙亮。我真的是立时感觉到了头皮发麻，刚跑出来的热气瞬间消散，突然满身的鸡皮疙瘩，头皮麻得发胀，那感觉是第一次遇到。

怎么办？

继续跑？不可能，前面小山里不知还会有多少坟墓，也不知要多远才能跑出去，如果这个坟场只有这一条进来的路呢？

毫不犹豫，立马回头。

往回跑，只觉得冷风嗖嗖，恨自己为什么不多带一件衣服御寒。几百米后，出了土路荒草丛，接触到了水泥路，心里踏实了些，远处已经有晨起的行人了。但头皮发麻的感觉一直又持续了几百米，转过一个路口，看到一些环卫工人在列队拍照（不知东莞这是搞什么花样，清洁工上岗前都拍照留念），才缓解过来。

伸手一摸，脸上有汗，这肯定就是冷汗。

还跑吗？继续吧，怎么也得跑个汗流浃背才行啊。

不然一脸苍白跑回宾馆，服务员会怎么看我。

东莞，我记住了，它春色无边时我无缘识得，在这萧瑟秋冬却给了我一个深刻印象。

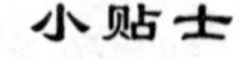

小贴士

陌生的城市晨跑，尽量避开无人的野外，不要去没有路灯的地段。如有可能，提前一天勘查路线，或者咨询一下当地人要跑步路段的大致地形路况，打有准备之仗。

跑过四季——冬

一、浙江　宁波——三江六岸十公里，一人一晨一座城

2015 年 12 月 1 日　宁波　晴热

都说天下大势，分久必合，合久必分。

我一直好奇，这宁波三江口是何时分开的，又到何时才能合而为一。

又是一年年会时，静海宁波三江口。

年会(本人正式工作是在一所高校做学报编辑，每年都会有行业年会)主办方宁波大学很贴心，火车站、汽车站、地铁、公交、出租车，各种交通工具抵达会场的路线，事无巨细，都详列在会议通知中。于我来讲，从火车站到会议地点(金港大酒店)三江口，还有一个更好的方式——那就是步行。有人说了，为啥不跑步呢？原因很简单，开会嘛，背了一个不大不小的双肩包，又穿着冬天的棉衣，不适合跑步。

出火车站北广场，右转进入长春路直行，一公里不到就是宁波地标景点——天一阁，老天开眼，我到的时候云开雾霾散，天空晴朗，蓝天白云。温度也就升上来了，只好先脱了棉外套，走走还是热，又脱了运动服。

天一阁已经参观过几次，所以这次纯粹是为了路过而路过。天一阁周边都在拆建，竟有些破败的景象。从天一阁南边拐向宁波市中心湖——月湖，路边一个牌坊，应该是天一阁正门本来朝向的地方，估计后来居民私自搭建，历史遗留问题，就把天一阁南门外都堵死了，结果现在只开放西门作为正门。我怎么看都觉得这个牌坊应该属于天一阁的一部分，现在却孤零零地立在天一阁外。

月湖一如既往的水平如镜、垂柳依依，细看水很脏。

顺着月湖向北就到了中山路、鼓楼，穿过鼓楼城门，就是步行街了。或许因为是上班时间，大中午又很热，步行街没什么人气，我也是旧地重游，继续路过。过了步行街左转走向孝闻街。我和老同学早就约好了，今天在那里午餐小聚，就是那家号称宁波人食堂的“宁海食府”。会议往往也是借机看看老友的机会，不然都已人到中年，没有个特殊的理由是很少见面的。

仔细回想了下，似乎和宁波同学的每一次聚会都是趁着开会的机缘，每次聚会都是这里，菜式几乎也很少变化。变化的是我们几人都没有饮酒，除了老同学下午都要上班外，我也开始对酒不感兴趣了，特别是开始系统跑步训练后。

开怀喝茶，浓情叙旧。

餐后同学继续上班，我继续暴走，开始今天的下半场暴走，走到会议地点。

穿过一片旧城区，那是有很多很有味道的老房子，但只是表面上看着很美，其实已经破败不堪，估计很快就会被拆迁。但愿能像上海新天地，进行保护性复建，变成一个新地标。

绕过卫生局，转眼就到了姚江边。三江口方向，会议地点——金港大酒店已然可见，不过目测还是要继续走近 3 公里。这一段等于在江边散步，空气很好，江边行人寥寥，偶有钓鱼的，似乎也没什么鱼，钓鱼者在慵懒地晒太阳。

到了解放桥过江则到了姚江北侧，顺着槐树路直走就是今天暴走的终点。

这一路走下来，估计 8 公里，包括午餐时间，用时 3 小时。

估计我是本次年会唯一一个步行抵达会场的人。

会务登记、报到、入住、团餐，我是个不喜欢夜晚交际的人，于是一夜无话。

宁波外滩有绝美夜景，而且离我所住的宾馆咫尺之遥。但夜景不一定非得晚上看，我不喜欢那喧嚣的人群和酒吧里的迷乱。其实，看夜景还有一个更好的时间，那就是早上，要绝对的早。

早 5 点半，我已经换好跑步装备出了酒店大门，外面依然是夜色，右转过马路就进入了外滩。空空的石子路，其实不是石子，是小小的方形石柱排列成的，和上海著名的历史文化街区多伦路一模一样。当年多伦路在重新铺设时我刚好住在附近，所以知道内里。绝早的宁波外滩极为宁静，昏暗路灯下凌乱的室外酒吧座椅可以猜想到昨晚的喧哗，转角还有两对宿醉的男女在拉扯，对于他们，夜晚还没有结束。

晨跑宁波就是从外滩开始的。

三江口，听名字应该是三条江汇合处，我一直不认同这种说法。因为其实是只有两条江(奉化江、姚江)汇合成一条江，又起了个新名字叫甬江，东流入海。

管他呢，人家都这么叫。

考虑到半小时后可能有日出，希望自己跑到西岸或者西边一条江(姚江)的时候正值日出，便选择从外滩开始先往东北顺着甬江跑。江边路很黑，人行道有起伏，有树木，没多少灯光，旁边又有建筑遮挡大马路上的路灯光，几次台阶踩空，有些危险。只好放慢速度，边辨别边摸索前进。几百米后，到了第一座桥，单侧斜拉桥，名字应该是甬江大桥。跑上桥回头看城市幻彩的夜景，过桥到了对岸，沿江堤修了完好的行步道，依稀可见有人在晨练，跑步的也有。

城市已经开始醒来。

文化长廊，庆安会馆，路灯下已然可辨，一一跑过。

中山东路上那个桥在修，再往前就是奉化江了，江边有小公园，沿着江堤跑，可惜跑到尽头发现路并不通，又得原路返回到江东北路继续向前跑，过灵桥到琴桥过江，回到奉化江西岸。东方渐明，路灯已不起作用，但依然徒劳地亮着。东岸建筑倒映江中，天边云已然幻彩，太阳升起的方向，这就是我设计的跑步路线要的跑步效果。

濠河公园向北跑，左侧经过的是商业名街天一广场，再往前就是工地——新江桥的工地，位置让我想起上海的外白渡桥。大路不通，辗转小路跑到了和义大道，那个宁波号称最高档的商品街区。之后的路就理顺了，因为我已经到了姚江边，这是昨天走路来参会报道就已经熟悉了的。

姚江南岸游步道是三条江岸修建的最为成熟整洁也最宽敞的一条，绿化也最好，跑步道也修得贴心，当然要多跑一些了。目标是跑过解放桥，直到永丰桥，然后过桥到北岸跑回酒店。

按照我的设计，此时应该日出了。

可此时没看见日出，今天也不会看见日出了。东边云起，街上汽车渐多，雾霾也来凑热闹，一早可看见繁星弯月的天也不见了，取而代之的是常见的雾霾天。幸好我只剩最后一公里，天气已经不适合跑步。

我很幸运，趁空气好，跑完了今天的三江口计划。

回到宾馆，看了下手表记录，正好跑步 10 公里，用时 1 小时 13 分。房间拉伸中，窗外欲雨的感觉(后来一整天都在飘雨)，对于那些刚刚起床的开会同仁们来说，今天天气好差，不适合出门。

晚起的人不会知道，今天曾经是个晴朗的天，极为适合晨跑的天。

三江六岸十公里，一人一晨一座城。

这是我会议当天晨跑宁波三江口的记录。

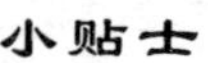

小贴士

绝早出门跑步，特别是在陌生城市，应选择有路灯，可看清路面的路，避免因路况不熟而造成扭伤、摔伤的事故。这种情况下，放慢速度或者等天色渐明看得清路况再出门是个不错的选择。

二、广东　深圳——亲历死亡，深马我受冷风吹

2015 年 12 月 5 日　深圳　阴　后多云

2015 年的深圳马拉松一票难求，只好报名抽签制。

于是某爱好跑步并在深圳工作的某公司老总为了增加中签率，让自己的员工 A 也同时报名半马，以增加中签几率。A 是从来不跑步的，老总是想自己万一不中，A 中了，自己也可以用 A 的名额去跑。

计划很完美，做老总的就是有头脑。

结局也很完美，俩人都中签深圳半马，A 是不会去跑的，这么紧俏的名额难道就浪费了吗？

更加“完美”的结局是：这个名额被转给了我。

理论上这是不诚信、替跑的行为，有风险有隐患的行为，但诚心如我，成绩平平如我，根本不会也不可能去争什么名次的我，只是想体验一下深圳的跑马赛道而已。

于是，12 月 5 日，原本的会议报到日，变成了我的深圳半马日，当然这并不耽误我跑马结束后赶去广州会议报到。会议也是老早就有“预谋”参加的，跑马也是有预谋的，名额则是偶然的。

这年头，马拉松太多了，很随便就可以和会议撞在一起。以致一接到会议通知，就马上查看会议时间段当地是否有马拉松比赛。如果没有，就开始考察会议地的地形特点、文化历史地标、风景绝佳处，规划合适的晨跑路线。

选择这家宾馆除了因为离起点不远外，最主要是因为宾馆楼下就是一家麦当劳，似乎大城市中只有麦当劳、肯德基才会 24 小时营业，这可以满足跑马者提前两小时进食的需求。而且这几年，洋快餐也开始中国化，增加了油条、豆浆、粥、饼之类的中式早餐，完全可以满足跑马者的口味需求。

一切轻车熟路，带补给，安装号码布、计时芯片，穿装备，带参赛包，麦当劳双份早餐，赶往出发地点，继续补水，吃香蕉，热身，存包，吃盐丸、能量胶，上赛道，出发枪响随人流向前挪动，踏过计时点时开始用自己的手表计时，开启心率速度检测。

深马开始了。

天上有云，地上有风，而且是侧风，出了汗马上冷风吹，几乎所有运动服的防风设计都是前面防风，后面透气，侧面也多是透气设计。风从海上来，绝不是文学作品中“海风拂面”的浪漫，深圳这侧风有些恼人。

只能忍受。

深圳马路特别宽，人行道隔离带也宽，选手离观众好远，根本没有击掌相互鼓励的机会。观众想提供个私补也鞭长莫及，加油声也因得不到回应而有气无力，后来根本就没有了。

我只记得，这路真是好宽，深圳湾那一带风好大。

比较难忘的是半马终点设在体育馆内，真的有了最后冲刺，跑进运动场的感觉。平时只是电视比赛看到，现如今亲身感受了运动员的感觉。当然，我是不会冲刺的，想想罢了，没那实力，健康完成第一。

由于是转让的名额，事后成绩记录不是自己的，也无法方便收到成绩短信或查询。自己手表计时为 2 小时 1 分 11 秒。平均心率 160，应该是 PB（最好成绩）了。

迅速拉伸恢复，取包，换衣服，出运动场，搭地铁回酒店，洗澡，吃饭，赶往火车站，目标广州，因为明天一早就是广马了。

我人生中的第一个背靠背半马比赛。

而且还有美女等着我呢。

在去广州的高铁上收到深马组委会消息：一名半马选手在终点前 400 米，倒地，抢救无效，宣布猝死。看时间，应该在我后面 40 分钟的时间差距。跑马至今，第一次“亲历”死亡。临近终点，太多的抽筋选手，我已经看麻木了，竟然真的有倒地不起的。

跑马，且跑且珍惜。一路上志愿者手里的“珍惜生命，量力而行”的宣传板不只是口号。

虽然人都得死，没有例外，但是这位跑友啊，今天这条路对他来说真的太长了。

小贴士

半马 18 公里后是极端危险区，新手应特别注意，千万不要在此阶段加速，即便感觉体力尚可。绝大多数跑马死亡事件都是出现在这一区段。相反，跑全马死亡的概率要低很多。

三、广州　广马——私兔是个什么鬼?

2015 年 12 月 6 日　广州　天气预报有雨　结果上午异常晴朗　广州蓝

马拉松运动圈子里有许多“黑话”，一般都夹杂着数字，“415 配速”，比如“330 兔子”等，圈外人往往会听得一头雾水。

今天，就说说这马拉松兔子的一些事儿。

其实在自行车比赛中也有兔子，一般指独自突围的选手，绝大多数兔子的下场是被大部队追回，淹没在人群中，绝少有一黑到底最终夺冠的。“兔子”的学名叫配速员，也叫领跑员、定速员。据说这个词源于打猎活动，猎人们故意把兔子放出去，供猎狗追逐，但这个说法只是据说罢了。

在专业的中长跑比赛中，配速员的职责是维持一定的速度，带领第一梯队的选手完成比赛的前半程，让精英选手节省计算速度的体力和精力，这样可以提高选手们的比赛成绩，以便更好地冲击冠军乃至新的记录。兔子并不是自己一个人跑在前面就好，而是要控制住整个局面。这种兔子在马拉松，以及黄金联赛中多见，而奥运会和世锦赛是不允许兔子领跑的。

资料显示，马拉松中的兔子最早出现在 1999 年的巴黎。随着马拉松比赛越来越受欢迎，为帮助那些经验不足或者想要超越自己的跑步爱好者，组委会特意聘请配速员来给选手作为参照。一些国际大型马拉松赛事，兔子队伍甚至达到上百人的规模，他们的职责是带领数万名业余选手在特定的时间内完成比赛。兔子选手一般都会佩戴有特殊明显的标志，以便大家能在茫茫人海中一眼认出他们。最常见的是在配速员们身上绑一颗气球，利用不同气球颜色标示配速。或者直接把配速数字印在自己的 T 恤上。如本文开头说的“330 兔子”就是指目标 3 小时 30 分完成马拉松。最近几年，国内马拉松比赛还流行配速员戴着兔耳朵帽，极为直观，也增加了比赛中的趣味。

对于业余选手来说，虽说不像专业兔子那样严格，但作为赛事主办方筹备赛事的一部分，各个时段的兔子依然肩负着一定的责任。可以说，优秀靠谱的兔子已经成为优秀赛事不可或缺的一部分。这些兔子大多数也是从经验丰富的业余选手里挑选的。

“兔子”还可分为“官兔”和“私兔”，前者为组委会指定，而后者为个人聘请。私兔还分付费的和免费的，国际比赛中那些高水平的选手，很多都会聘请私兔。要当这些高手的兔子，必须具备接近一流的实力。一般来说兔子们只需全力跑到半程，就可以退出赛道。对于许多非洲长跑高手来说，当私兔是一个不错的工作，私兔的费用都会和比赛的奖金挂钩，像伦敦马拉松和纽约马拉松这样的高水平赛事，冠军奖金超过 20 万美金，如果选手能够获得不错名次，私兔的收入也会非常可观。免费的私兔则是随着国内马拉松爱好者规模的不断增大，很多经验丰富的跑友不满足于一遍遍刷新自己的 PB（个人最好成绩），转而义务做私兔，一般服务对象都是要参加人生首马（全马或半马）的朋友。他们不为金钱，不为成绩，更多的是为了帮朋友完成自己的目标，为实现朋友的马拉松梦想而来，最终的目标是帮助身边朋友养成运动的习惯和积极的人生态度，带领其走一条科学的运动健身之路。

我们一般称之为“跑马度人”。

我在 2015 年 12 月 6 日的广州马拉松（以下简称广马）上做了一回私兔，完成了度人的目标。而广马组委会为了让广大跑者更好地完成本届比赛，面向马拉松爱好者公开招募了官方领跑员 28 名，共 7 档配速，每档 4 人，是为官兔。

广马本不在我今年的跑马计划中，故没有报名。临近比赛（12 月 6 日，周日），忽然有广州培训开会的机会，周日无课程安排，正值广马，当可偷得半日闲跑一下。报名是来不及了，蹭跑成为必然，就当一次晨跑了。

广州一位老友（女性），略超重，苦于如何好吃好喝还能减肥不能自拔，经常跑步，但各种原因跑跑停停，收效不大，跑步水平也无前进，苦闷中。我偶然提起，下周去广州开会，要不顺便带你跑个马拉松（半马）？

鉴于我在跑步界的“威望”和“号召力”，和朋友一拍即合：我做私兔，带她跑广州半马，这是她人生的首个半马，基本要求是：不受伤，顺利完成（3 小时关门时间内）。

理论上讲，我不赞成没经过系统训练的人去跑马，多少会造成一些伤害。但我答应朋友是基于以下几个条件：不求成绩，完成即可；她身体素质一直很好；她经常跑步，平时亦可轻松驾驭 8～10 公里距离。

跑前所有天气迹象、官方媒体、小道消息都显示：广马当天会下雨。也就是说，雨战广马不可避免。朋友一直在犹豫：下雨要不要跑？会不会受伤？鞋湿了进水怎么办？要不要穿雨衣？能不能打伞……

比赛前一天，我们碰了个头，就第二天的跑马准备详细解说交流了一下，补给携带和早上进食能很好地理解和执行。主要是装备，我们要做两个预案：下雨和不下雨。由于我俩属于蹭跑，是没有存衣包的，不可能多穿衣物到现场临跑前存上，跑完迅速换干衣物（跑完不及时换干衣服容易着凉感冒）。我们按照雨战且便于携带的情形准备：头戴无顶帽，遮阳防雨两不误；半袖紧身跑步 T 恤，外套皮肤风衣，绝对防风防冷，如果不下雨体感发热可以脱下缠在腰间，轻便不影响跑步；下身七分跑步紧身裤，冷热皆宜；外带一次性雨衣一件，作为开跑前御寒、防雨用，开跑后则扔掉。

12月6日一早，按照预定计划在花城广场地铁站碰面，从地铁站出来到地面，场面壮观到吓人。原本平日宽敞的，走一圈都累人的广场，现在已经人满为患，选手只能按照指示往各自的集结地走（全马、半马和小马）。我们的计划是半马，所以便跟着跑半马的人流往前走，老天开眼，并没有下雨，但寒气依然有，许多选手都穿着皮肤风衣，或者一次性雨衣，遮挡了胸前的号码簿，我们也因此得以骗过安检进入半马出发区。

朋友很兴奋，刚才在地铁站见面就开始拍照留念，到了这人山人海的出发区，更是要各种摆拍了，这也是私兔的任务之一：帮陪跑对象拍照，留下人生首马的难忘记忆。当然，正事不能忘，距离开跑还有15分钟，我们吃下带来的半个香蕉，也喝了点水，顺带服下一颗盐丸。然后开始热身，场地有限，热身足够：活动关节，原地慢跑、拉伸，针对每一块参与跑步肌肉的拉伸都要做一遍，重要是臀部、腰部和腿部肌肉，最后是一组原地高抬腿，后踢腿，直腿踢，热身结束。

一切准备完毕，只待发枪。

7点半，在几个永远也听不清的领导讲话后，广马开始了。其实远在后面的我们根本听不到枪声，根据人群的骚动欢呼，我告诉朋友：已经开始了，你的人生首马开始了。别紧张，开始拱门离我们还有很远。

朋友说：人群怎么不动啊？

我回答：就这样，人太多，轮到我们出发估计得10多分钟，等着吧。

花城广场远比我想象的宽阔，出发的也很快，在半马最末尾的我们也在8分钟后经过了开始拱门。

我的私兔半马终于正式开始了，其实，在“一拍即合”那天就开始了。

朋友之前没有跑过21公里，首先在心理上这是一道难关。首先我要做的是心理辅导，比如先设定我们只跑5公里，还不到平时的晨跑量。按照自己的节奏，不要被路旁的观众欢呼加油声迷惑，不要不自觉地加速，就当是一次晨跑。我要在言语上转移她的注意力，另外，由于我们是第一次在一起跑步，跑了一段后，我发现她的跑姿有问题，我又开始和她讲跑步的标准动作。诸如跑步姿势的流派，当前跑步最新研究成果，一直到业余跑者的常见问题等在跑步中一一娓娓道来。

我要她尽量按照我纠正的头部、躯干、摆臂姿势去做，当然不可能一次性都改正过来。再说突然改变跑步姿势对于完成这次半马并不一定有帮助。私兔的任务包括跑步姿势的纠正，进而转移心理压力。我又开导她，正确的姿势是个标准，但不一定完全照做，即便是马拉松世界冠军也不一定符合这个标准，找到最适合自己的最重要。在我的一番临场教学下，朋友有所领悟，立马觉得挺胸抬头果然压力大减，和原来的含胸低头前倾相比，感觉轻松了许多。我也顿时成就感十足，信心大增，不知不觉中5公里过去了。

广马初期是一直沿着临江大道，也就是珠江北岸向东跑，右侧就是珠江。由于封道早，江岸一侧很少有行人和观众，加油助威的人群主要集中在队伍的左侧。这期间，特邀的非洲兄弟，专业选手早早地就从左侧折返回来，朋友惊叹人家的速度。我跟她说，这是世界顶尖选手，人家2小时多一点可以完成全马(42.195公里)，而我们的半马计划是3小时完成，比不得。当我们也在7.5公里处折返后，看着依然有那么多的跑者在我们后面，很是欣慰，我们不是最后面。我们也看到了收容车，在我们后面3公里的样子。

由于速度要比我平时跑步慢很多，即便我不停地和朋友说话(说话很消耗体力)，也还是很轻松，一路上另一个任务就是选好背景，找好角度，拍摄朋友的跑步照，留作纪念。一般都需要我先迅速观察地形、周边背景，做出判断，然后快速跑出去几十米，停下、转身、蹲下拍摄，一套动作即宣告完成。惹来其他选手艳羡，纷纷回头看这是哪位大咖在跑步。每经过一次补给站，我都会教给她必须补充，即便她是一个不爱出汗的人，我们业余选手跑步的原则是不错过任何一个补给点。还要教给她如何在跑步中喝水而不呛着。

5公里左右的时候，朋友还有心情和精力和路边的拉拉队合影，10公里过后，似乎过了她的心理极限距离，开始说自己跑不动了，想走一走。毕竟安全第一，刚刚过去的深圳马拉松就有一位半马选手在终点前倒下再也没有起来。这事也增加了朋友的心理压力。我马上测试朋友的状态，和她聊天，感觉其语言流畅程度，询问其心脏、呼吸的感觉，结果一切正常。我就放心了，我又询问大腿酸痛情况，她说有一些，我说我也有酸痛感，这很正常，都在可控范围内。

这时我就开始讲跑马不能停的道理，停下第一次，就会有第二次，一发不可收。破坏节奏，影响成绩等各种不利，并要求她再慢也要跑着。并指着左前方的猎德大桥鼓励她，上桥是个大坡，可是适当走一下，毕竟跑坡对于菜鸟选手比较难，消耗也大。我还告诉朋友，过了那座桥，就剩最后5公里，我们那时就胜利在望了。

而我们现在还没上桥，只跑了12公里多。

猎德大桥是本次广马的亮点，属于核心景观，最重要的是天气极为给力。一早起跑时太阳就开始冲破乌云，结合花城广场的林立高楼和对岸的小蛮腰，开场时给选手以震撼的史诗大片般的背景。越跑天越放晴，到猎德大桥时已经蓝天白云了，广马后许多人吐槽这天气是百年难得一遇，因此诞生了一个词——广州蓝。上桥时，收容车追上了我们(收容车是跑马最慢的标志线，晚于收容车到终点将没有成绩，属于没完成比赛)，但这并不影响选手的好心情，我也是跑马以来第一次被收容车追上，高兴地和收容车合影留念。猎德大桥也成了选手们的狂欢地，若不是跑马，行人平时是没有机会走到这桥中央的，一年也就因了广马才有这一次上桥的机会，加之今天的好天气，珠江两岸的绝美风景，不拍照、不秀一下对不起这次广马，成绩肯定是次要的。你看，大桥上各种 Pose，各种跳跃，各种角度，各种组合。

借着猎德大桥的拍照狂欢，我们也是半跑半走，顺便在桥上完成了休整。桥南下坡时，西面是广州塔小蛮腰的曼妙身姿，桥下珠江岸边是蜿蜒的全马队伍，早晨的光线正合适，我迅速拍了一些照片，和朋友感慨，仅这一震撼美景，广马已经值了。朋友也很激动，在广州生活多年，也是第一次有机会在猎德大桥上看广州市容，体验机动车道上奔跑的感觉。

虽然成绩已不重要，但私兔的任务还是要完成的。下桥时我们自然加快了速度，我提醒下坡的跑法：小步快频。朋友也恢复了许多体力，下桥后转而向东，距离终点只有最后的 5 公里了。

经验告诉我，对于新手，这是最艰难的阶段，体力、耐力、精力都到了最后的极限，除了鼓励外，更重要的是观察评测选手的体能状况，指标是心跳和呼吸。在这最后的几公里，朋友明确表示真的跑不动了，但我拒绝了她走走的要求，必须跑，哪怕很慢。这并非是我严厉、自私，也不是担心自己的私兔任务完不成，对自己没个交代，而是朋友老早就说过，她自己意志力不强，几乎没有真正完成过什么明确的任务，一直想找个机会证明自己可以做得很好。最重要的是我通过询问评测，发现其心率和心跳都在正常范围内，不想跑下去纯粹是心理原因。如果就此放弃，以后就很少再有机会来突破这心理的坎，即便是经过系统训练，再来跑也会有心理阴影。

我不断地解释现在状态的原因，鼓励她相信自己，最后这几公里，可以完成的。再看时间，还很充裕，即便是走完最后的几公里，也可以在规定的 3 小时内完成比赛。

但我要求，必须跑。

朋友则不停地问，还有多远啊？一公里怎么这么长啊？

我说：这不是会展中心吗？真的是最后 1 公里，终点就在会展中心啊。只要到前面转个弯就到了，真的不是骗你。

比赛后朋友说，后来真是跑不动了，以为自己完不成半马，要是没有我的鼓励，肯定放弃了。

在最后几百米，我叮嘱，不要激动，不要停，也不要冲刺，就这样慢慢地跑过去。

“就这样结束了吗？我完成了？我完成了半马？”

“是的，你成功了，成绩还不错，2 小时 40 分，来，抓紧拍照留念。”

“不要停，继续走，把衣服穿上(缠在腰间的皮肤风衣)，别着凉，我们到前面去做赛后拉伸。”虽然朋友拉伸时大腿肌肉痛的不得了，但必须做，为了明天、后天不酸痛。

由于是蹭跑，我们没有赛后补给品，也没有奖牌。

我们拉伸后迅速乘地铁离开，广州很友好，所有马拉松选手凭号码簿免费乘地铁。我们虽然没有号码簿，但凭着一看就是参赛选手的打扮，依然可以免费乘地铁往返，显然，靠的是气质。

晚上，朋友发来微信：我想买块测心率的运动手表，啥牌子好，推荐下。

这可是实实在在的“一见钟情”，初次参加，朋友便不可救药地恋上了跑步。

小贴士

不推荐蹭跑，特别是新手，不然会失去组委会提供的人身意外伤害保险的保障，万一出现意外，得不偿失。

四、广州　中山大学——荣光堂的主人

2015 年 12 月 7 日　广州　中山大学　阴转晴

背靠背的半马之后，排酸跑是必须的，何况是住在中山大学荣光堂里。现在是主人公的身份，之前来广州都是住在中山大学外面，有客人的感觉。

说起荣光堂，就不得不提岭南大学那段略显悲情的历史。岭南大学最早可追溯到 1888 年创办于广州的格致书院，格致书院当时为美国长老会在华创建的基督教学校之一，后更名为岭南大学。岭南大学最为辉煌的历史时段是 20 世纪 40 年代，当时这里汇集了陈寅恪、王力等真正的大师级人文学者，是中国最璀璨的文史学重镇之一。

而荣光堂最初是由莫干生、林植豪等一批岭南大学校友捐建的一座学生宿舍，1924 年落成。后来为了纪念岭南大学第一位华人校长钟荣光博士，才被命名为“荣光堂”。

说岭南大学悲情是因为 1952 年底，全国高等院校进行调整之时，岭南大学的康乐校园变成了中山大学，就是现在珠江南岸所谓的老中山大学。岭南大学原有的课程或科系拆散并入广州其他院校，曾经是国内著名学府的岭南大学正式解体，实质上是不复存在。陈寅恪的故居依然幽幽地深藏于中山大学校园内，大有只在此山中，云深不知处之感。

愤怒的校友 1966 年在香港复建岭南大学，也就是说，现在香港有个嫡传的岭南大学。

如今荣光堂则变成了一个典型的老派大学招待所，附带了一个很有腔调的西餐厅。招待所乏善可陈，设备陈旧，住在顶层半夜时分则有不明生物在头顶跑动，不知是老鼠还是什么。而设在荣光堂一楼朝西的那间西餐厅，内里装饰透着一种古典气息，窗外是校园主干道，百年古木，绿草茵茵，别有情调，我说的是形式上。若一个慵懒的夏日午后，幽幽灯光下，一杯你不在意味道和价格的咖啡，透过玻璃窗看着外面的景色和行人，颇有年代感的树木、面孔鲜嫩的大学生……引人神思。

我的生物钟是 5 点半起床，不因背靠背深圳和广州半马而改变，要不怎么叫生物钟呢。下楼，荣光堂的大门都没开，那种铁栅门，但没有锁，显然我是今天第一个出门的人。慢慢拉开伸缩铁门，仅容一人侧身通过，我挤了出来，尽量不想出声打扰到服务员。如果这时被人看见，这动作，蹑手蹑脚，肯定会被误会为有不良行为。幸好，没人发现。出了荣光堂大门左拐就是校园大草坪。现在黑乎

乎的，不可能上去，只能沿着路灯昏暗的校园道路向北跑。

北边是珠江方向，现在看不清天象，感觉是阴天，因为没看见星星。今天的目的是排酸跑兼看珠江日出，管他呢，总要先到江边吧，万一出太阳呢，万一出现昨天广马时的蓝天白云呢？

校园主路上已经零星有晨练的人，大多是退休老教工的模样，几乎不见学生样貌的晨练者。难怪，现在哪里还有晨起锻炼的大学生了。

虽然昨天低心率跑完广州半马，赛后也进行了充分的拉伸恢复，毕竟也是半马的强度，加之背靠背，今早起床大腿前面肌肉酸痛感明显，下楼感觉尤甚。正好排酸慢跑了。

江边都是一些熟门熟路的晨跑者，还遇到了上次暑假珠江边晨跑遇到的那个人，动作太熟悉了，过目难忘：快步频，小步长。慢跑向广州大桥方向，还记得昨天在猎德大桥上拍摄到了绝美的跑步照片——跑马队伍和广州塔、珠江、蓝天白云完美结合的照片。当时很是兴奋，认为半马有这一张照片足矣。

江边有风，身体发热后找一避风大榕树后开始拉伸，然后继续跑，今天不可能再次跑到猎德大桥了，排酸跑，只能到广州大桥就回返。6 点半时，路灯熄灭，两岸景物清晰，日出看来是泡汤了，阴云下的小蛮腰和金融中心给人很严肃的感觉，不似夜晚霓虹灯闪烁显现出的妖娆状。

一般人是看不到这景象的。

跑了半小时，排酸达成。

再以主人的身份和感觉在校园内巡跑一圈，回到荣光堂，洗漱完毕，楼下极有情调的中西合璧的自助早餐已经开始了，咖啡是不能少的。

我还是第一个前来就餐的，毫不迟疑，直接走到之前坐过的那个面朝校园草坪的座位上，这样就能看到行人从哪里来，要去哪里。

小贴士

睡眠不好的选手建议选择安静的宾馆住宿，大学内的招待所是个选择，前提是要离马拉松起点距离合适，有方便的交通选择。

五、杭州　民马——钱塘江边的风景

2015年12月12日　杭州　晴　73公斤

昨天《都市快报》（浙江省的一份报纸）上说，今天是近一段日子唯一一个可以看见太阳的好天，该洗洗晒晒的要抓紧了。

不过从这几天的情况来看，几乎所有人都持怀疑态度，因为一直是严重的雾霾，重度污染。这样的雾霾难道会一夜消散？

中国这雾霾暂时看是没办法治了，积重难返，普通人无处可逃，只能凭天由命，趁稍微的好天气加强锻炼，希望可以比不锻炼的人抵抗力强一些，能多活一天。

对于今天的天气，我当然希望阳光明媚，因为这一天我报名参加了杭州民间马拉松。

许多人对民间马拉松不了解，所谓民间是相对官方说的。这两年马拉松运动在中国呈井喷式增加，绝大多数是官方举办，大多数都是以某城市命名，很少有民间组织的。说起来，杭州这个民间马拉松已经有了两年的举办经历，今年是第三届，是由杭州一个资深长跑爱好者提议举办的。开始时确实“一呼百应”，第一届有100多人参加，去年的第二届有200多人参加，到了井喷的今年，已然需要限制人数，限报1000人，结果是900多人实际参加。

来自民间，回馈民间，只收报名费30元，不计成绩，不设奖金，没有关门时间，只要完成即有奖牌。路线是沿着钱塘江跑个往返，只有半程马拉松一个组别。也不需要惊动相关部门封道、保安之类的。所有工作人员都是志愿者，包括医疗救护人员。主办者也拉来了许多赞助，无论参赛纪念衫，补给品，都有赞助，这方面和官方马拉松几无区别。

我就是这民间马拉松的一名参赛者。

昨晚一如既往，和所有半马一样认真准备装备补给。早早睡觉，计划今早5点起床先看天，如果可以看见星星，说明天气尚可，是晴天，就抓紧准备早饭，乘公交去20公里外的起点——杭州江干区体育中心。

一切如我所愿，一早看见了星星，虽不是十分明亮耀眼，但可以判断雾霾没有昨天那么严重。这个半马可以一跑。

距离发枪还有20分钟时赶到体育场，1000人的比赛规模和之前参加的动辄几万人的马拉松比起来显得有些袖珍，但现场依然热烈：热烈的音乐，热烈的参赛者，各种姿势的拍照秀……

因为人少，只有 1000 人，所以选择在体育场跑道上开跑，这是小规模比赛所特有的，这是我跑马以来第一次在运动场跑道上开跑，值得纪念。估计以后很少有这样的跑步机会，特别是马拉松，因为很少会有这样少参赛者的比赛了。

虽说民间举办，但开跑前的讲话还是官味十足，落了俗套的仪式感。

所有参赛者在跑道上集结后，还没占满四分之一跑道(400 米运动场)，我虽然在最后位置，发枪后也仅用了几十秒就通过了计时拱门。

绕场半周后，出运动场，上马路，在上钱塘江堤前经过一个十字路口(之江路)。由于民间举办，无法封道，结果导致过往车辆略有延误，毕竟是一开始，大家还没有拉开距离，但很快也就全部通过了。整个比赛就这一个有红绿灯的路口，回程是从过街天桥上过去的。比赛全程几乎无扰民，这是本次比赛该点赞之处。

这是一条完美的马拉松赛道，完全沿着江堤，参赛者和晨练者、江边钓鱼者、游客相安无事，江堤多了一道风景罢了。

民间赛事果然民间，大家也非常放松，说说笑笑，看景拍照，天气并非完美无缺，江对岸看着有些模糊，雾霾还是有一些的。但这阻挡不了跑步的人们。毕竟已经好多天雾霾锁城，无法出门了。

我也是边跑边拍照，今年夏天在这条江堤上跑过一次接力赛，那次是大雨中难忘的记忆。这次是半马，21 公里，跑过钱江新城，经过几座江桥，几乎要到钱塘江大桥了才回返。即便民间比赛，没有奖金，高手们依然争得不亦乐乎，在我跑到 8 公里的位置时，已经看到跑回来的选手，也就是说人家已经跑了 12 公里。

就这样，民间马拉松变成了我的欢乐跑，虽然一路没有熟悉的跑友，但更自由。我按照自己的节奏跑，偶尔碰到几组节奏很好的队伍就跟一会。看到风景就停下来拍拍照，到了补给点就吃点喝点，看到志愿者就打个招呼，看到钓鱼的就查看下收成……

第一次感觉到跑马时间怎么过得这么快，不知不觉就剩最后 5 公里了，虽有些不舍，脚步并没减慢，反而加快了些。

下了江堤，过了人行天桥，志愿者提醒，最后 1 公里。进入运动场，这是今年第二次享受跑步进运动场冲刺的感觉了(上一次是前几天的深圳马拉松)，这次真的加快了脚步，略有些冲刺的味道，因为我入场超越了一个前面的选手。

到终点拱门，显示刚 2 小时，由于我是后出发 40 秒左右，难道这次竟然进了 2 小时？

过终点停表，后来查看，用时 1 小时 58 分 55 秒，正窃喜，又一看距离，只有 20.49 公里，怎么回事？我并没有作弊，严格按照规定路线跑的啊。又问了几个身边结束的跑者，结果是一样的，这次的距离不到 21 公里，都是差了几百米的样子。

白高兴一场，看来还是要超过2小时，如果距离准确的话。民间不代表业余，组织者还需要再精确些。

奖牌高大上，金色的星型，还有赛后纪念品和充足的补给品。

这是2015年最后一场，也是往返交通最便利的一场马拉松。但这并不意味着结束。跑步还会继续，我会重整旗鼓，下一次我会成功跑进2小时。

小贴士

参加民间马拉松，由于没有官办的气场，无法封道，切记要遵守交通规则，不能直接横穿马路，选手也不能一直占着路口，不让行绿灯社会车辆。活动组织者应该使活动尽量避免出现这样的路口，实在无法避免，应该赛前说明，并安排志愿者路口值守、指挥，避免出现事故或民怨。

六、浙江　德清——冬天，下雨，孕妇，首马，山地，越野……

2015 年 12 月 20 日　德清莫干山　雨

我后来引以为豪的是 2015 年曾经带个孕妇跑首马。

大冬天，还是山地越野赛，而且阴雨不断……

话说回来，人家够拼，我怕什么？

2015 年的收官之战，一再推迟的比赛（比赛曾经因众所周知的不可抗力原因推迟了一次），终于迎来了一周以来唯一的一个雨天。

先说那个孕妇，名字叫兰，其实是老朋友，运动爱好者，平时运动不止，游泳、羽毛球为主，很少跑步。受大环境影响及我的鼓吹，想凑个热闹，在这马拉松如火如荼的 2015 年也参加一次，半马。几个月前就开始酝酿，我也把各种报名信息提供给她。首选是她老家门口的比赛，丽水马拉松，兴冲冲地同我们几个平时一起玩的朋友报了名，想的很美，去她老家跑个半马，拜访故居，蹭些美食。后来，由于比赛开始前一周的丽水莲都区山体滑坡事件，丽水马拉松取消了。

没有跑成，为了纪念，我们都选择了不退款，要奖牌，我们便都不跑而获，手里都有了一块异样的马拉松纪念奖牌，也确实很有意义。

但她的初心不改，等于是 2015 年的马拉松心愿未了。于是我们多方权衡，充分计划，集体选择了 12 月中旬的各方面条件都合适的德清莫干山马拉松越野赛。从来没跑过半马的人首马就选择了越野赛是基于如下考虑：2015 年剩下可报的本省的比赛不多了；时间上合适，最终报名的四个人都正好那一周末有空；越野赛名字好听，红叶越野赛，宣传照很是吸引人，跑步看风景；比赛时间宽松，关门时间 4.5 小时，对于不求成绩，只求完成的我们正适合。

最终，我们两男两女组合均成功报名。

好事多磨，临近比赛，组委会宣布，因不可抗因素比赛推迟一周，可以退赛，也可以选择继续参加。

为了完成 2015 年首马的心愿，别无选择，只能选择继续参加比赛。

她今年非要跑一个半马的原因还有一个，后来透露的，国家开放二孩政策，人家计划生二胎，而且已经在紧锣密鼓中。生孩子之后一切就不可控了，或许人生都没机会跑马了，所以非要赶在二孩之前完成心愿。

这理由也够奇葩了。

更奇葩的是比赛前两周她发现自己竟然怀孕了，既然发现就不是一周两周的事，肯定是一两个月的事了。

跑还是不跑成了问题。

去不去现场也成了问题。

最后商定，现场一定是要去的，哪怕最终沦为后勤人员，也要体验一下气氛。

一周以来都是好天气，比赛前一天我们四人开车到现场也还是好天气，但傍晚就开始变天，天气预报也变得奇准无比：比赛当天有雨。

雨不可挡。

各方对孕妇朋友的意见是：

医生说：“不可剧烈运动。”

她老公说：“自己注意。”

同行的另一位男士邢老师说：“人生难得疯狂一次。”

我说：“外国人才不管是否生理期，还有怀孕大肚子完成全马的，但你还是自己决定吧。”

不知她自己做了一夜怎样的心理斗争，一早起来早餐时还说不跑了，因为阴雨不止。但早餐后我们要出发时她又决定参加，或许是比赛地的莫干山镇后坞村骤然增多的参赛者，似乎没有一个因雨退赛的；亦或是我们几个都已经换好装备，风雨无阻的气势；亦或是可能这是最后一次跑马的机会了……

最终，我们四人，身披雨衣站到了起点拱门前。一如既往的热烈气氛，穿着雨衣不方便，加之下雨道路泥泞，没法做热身，虽然现场有志愿者在带着大家做热身，但参与的并不多。

我们只求安全顺利完成，不求成绩，两个女生又是第一次跑越野赛，拍照留念成了赛前热身的内容，各种角度姿势的拍照，这一切对于她们都是新奇的。另一位男士邢老师参加过一次半马了，他的首马也是我做的私兔，也是在一个月前的德清莫干山。那次我顺利完成任务。

这次呢？还有一个孕妇。邢老师和彩虹（另一个女生）也没有跑过半马距离的山地越野赛。

我的担子有些重。

雨一直下。

比赛准时开始。

之前商定，四人互助，完成比赛，因为赛道或许会泥泞难走，随时需要帮扶。但比赛总有意外发生，我们在 21 公里组的末尾出发，我们后面还有 11 公里组的几百人，出发后即被冲散，赛道设计也是虐人，出门即是爬山，泥泞的路爬山，后来看宣传资料出发即是连续爬升 600 米海拔，真的是打了我们一个措手不及。

虽然之前也看了赛事海拔图，但没想到会是这样，有些准备不足。

一公里之后，邢老师已经不见了踪影，消失在竹海中。彩虹还在视线之内。我是紧跟孕妇兰，不能有任何差池。

出发就爬山，还要跑，后来有老手都说吃不消，没控制好节奏被拉爆掉(呼吸跟不上)，更别说我们这新手孕妇了。但好在是她并没有意识到这是赛道造成的，而是理解为跑马就是这样的。我可以在她旁边清晰地听见喘气声，就很担心，不时要求她在陡坡的路段改跑为走。好在路边都是竹林，我以拍照为名不时让兰停下来摆 Pose，一举两得，这样可以缓解好多。

一公里的时候，我大喊报告里程。

结果引来身边一片哀嚎："怎么才跑了一公里。"

确实，爬山一公里和平路一公里是无法相比的。

具体不记得了，大约前 5 公里一直在爬山，上坡跑。身体的运动基础加上初次跑马的兴奋，让兰还能应付，虽然气喘声一直都在。

后来我总结，这和一开始没有热身也有关系，一上来就是大强度当然无法应付。

3 公里后我和兰的状态都有所提升，兰的气喘声音没有了，我也感觉不那么累了。很显然，我们利用比赛前程完成了热身，现在才进入比赛状态。好在上山的路一直是平缓的，偶有稍陡峭的路段，但都是柏油路，少有泥水路。除了一开始的一段泥泞路段。转眼 5 公里，第一个补给点到了，兰感觉新鲜，按照惯例，即是休息也是补给，我们停下喝水，吃水果。主办方准备了好几种饮品和水果，由于是冬天，水很凉，我嘱咐兰不要喝太多，一两口即可，大量的冷水进入体内不仅会引起胃部不适，还会加速心率。

随后我们进入了整个比赛中最舒服的一个赛段，平缓下坡路段，这是真正可以跑起来的路段。不似之前的走走跑跑。我们赶时间，其他选手也赶时间，结果是一路上几乎就是我俩在跑，前后不见人。我俩是落在后面的。不只邢老师不见踪影，原本在前面还有影子的彩虹也毫无音信。记得彩虹曾说过，上坡跑她不擅长，要利用下坡追一下时间。

兰似乎早已忘记了怀孕的事，浑然忘我地比赛。最初的紧张没有了，因为身体已经适应现在的节奏和强度。我不时调侃："带个孕妇跑半马，这经历可是极为少见啊。"必不可少的，我也教兰一些跑步姿势及下坡跑的要领，纠正她左右横向摆臂的绝大多数女跑者易犯的错误。习惯不是那么容易改变的，没过几分钟，兰又开始左右摆臂了。

10 公里其实已经是兰的日常跑步训练极限，但由于我们是在下坡中抵达的，这个补给点是全程(21 公里)和半程(11 公里)的交汇处，前 10 公里我们全程选手爬完一座山，现在需要再爬一座山，然后还是回到这里，再奔向终点，大约就剩 3 公里左右的距离了。在这个补给点有几件事值得一提：

这里是收容点，体力不支或其他原因退出比赛在这里可以上收容车，而兰正在兴头上，根本没有考虑上收房车。

在这里有充分的补给，最重的是有热姜糖水。比起之前的补给点要贴心许多，或许和这里是山间公路的交汇点有关，补给容易运输上来。不似山顶，没有汽车道，补给不容易运输。结果导致之后的每一个补给点选手都会问，有热的吗？

当然，不会再有，仅此一次，好好享用吧。

在这里我们追上了彩虹，后来的10公里我们三人就没有分开过，一直协作，互相帮扶完成了比赛。

在这里我们心理受到了打击：我们刚爬完第一座山，在这里就已经看到了已经爬完第二座山的选手，很显然，人家至少在距离上超过了我们8公里。人家还有3公里到终点，我们还有11公里要去完成。更受打击的是，补给点的工作人员说，之前已经有好几个选手过去了。事后我们才知道，就在我们刚到达10公里补给点的时候，全程第一名已经完成了比赛，成绩是1小时47分。而我们到达第一个补给点的时间是1小时50分。

兰和彩虹听说这一消息都很惊讶，大叹不可思议。我和她们说，这是马拉松比赛的正常状态，绝顶高手就是要比普通人快一倍。

羡慕无用，余下的路还需要继续跑。

我们继续上路。

这第二座山成了本次比赛最虐心的一段。完全是山间野路，偶尔有台阶也是多年前乱石堆成，极不规范，刚经历过一夜的雨水，其实一直有毛毛雨，只是比赛出汗感觉不到罢了。

原本的竹林里奔跑换成了现在的丛林里攀爬，各种树木都有，累得顾头不顾腚，也没心思去分辨都是些什么树，其实也不认识是什么树。如果放在一个有阳光的日子，漫步山间古道，路上厚厚的落叶，阳光穿透树林斜射进来，可以拍出许多文艺青年式的浪漫照片。

同样的地点，同样的道具，不同的是今天没有太阳，今天有雨，已经下了一夜的雨，几百个选手跑过的落叶小路，已经一片狼藉，泥泞不堪，不时可以看到有侧滑拉长的脚印。

泥泞山路急行军的感觉，我们体会到了。这样的雨中山地越野我也没有经历过，又要安抚帮助身边的两个女生，还要装作很有经验的样子。至少我的体力是没问题的，补给也没问题，刚才10公里处我又在骑行服上衣后面的口袋里装了几个橘子。她俩特别是兰没有跑马经验，补给经验当然也不足，我不时拿出橘子和饮水交代给她，嘱咐即便没感觉到饿和渴也要进食。

由于我们三人已经落在了后面，很长时间都是我们三人在行进，注意脚下的路之外，我还要负责注意方向。因为是在山里越野赛，是要按照路标去跑的，虽然明显的岔路口都有志愿者指路，但绝大多数时间要靠自己识别方向标志。本次比赛用于指引方向的红布条比较窄小，阴雨的树林中光线昏暗，有些时候不易被发现。有两次她俩在前面走错了方向，还好我在后面及时发现并调整。

鞋早已没了颜色，不对，是颜色丰富了起来，满是泥迹。有些地段，需要不时地甩几下脚上的泥才能继续走路。我故意和志愿者抱怨，可惜我这新鞋了。我穿的是买来没穿过几次的红色 Brooks 越野鞋，可怜，已经面目全非。幸运的是，鞋里是干的，虽然下着雨，看来有防小雨功能。兰就没那么幸运了，她说鞋里已经进水。难怪，她没经验，穿的只是普通运动鞋。

越野经验就是要通过实战才能积累起来，估计下次兰绝不会穿这双鞋了。

彩虹的状况要好一些，毕竟她是搞自行车越野的，有一定的相通性。对这样的路况也应付自如。唯独这个孕妇，我是生怕她摔个跟头之类的，那就影响大了。

惊险状况还是出现了。

我属于私兔陪跑，强度于我并不大，消耗也就没有那么多，但每个补给点都喝点水，天气阴冷，也没有出那么多汗，导致全程中上了好几次厕所。其中一次就是在第二座山中，见几乎前后没人，一次尿急我去旁边小解（没有厕所），随后追赶她俩，忽然听得前方大叫一声，知道不好，我加快几步赶上，果然惊险：这是一处斜坡上的山路，一侧是深谷，由于两侧都是竹子树木，并不觉得危险。如果脚下一侧一棵树没有，这样一条山间羊肠小道肯定不敢走，因为山下一侧几乎就是悬崖了。正是由于有树木，才不觉得什么。兰就在这里滑了一下，重心正好在前脚上，于是身体也就向侧前方倒了下去，如果没有树木，那后果就是滚落山坡，非常幸运的是就在她滑落的地方是一丛竹子，她本能地抱住了一颗竹子。我看见兰的时候，她正两臂环抱着一颗竹子，一脚悬空，一脚搭着小路边。靠她自己肯定是上不来了。前面的彩虹听见声音也转回来，我上前查看下形势，迅速半蹲下身体，向山体一侧倾斜，试了下脚下的湿滑程度，向兰伸出一只手，兰松开一只抓竹子的手抓住我的手，我一用力，兰回到了赛道上。

我们哈哈大笑，并没有觉察到有什么危险。其实如果再往前几米远滑倒，山下一侧就没有了可扶靠的竹子，那就会跌落山谷，由于不远处都是树木，虽不至于严重受伤，但要上来就没那么容易了，刮擦皮外伤是肯定的。

有惊无险，继续上路。我则嘱咐，15 公里后，人体肌肉疲劳麻木，反应不如开始的时候灵敏，更应该注意，有些大幅度的动作尽量不要做，稳妥为上。

我们三人相互鼓励，第二座山的上山路终于爬完，见到了久违的志愿者，不仅指路，还有补给：香蕉、橘子、水，我们吃了香蕉，带上几个橘子。

根据指示，还剩最后 5 公里的路程，而现在我们已经在莫干山的景区内了，山间赛道上偶尔也能碰到游客模样的人。不知怎么会选择这个雨天还有大雾的时间来莫干山，估计可能是被广告宣传照片里那漫山遍野的红叶“骗来”的吧！别说没有红叶，即便有红叶，这大雾也等于没有，湿滑的脚下，哪一个人敢一心两用呢，专注看脚下都不时会滑步。

最后一段的下山路最为凶险，不仅湿滑，还很陡峭，比上山要难很多。就在我们穿行在一片竹林中时，忽然感觉天暗了许多，竹林中给人一种压抑的气氛。我马上发现不对，迅速提醒彩虹和兰，天气要变，可能马上会有大雨，要迅速跑出现在这个路段，即便下雨，在平坦路段也好跑一些。于是，我们在尽可能避开风险的前提下，加快速度。其实老天一直在下毛毛雨，但由于身体出汗，加之在森林中，体感尚可，对跑步影响不大。

老天保佑，大雨在我们赶到最后一个补给点的时候下了起来，也就是说下大雨时我们已经从密林里跌跌撞撞地跑了出来，松了口气。这个补给点有热汤，值得高兴的是还剩下最后 3 公里。没有了树林，是在田野中的小路，小溪边，一路下坡跑回村子，跑到终点。

大雨挡不了奔跑的脚步，先来杯热汤，定一定心神。时间来得及，最后 3 公里，我们还有一小时可以挥霍。我掏出一直带在身上的一次性雨衣分给兰，让她当作斗篷披在肩上，两个袖子在胸前系住。这样既就可以防雨，又不至于太闷，也不影响跑步。

雨中的乡间石子路光亮诱人，也湿滑无比，我们至少见到两个选手重重地滑坐在石头上，痛得大叫不已，身上则立时泥水斑斑。看着就痛，庆幸不是自己及同伴，脚下则更加小心。

在一处小溪旁，一处长满油亮碧绿青苔的石头墙边，我招呼两位女士拍照留影，她们也饶有兴致地摆各种 Pose 配合着，毕竟胜利在望。

进村后，最后一公里，是个缓上坡，我们约定，三人一起冲线，给我们这相互扶持、充满惊险与欢乐的越野跑一个完美的句号。

兰这时的体力到了极限，无法再跑上坡，腿已经抬不动。最后一公里，我们三个只好一步步走向终点。路上不时有已经完成比赛，胸前挂着奖牌的选手迎面走来，几乎每一个都会向我们大喊加油。我们虽然想最后几百米体面地冲刺到终点，但由于兰实在体力耗尽，腿力不支，我们三人在离终点最后 10 米处，手拉手，像电影中排演的情景，一起走到终点。志愿者为我们挂上沉重的、漂亮的、心心念了许久的红叶奖牌。

不出所料，穿着雨衣，已换好干净衣物的邢老师等候在终点拱门后，面对我们三人责问的目光，邢老师说：以为你们在我前面，我就一直追。

这么冷的天，咋还讲这么冷的笑话呢。

其实邢老师也是无奈，最开始是真的不知道我们在后面，因为人多混乱，后来发现没了踪影，在路边等候，无奈天冷，等候的时候身体渐渐变凉，又不知要等多久，只好继续前行。

最让人温暖的是终点有补给，补给很丰盛，有鸡汤，热鸡汤，随便喝啊。还有红薯、芋艿，都是大补。

我要求兰和彩虹，迅速换上干爽衣服，防止感冒，特别是兰，这非常时期，更不能感冒；然后马上跟我做拉伸，虽然兰双腿痛得无法做动作，但我要求必须做，不然会痛更久。

我嘱咐兰，回家后上下楼，特别是下楼，一定要扶着扶手，防止因腿痛踩空。

后记：

第二天，兰和我 QQ 联系，我调侃，能自己下楼吗？

兰：还有一件事太痛苦了。

我：上厕所。

兰：特别是蹲坑。

第三天，和兰 QQ 聊天：

兰：还好没流产。

我：看来我还有保胎功能。

小贴士

几乎所有马拉松报名须知里都是如下规定，即，有以下情况者不宜参加比赛：

1. 先天性心脏病和风湿性心脏病患者；
2. 高血压和脑血管疾病患者；
3. 心肌炎和其他心脏病患者；
4. 冠状动脉病患者和严重心律不齐者；
5. 血糖过高或过低的糖尿病患者；
6. 比赛日前两周内患过感冒者；
7. 其他不适合参加比赛者（如孕妇、赛前疲劳者、过度饮酒者等）。

最多是在第 7 条上有不同，差异只是有的用括号标出其他情况，有的则只用“其他”代替。

显然，孕妇是不被允许参赛的，不管怀孕几个月了。切记！

七、上海　嘉定——上海人很幽默，元旦跑就做了个圆蛋形的奖牌

2016年1月1日　上海　晴　嘉定F1赛车场

上海人很幽默，元旦跑就做了个圆蛋形的奖牌。

为了讨个好彩头，也起了个寓意好的名字，叫“蒸蒸日上”四环跑。看来，连做法都定了，蒸蛋。

地点就在嘉定F1赛车场，宣传口号中说这是在世界上最贵的赛道上跑步，每年只为新年开放这一次。

近两年跑步运动风靡，迎新跑几乎成了每个城市都要举办的活动之一，不只有政府举办的，还有民间团体、跑团举办的。以上海为例，我知道的就还有静安迎新跑和海乐樱运动营举办的大象跑。大象跑就是在地图上画一个大象的轮廓，跑友们沿着轮廓线去跑步，最后呈现在手机软件上的跑步路线是一头大象，寓意新年欣欣向荣。

不说别人了，还是说我参加这“蒸蒸日上”吧。

不止我自己，还有夫人。我俩一起报的名，其实是我几个月前偷偷报的名，操作不熟练，俩人都报了全程(4环，21.6公里)，其实夫人应该报一环跑的(5.4公里)，就是只跑一圈上赛道。

将错就错，跑不完就在赛道上溜达算了，当时是这么想的。

我跑个四环没问题，就是个半马嘛。

多少天来一直上新闻头条的都是天气，雾霾围城。我早就打定主意，如果元旦当天，污染严重，就放弃比赛，不能为了个名号、奖牌去牺牲健康。

嘉定离家并不远，地铁11号线直达，半个小时就到了。所以，早上可以从容在家吃早饭，带补给，7点40分出门。地铁离嘉定赛车场越近，地铁上的乘客打扮越专业，都是跑步装扮，身背参赛包，同一颜色，一看就知道这是参加元旦活动的人群。

跑步已经有了一段日子，在去比赛的路上已经没有了最初参加比赛的兴奋，偶尔会观察身边的跑友，从装扮和神色判断哪些是菜鸟哪些是老鸟。这也是个乐事。

上海市中心，我家那里(长风公园)一早出门时天空晴朗，我还和夫人大赞自己运气好。离嘉定越近，地铁窗外(后期是地面轨道)的天空就越不清爽，太阳高照，天空是蓝的，但地面明显能看出有没散去的雾霾。

希望比赛开始后，太阳照射雾霾会迅速消散，毕竟离开赛还有一小时。

提前半小时到了赛车场，根据天气情况，判断今天赛道会很热，不能穿太多，迅速换装、存包。这大太阳，无遮拦的赛车场，遮阳帽是必须准备的。其实墨镜更需要，可惜我是近视眼，又不喜欢隐形眼镜，无法带墨镜。

看来新年有必要配一副近视跑步墨镜，不然这大太阳的日子实在难以忍受。

入场管理很严格，两个组别分区入场，第一次进赛车场很新奇，两旁的防撞轮胎墙必须留影，这在别的赛道上是看不见的。我们各种姿势摆拍，竟然不知道已经鸣枪开跑，随着人流走到计时拱门，时间显示已经 5 分钟了，后面一环跑的大队人马已经杀上来了（官方发的纪念 T 恤颜色不一样，好多人穿着，很容易区分），于是我们也开跑。

赛道全封闭，有限的观众在看台上，绝大多数路段是没有观众的，只有志愿者服务人员，然后就是围栏铁丝网之类的，给人在笼中比赛的感觉。最搞笑的是，比赛在拐弯处设置了标志牌，用很大字写着“前面急弯，注意安全”。对于赛车是急弯，对于我们人类能急到哪里呢，还用得着提醒？

赛道偶尔有坡道，最奇特的，有别于其他马拉松比赛的是有斜坡赛道，不是上坡，不是下坡，是斜坡，就是赛车急转弯出弯道那个位置，很陡的斜坡，为了增加向心力，不然高速 F1 赛车会飞出去。可怜我们人类速度太慢，即便跑的最快的人如闪电博尔特，在这个斜坡上也不会体会出那是离心力。

太阳依然高悬，地面雾霾似乎散了些，也可能是自我安慰，因为我不想退赛，就暗示自己雾霾在逐渐变小。眼前确实清爽许多，但远处依然迷雾不清。

一环组由于只有 5.4 公里，一圈跑完就要撤出赛道，不计成绩，也没有奖牌。而许多人是为了元旦找个活动的目的报的名，于是一路上，赛道边都可见到停下来拍照的参赛者，许多人是在绕着赛道散步，更有甚者在赛道边三三两两的坐下来享受这难得的郊区阳光，还带了零食。

真的是一次完美的郊游，让人印象深刻的郊游场地。反正比赛结束清场时再出去也来得及。

嘉定这个赛车场又名“上赛道”，是个“上”字形。一万多人的跑步队伍在这个封闭跑道上绵延 5.4 公里肯定很壮观，但那要在空中航拍才看得出。地上的跑者只知道不停地转弯，有个大直道，有几处看台。

赛后补给除了常规的水、香蕉外，还有上海知名的“乔家栅”小点心、糯米夹心圆子，很是贴心。

当然还有椭圆蛋形的完赛奖牌了。

我爱大上海。

补记：赛后几天眼睛一直疼，估计和当天长时间户外阳光直射有关，看来墨镜的事要提上日程。

小贴士

运动眼镜、墨镜是跑步必备，近视跑者除了隐形眼镜搭配常规墨镜外，还可以定制近视墨镜，价格稍高。但为了健康，值得。

八、东北　农村——跑步遇狼

2016 年 1 月 12 日　杭州　阴　73.8 公斤

初冬，晨，一轮红日沿着地平线升起。

东北的农村平原，大片庄稼地都是由一条条的树林隔开的，我们当地就叫树趟子。树趟子旁边一般就是一条农村土路，是农民进出田里侍弄庄稼的通道。秋收时节这条路最忙了，路上都是拉庄稼的车。小时候是牛车、马车，现在是拖拉机。

我一早起来，迎着朝阳，沿着村口小树林晨跑，其实就是沿着这村头的南北走向的树趟子跑。

约么一公里后，我左转拐上了东西向的树趟子继续跑。初冬的早晨，还没下过大雪，大地也没有完全封冻，庄稼收尽的田野有些肃杀的气氛。离开村庄已经很远了，只能远远地看见炊烟，房屋已不清晰。除了我，田野里一个人都没有，身体已经逐渐发热，呼出的热气有些已经在眉毛上结了霜，虽然看不见，但能感觉到。

忽然，我发现前面田埂上跑过一只狗，正好奇，谁家的，这里也没啥吃的呀，难道也有晨跑的习惯？不对，仔细看，不是狗，是狼！真的是一只狼，狼从我前面横向跑过，边跑边回头看我。我一时好奇，这是哪里来的狼？以前怎么从来没见过，只是听老辈人说，几十年前的东北，也就是我父母小时候东北农村有很多狼，冬天独自出门如果感觉有人在后面搭你肩膀，也千万不要以为有人要和你打招呼，千万别回头，因为狼往往会趁你一回头一下就咬断你的脖子。

眼前这实实在在是只狼。

我拿出手机，打算拍下来给家人看，跑步竟然能碰到狼，这也算奇闻了。讲给跑友们听，并出示照片肯定引来点赞一片。就在我担心抓拍不到的时候，这只狼在我右前方停下了，20 多米的样子，盯着我看。

就在我犹豫狐疑这是啥情况的时候，左前方又跑过来一只狼，跑到我的正前方也停了下来。挡我道干嘛？不让我跑步？找我要东西？还是……

我不经意瞥了一眼路的左边，也就是树趟子另一侧，是一条壕沟，这很正常，农村的树趟子往往是伴随着一条壕沟的，取土，排水，也有阻挡牲畜进入庄稼地的作用。那条沟一般是无法一跃而过的，也就是说我的左面是条沟。

左边有壕沟我跃不过去，前面一只狼挡道，右侧是收割过的庄稼地，走路不方便，也无法跑步通过，即便这样，右前方也有一只狼在盯着我。我忽然被吓出一身冷汗，狼的目标是我，荒郊野外，我这不是被狼包围了吗？

幸好还有退路，身后还有路，来时的路，但愿我能跑得过狼。

就在我庆幸还有后路和跑步练就的速度与耐力时——身前两只狼还没有发动攻击。就在要转身撒腿跑的时候，我突然感觉到了脑后的风——冷风，物体快速移动带来的风，我身上刚刚还有的热气瞬间消失，取而代之的是通体冰凉，手脚也迅速僵硬得不听使唤……

转瞬间，我脑海中闪回过老辈讲过的郊野遇狼的应对办法，谈不上是办法，至少是绝不能回头。我意识到，后面也有包抄过来的狼，它率先发动了攻击，

……

快天亮做这个梦什么意思？

跑步遇到狼？这是说跑步会遇到危险，不让我继续跑步呢？还是说跑步会有奇遇，鼓励我出去跑步呢？亦或是暗示工作生活会遇到些什么？

看了下时间，5 点刚过，拉开窗帘，外面漆黑一片。马上打开手机，在两个空气质量检测 App 里迅速输入“杭州”，结果很是喜人，杭州下沙地区的 PM2.5 一个是 40，一个是 70。今天是半个月来最好的一天。

管他什么狼，毫不犹豫起床，换跑步服，喝了一杯温水。

跑步去江边。

一回想，自进入 2016 年以来，除了元旦那天上海 F1 赛车场跑了个半马，空气质量都是堪忧的，之后就一直因为下雨，雾霾，无法跑步。再往前回忆，自 2015 年开始跑步以来，这是中断跑步间隔时间最长的一次，12 天，身体的忍耐已经到了极限。虽然被憋在室内无法出门，每天以静蹲等体能练习，但终究无法替代真实的跑步。

按照北方习惯，现在已进入数九天气，不宜外出，在江南杭州一带没那么夸张，虽然一大早出来还是有些冷的，特别是刚从被窝钻出来，只穿了薄薄的跑步服，简单伸展，开始慢跑，马上一切又进入了熟悉的轨道。

或许是临近寒假，学生都回家心切，无心锻炼，一路到江边一个锻炼的人都没碰到，其他人影也几乎不见，只有一个拖着箱子学生模样的小姑娘，估计是提前赶回家的火车。

钱塘江大堤上空无一人，平时遛狗、晨练的也不见了，或许是我今天起的有点早的缘故（不是一般得早）。天空昏暗，都没有亮天的意思，更别提日出迹象了。

大堤上冷风吹得无法停留，主要是连什么亮眼的景色都没有。

我跑步回来，小区的路灯依然亮着，绝大多数人家还没有起床。

我知道拂晓转瞬即逝，白日即将从天而降了。我看到广宽阔的街道袒露着结实的胸膛，那是召唤的姿态，就像女人召唤着她们的儿女，土地召唤着白日来临。

小贴士

冬天或者雾霾横行时，可选择室内练习核心力量或跑步专项，家中最好有跑步机等健身器械，至少得有瑜伽垫子和滚轴。

九、香港　港马——卓比雨战港马，勤勤星耀香江

2016 年 1 月 17 日　香港　暴雨

一、关于港马

说起香港，估计少有人不知道，即便从来没去过，也都能说上几个地标：湾仔、铜锣湾、尖沙咀、旺角、星光大道、维多利亚港……

而我多半会先说避风塘，似乎这更代表香港。港口必然有船，有船就要有停泊的地方，特别是遇到大风，船就要回港避风，那个专门给船只避风的地方就叫避风塘。理论上所有港口都有避风塘，香港也有许多避风塘。但最有名的是铜锣湾避风塘。因为那里的渔民不捕鱼后，开始开饭店，创造了后来闻名天下的避风塘美食，以炒蟹最为著名。以至于绝大多数人都只知道避风塘是个港式连锁餐饮店，不知其所以然。近些年，避风塘在许多地方已经沦为聚会打牌的场所，许多人更加不知道其源头在哪儿了。

扯远了，还是说港马吧。

之所以想起避风塘，是因为 2016 港马的终点，也是参赛包领取地就在铜锣湾避风塘旁边的维多利亚公园。

港马是内地的叫法，香港本地简称渣马，因为是渣打银行赞助的。这和兰州本地的拉面不叫兰州拉面一个道理。香港人估计不知道渣在内地是很糟糕的意思。

不过本届渣马确实很渣，不是说组织等方面，而是这天气渣透了。简直渣到罄竹难书，虽然难书但我还是要书一书。

原因也很简单，卓比奥斯战队的女神勤勤（注：卓比奥斯是一个运动品牌，主业是骑行服定制，当然也包括铁三项目、跑步服装，我和勤勤都是卓比奥斯俱乐部的会员，骑豪车，人秀美的勤勤因为众所周知的原因被小伙伴们戏称为俱乐部女神）参加了本次港马，再渣的天气有了勤勤的出现也不再让人难以忍受了，甚至变得有些享受起来。

港马几个月前报名时就热得一塌糊涂，不抽签，先到先得，当时勤勤是志在必得，动员了身边所有的家人和朋友上网抢名额。最终如愿以偿。当时抢到名额还有勤勤的闺蜜丘丘。这样加上我就有了三个人，组成了 2016 年卓比奥斯征战港马的战队。

三个人的战队分两批抵港。我由于单位有事只能周六到。勤勤、丘丘则提前两天到港，女神逛香港，不用想都知道干什么：吃吃吃，买买买，开启了所谓爆买

模式。具体买了多少东西我最终没看到，但勤勤这两天逛街走的路程被运动手表记录下来，每天近 20000 步的逛街量，弹丸之地的香港啊，不去猜想了。

爆买是今年最流行的词，女神就是任性。

一年后，香港经济统计发现，港马这几天零售额出现异常，较平时大幅上升，原因不明。

再回想一下自己，港马提前一天到，只是吃了几个快餐，看了三个电影，等于哪也没去。总共换了 300 港币，回时还剩 100。

差距啊！

二、下马威

下马威，绝对的下马威，深圳过关，地铁到香港，在地铁上拿到免费报纸，头条就是关于渣马的，标题是《明日渣马，寒天水战》，副标题是《近十届最劣天气，红黑雨即腰斩》。意思是说明天港马确定会有暴雨，严重的话比赛甚至可能被取消，这是来自组委会的官方消息。

我自杭州出发前也关注了香港天气，也是说香港这几天会有暴雨。

由于我住旺角，勤勤她们住金钟，比赛出发点尖沙咀正好在我们中间，赛前(16 日，周六)晚上我和勤勤联系了下，确定了明早(我们半马比赛是 8 点开始那组)见面的时间和地点。

我和勤勤也交流了明天比赛的大雨，我们意见极为统一，只要比赛不取消，就一定跑，无论多大的雨。其实这也是绝大多数真正跑者的选择，套用汪国真的诗：既然选择了“跑马”，就风雨兼程。

一夜无话。

雨似乎下了一夜。

三、有限的好时光

早上看窗外，大雨不止。但还是按部就班地准备：装备，补给，早餐。这次多了件一次性雨衣，不然不等到赛道起点就淋透了。

稍感欣慰的是，温度并没有预想的低。

尖沙咀地铁站 A 出口，我早到了几分钟，许多选手都集中在地下出口处换衣服做热身。我看到一些穿着卓比奥斯比赛服的选手，感到很亲切，想想这里毕竟是卓比的总部。就在我拿着手机四处寻找拍照目标的时候，勤勤、丘丘到了。都是整齐划一的打扮，不存包，行头极简，只多了一件极薄的风雨衣。

未做任何热身，也没打算要什么成绩，只是想跑完即可。所以临近鸣枪，我们上到地面，直接加入了候场的队伍。

雨并不大，场面热烈，主持人用我们谁都听不懂的粤语在鼓动着什么。管他呢，跑自己的。

我们还开玩笑，说如果雨一直这样大，还是可以忍受的。

今年港马新变化之一就是把尖沙咀弥敦道、油麻地、旺角都纳入了赛道，这样比赛选手不仅可以领略港岛的核心地标，还可以经历原汁原味的九龙生活。我们边跑边聊天，我还自以为是地向两位女生介绍如何防止鞋进水，狭窄的弥敦道根本无法跑起来，那就慢跑好了，顺便聊聊人生，聊聊购物心得，聊聊隐私话题……

两公里后，好日子结束了。就在我们过了油麻地向旺角跑进时，就在我吹嘘昨天就是在这附近的朗豪坊看了三场电影时，老天看不过我和女神吹嘘，大雨倾盆，我们立时闭嘴。无处躲藏的大雨，甚至让我有的冲动跑到旁边门廊下避一避，可整个跑道上没有一个人跑出去避雨。我也就打消了这念头，既然躲不过，那就让暴雨来得更猛烈些吧。

我刚才说的避免鞋进水的理论立马显现出局限性，那是在小雨的情况下。之前还小心翼翼绕开路上有积水的地方，现在哪里都是水，既然已经没法再湿，没有需要保护的地方了，索性就无所顾忌放开跑了。

我们既狼狈又释然。

原本打算，我们几个慢跑逛香港，我给两位美女拍拍照，特别是勤勤，因为丘丘是第一次见到还不熟悉。结果一场暴雨，全身没有干的地方，手机也不能幸免，等我想保护的时候，手机已经无法开机，我找路边工作人员要了个防雨袋子套上，后来发现，这是防止选手呕吐的垃圾袋。

计划被彻底打乱，除了最初在地铁站拍了几张照片，整个比赛就全部泡汤，一张照片都没有拍，幸好勤勤有经验，一直用防雨罩包着手机，未受影响，留下了终点冲线后的几张照片。

四、港马流水账

人都说天上下雨地上流，现在是身上也流水。那就记一下后面比赛的流水账，但愿没有被大雨淋傻，想到哪记到哪，不连贯，也不是严格的时间顺序。主要都是关于勤勤的，民心所向嘛，写我自己有啥意思，也没人想看啊。

1. 不该尿

请原谅，雨真的好大。达到暴雨级别的时段总共有三次：第一次是从过了油麻地开始，旺角转西到奥海城；第二次暴雨是九龙快速路上，临近第一个折返点，在那里我们与全马折返的队伍合一了；第三段暴雨是进入海底隧道前，过了奥海城开始。这第三次我记得最清楚，因为在那之前我们集体去了一次洗手间，排队人多，大约消耗了10几分钟时间，等得身体都有些凉了。刚跑热乎马上又大雨瓢泼，热情被浇灭了。淋雨十分钟我们开始进入跨海隧道。在隧道口，我们总结：

如果不上厕所，这场雨正好躲过(进隧道)。

其他赛事，比如北马经常发生选手尿红墙，钻树林，那是因为有树林，有墙根。而港马绝不会发生这事，因为没地方可尿，除了设置的洗手间。狭窄的赛道，隔离栏，要么是观众，只能憋到有厕所的地方，太不方便了。

2. 女神想哭

如果暴雨似严冬，小雨就相当于春暖花开了，是有限的可以左顾右盼、聊天说笑的时间，也有时间看清身边的选手。选手中有拉着手跑步的，偶尔拉一下你会觉得很正常，但全程一直拉着就不寻常。如果你再仔细看，就会发现其中一个选手的背心上会印着“助跑员”字样，这种情况，拉着的另一位肯定是位视障者。跑过这样的选手，大都会送上一句“加油”。

勤勤跑过后和我说，一看到这，我就想哭。

很显然，是感动，我们有什么理由不坚持到底呢？

3. 泡一泡

跑一跑，促健康，泡一泡可不得了，不是泡温泉，是脚上起泡，这大雨天泡在水里更不得了。

勤勤开始不久就表示脚不舒服，一直坚持着。坚持到后来，我们一致决定，继续坚持吧，因为经验告诉我们，在这大雨天脱鞋处理，除非退赛，不然继续跑还会磨破，也会增加选手心理压力，索性坚持，终点再说。

勤勤选择了坚持。

比赛结束后，勤勤发来了脚上起泡的照片。

我这里不描述了，反正我对勤勤另眼相看。

4. 声浪

是声音的浪，不是浪的声音。

总之别想歪了。

跑进隧道时，没了大雨的侵扰，原本认为很虐人的隧道反倒成了港马最舒服的一段路，因为一点雨都没了嘛。

选手们利用隧道的特点，制造声浪。类似于足球比赛观众席上的人浪。后面一个人喊，声音传过来，前边的人接着喊，一直传出隧道。

既是释放情绪，又是制造效果。

5. 女神哭了

出了海底隧道，进入上环、湾仔一带，赛道几乎都是在高架桥上，高低起伏，十分虐人。加之比赛接近尾声，雨水不断地带走热量，体力消耗殆尽。勤勤这时表现出了体力问题，具体就是小腿有抽筋发生。这都是体力下降的标志。

我们小分队的目标是共同完成比赛，合作共进退是必须的。在上坡时我们就选择放慢速度，如果有抽筋反应马上停下按摩，并不时聊天分散注意力。毕竟就剩最后3公里了。

终于，进入铜锣湾，也进入最后一公里。闹市区，两边观众瞬间多起来，雨也小了许多，观众的加油呐喊声激人奋进。勤勤、丘丘在最后几十米，手挽手跑过终点，马上相拥而泣。

勤勤说，跑马以来，这次港马最虐。

我知道，是说这天气，这赛道，亦或还有其他原因。

还有一个事，我一直没说，今天是勤勤生日，她想用跑港马来为自己庆生，所以完成是必须的。

就在勤勤和丘丘相拥而泣的当口，雨完全停了，从昨天下到今天，从早上一直到中午的雨，停了。是彻底地停了，因为没等到我回到宾馆，已经是蓝天白云了。

生日庆祝方式有多种，有一种叫跑马庆生。

生日礼物有许多种，有一种叫风雨中我们一起跑过。

我清楚记得，当勤勤和丘丘挽手通过终点拱门时，她们面对维港暴雨后明媚的正午阳光，像一个充满渴望和好奇的小学生一样微笑着。

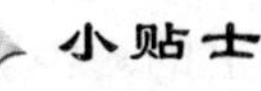

小贴士

暴雨中跑步，一双性能卓越、排水功能强悍的跑鞋非常重要。虽然买跑鞋的时候一般只会考虑是否有防水(轻微防水)功能，那也只是防一防小雨，遇到暴雨什么鞋都会进水。我发现，每当雨停的当口，哪怕时间不长，我的鞋子也能很快排出积水，没有脚泡在水里的感觉，也就是说我的这款Brooks跑鞋排水性能优异。而许多选手赛后都晒出自己脚被雨水泡得发白、起水泡、变形的照片，惨不忍睹。我的脚则没出现这种情况。

十、福建　霞浦——东南形胜，霞浦竟然如此繁华

2016 年 01 月 18 日　福建　霞浦三沙镇　阳光明媚

东南形胜，霞浦竟然如此繁华，没想到啊，没想到。

大街上高楼林立，人群熙熙攘攘，一派繁忙景象。与我预想的刚通高铁的沿海边缘小县城的样子相去甚远。

当初突发奇想去霞浦看一下，就是因为看到网上的一组照片，号称“拥有中国最美滩涂”的日落照片。像抢春运火车票一般在可以发售火车票的第一天，也就是提前两个月我就买了往返霞浦的动车票。

夫人问我：霞浦有啥？为啥偏偏是霞浦。

霞浦霞浦，有浦有霞。

地上有浦，天上有霞。

浦里有紫菜鱼虾，落霞是神的图画。

我来了，第一站选择了霞浦三沙镇。

第一眼看到霞浦汽车站，我竟然联想到是马赛火车站，或许是那站前高高的台阶吧，其实建筑和马塞没一点相似的地方。但后来赶往三沙镇的沿途盘山路，海面景象，及三沙镇码头布局，更加深我马赛的感觉：霞浦到三沙就是还没规划好的马赛和蔚蓝海岸。

到三沙后，随机找了家宾馆住下，老板很友好，知道我是来旅游，马上提供信息：连续十多天阴雨，今天是第一天出太阳，天空还那么蓝，是看日落的好时机。老板连说我运气好，建议我马上出发，正好可以看到日落。

这时间最合适的日落欣赏点是东壁村，距离三沙镇 6 ~ 7 公里的样子，由于我不熟悉路，考虑时间不等人，公交班次还不好把控，马上路边拦了一辆当地特色的交通工具——三轮摩托车。三轮摩托车是专门做拉人生意的，价格公道。

师傅一听我说看日落，马上说：东壁，现在。

日落前一小时我就来到了东壁看日落点。其实就是刚才乘公交中巴来三沙路过的一段沿海山路滩涂，让我联想起蔚蓝海岸的那一段。

太阳还有很高，我一个人闲逛，看哪里适合拍照。海面上渔网密布，渔船成排，不知网和排下面是什么东西，是捕鱼还是养鱼，抑或是养海带紫菜啥的，沿途看标语说这里是海带紫菜之乡。要好好探听下，但不是现在，现在专心等日落。

不一会，几个专业摄影模样的人出现在附近，因为都穿着有许多口袋的马

夹，扛着个巨大的相机、三脚架那种人。我意识到，这地方选对了。我虚心上前问哪里可以拍到好照片，那人疑惑地看了我一眼，上下打量一圈，确信我真的是问拍照片的事。估计是看我什么都没带，不像是来摄影的。我解释说是专门看日落的，就用手机拍拍。于是那人专家一样和我讲起霞浦滩涂的拍摄技巧，日落角度判断，镜头的拉伸，色彩、层次的布局……

到最后，专家看了一眼我的 iphone4 手机说到：这里不适合你，手机拍不出层次感，太远了。

我连声谢谢，转身离开。

这次专家是对的，当时我们站的地方是一座大桥上，还没竣工的大桥，正对着滩涂，视野极为开阔，可对于手机拍照来说确实远了些。我马上意识到，我应该找到属于手机的日落角度。

我迅速找到一条小路，下了桥，辗转到山下，接近海水岸边，离渔船最近的码头上。我大致选中了几个好角度、位置，然后找个背风的位置，先坐下晒会太阳，静候日落。

随着太阳逐渐接近远山，海面色彩也起了变化，我忽然发现，网络霞浦照片上的美丽景象——神的图画就出现在眼前。日晒的时光过得好慢，日落的好光景却很快就过去了，几乎就是几分钟的时间。由于事先勘察好了地形，我迅速跑到第二个位置，山路上，巧得很，正好一群山羊路过，完美的成了我的日落剪影。拄双拐的独腿牧羊人友好地示意我随便拍，然后牧羊人吆喝着山羊下山。望着牧羊人孤独的背影，我忽然想起了武侠小说，这荒郊野外，路遇独腿牧羊人，定有奇遇发生，可今天什么都没有，除了友好打招呼。等我飞奔到第三个临近水边的日落观赏点时，太阳已经变成了完全没有一丝光的红色圆盘，真的是红日依山尽。

我静静地看着红日逐渐隐没。

我没有拍照。

美景就在眼前，为什么不好好欣赏呢？为什么非要事后从手机上看呢？

……

回头看桥上那几个专业人士，还在那里。我也忽然明白，网络上那些美丽的日出日落照片不是一次完成的。因为专业人士每次只能找好一个地点，一个角度，拍摄一个内容的一组照片，笨重的设备，也不方便短时间迅速换地方再调试设备。太阳早就没影了。

手机也有手机的好，移动方便，移动电话嘛。

小贴士

到陌生地方看日落，要给自己留条后路，也就是说，要计划好如何回去，因为日落后马上就黑天，气温马上会下降。如果离住处很远，还是很偏僻的地方，要多带一件外套和手电筒；要提前弄清楚回程的公交班次及上车点。（自驾车忽略这一条）

十一、福建　霞浦花竹——劫财不怕，万一劫色呢?

2016 年 01 月 19 日　福建　霞浦三沙镇　阴

昨晚，当我在宾馆楼下大厅向老板咨询明早哪里看日出时，几个和老板在聊天的大叔围过来，异口同声地介绍花竹，其实发音各异，我根据之前的功课才分辨出它们说的是花竹村看日出。据说霞浦三沙镇有着最正宗的闽南语发音和最古老的闽南习俗。

那么问题来了，怎么去呢?

有的说摩托车，有的说三轮车，有的说出租车。

看日出需要很早起床，车需要预定吗?

有的说需要，有的说路边会有摩托……

大家七嘴八舌，我是听得云里雾里，大致是明白的。当我问这里(三沙镇)离花竹看日出的地方多远时，得到的答复是大约 4 公里，我马上宣布：我跑步去。

跑步去? 那好吧。

我们依然能帮上你，热心的大叔不一会就绘出了一张地图，哪里拐弯，哪里有什么标志物。最终我拿着那张反复修改的、字迹歪扭的、线条混乱的地图上楼休息。

带着看到美丽日落晚霞的幸运入睡，希望明早有壮丽的日出。

看日出我有绝招，那就是要起得比日早。

4 点半起床，拉开窗帘看窗外，天上可见星星闪闪，赞叹自己的好运气。考虑跑步去看日出，然后跑回来早饭，时间或许会迟，室外可能有些冷，特别是跑步肯定出汗。于是多穿了一件套头罩衫，另加一件皮肤风衣塞进跑步服口袋里备用。

立马烧开水，喝了些热水，吃了个能量棒和一根香蕉。补给完毕。5 点钟出发，不能忘了带手电筒。出门前又复习了一遍那张地图。

蹑手蹑脚，不惊动一楼的老板，轻轻推门出去。

路灯昏暗，街上空无一人。出门右拐，长长的一段上坡路，两边楼房黑影幢幢。三沙镇依山傍海，街道狭窄，这些特点再次让我想起法国名城马赛，那一次也是一早起来跑步上山。

1.8 公里后，顺利看到了第一个拐弯的标志物——变电所，心里定了下，没走错。拐弯后还是盘旋上坡，路边建筑忽然矮了，最主要的变化是没了路灯。打开手电筒，非强光那种，只能照十几米的距离。跑是不方便了，还是上坡，需要辨路，路边似乎是工厂。不一会，工厂也没了，似乎变成了工地，荒草。我知道，这是出了镇子，在下一个村子——金山村之前应该都是这种没路灯的黑路了。

昨晚热心大叔们现场指导都说进入下一个村子金山村前有个三叉路口，我要选择中间那条，穿过村子。出了三沙镇拐弯上山不久，手电筒就照射到一个岔路，仔细左右照射分辨，是两叉路，不是三叉，可地图上没标这条路啊，怎么选择呢？我两条路都试着走了近百米，看不出哪一条是正确的。

路上漆黑一个人都没有，这么早有人在路上倒是吓人了。

正为难，前面传来诵经声，不远处有灯光，是一处庙宇。想来是和尚在做早课。我跑到庙宇大门前，门锁着，里面灯火通明，却不见人影。远看大堂里正播放着视频，估计这念经声是音箱传出来的，难道和尚念经也现代化了？不用亲自念了？大门上有铁锁，我用铁锁撞了一会门，没人应答，估计是听不见。仔细看了下大门，原来是个道观。

正犹豫怎么办，忽然远处来的路上有汽车灯光，转眼间已经开了过去，我大喜，汽车走的这条路肯定是对的，这么早也一定是看日出的。我毫不犹豫地追汽车而去，汽车转过一个弯不见了，但我确认了这条路肯定是对的。于是打开手电筒继续跑步上山。看时间已经出门半小时了，才刚刚跑了两公里多，幸亏时间预算宽裕。

不一会又遇到一个岔路，也不是地图中的三岔路，又遇到难题。我尝试沿着其中一条往前跑了一段，发现是下山路，前面没有村庄模样，手电筒所照到的路边似乎是工地材料。马上往回跑，这时又一辆车灯光出现在山道上，我迅速跑回到刚才的岔路口，打算拦车问路，结果汽车呼啸而过。想想也是，这黑灯瞎火的，山路上一个打扮奇怪的男人拦车怎么敢停，没吓到人家就不错了。（后来知道，这辆车里是四个女生，也是看日出的。）

不用判断了，追车跑即可。

不一会，终于见到了村子，有了灯光，村口有个小伙子正准备骑摩托出发，我赶忙上前问话。

“这是金山村吗？”

“是的？”

“看日出怎么走？”

“中间那条路穿过村子。”

“还有多远？”

“一两公里吧，那里有个亭子。”

暗号对上，这回没问题了。

路是对了，村里依然没人影，已经耽搁了一点时间，要抓紧。我拿着手电筒在村里跑是很可疑的，至少不是那么友善。这时，尽职尽责的狗站出来管闲事，不经意从路边冲出来狂吠。我哪敢停，也看不清狗有多大，往前跑吧。村子里的狗有个特点，一个叫其余的都跟着叫。村子里的狗还有一个特点，基本都不拴，至少在其他地区的农村是这样。我感觉到后面不止一条狗在追着我叫，我打着手电筒，目标又很明显，其实即便把手电筒关上，狗也看得见我，但那样我就看不见路了。

狼狈跑出村子，这配速肯定远超过我的训练均值，想停下喘口气，可是依据狗叫声判断，狗依然在追我，只好继续跑。终于在转过一个弯后狗叫声渐消，估计群狗确认我终于对它们没有危险了。

这阵狂跑，都是上坡，还要速度，停下来喘口气缓解下，衣服湿透。往前走一走吧，不一会，转过几道弯，远处有灯光出现，汽车灯，想必是刚才那两辆车。

花竹到了，天依然黑。

车里的人并没有出来，估计是在吹空调，日出还早。我独自走上山顶，冷风吹来，透心凉。迅速穿上外套，加上风衣，好了许多。观景台就我一个人，看向东方，漆黑一片，啥也看不清。

看时间，6 点整，这 4 公里我竟然用了一小时。

找个背风处等候，不一会，车里那个摄影专业人士也出来找地方开始架设设三脚架。另外车里是四个女士，也花花绿绿叽叽喳喳地走出来了。

半小时后，太阳依然不见，如果正常太阳早该出来了。仔细看，前方大雾升起，天已经阴了，这么浓的云雾怎么能看得见太阳，连海面的渔排都看不见。

结论是今天无日出。

前面无日出，回头或许有风景。

大家不甘心，再等半小时，日出无望，终于死心，再等下去可能等来雨。大家回头看，天色渐明，惊喜发现身后不远处就是一个模样古老的村落，村子很静，这时间应该炊烟升起，可村子里却一点动静都没有，我决定进去探寻一番。

四个女士里有人说，这是个荒废的古村落，值得一看。但是她们不敢进去，于是我自告奋勇，带她们进去探奇。

一个刚废弃不久的村子，许多人家门还上着锁，可能有朝一日想着回来。绝大多数人家已经破败，石板路长满青苔，渔具散落，蛛网遍结。虽是深冬，院子里墙角处芭蕉茂盛，野花盛开。这样的情调适合女孩子拍照，拍那种伤感文艺照片，一般需着旧式旗袍，配一把油纸伞。

回程时，初识的四位女士邀我搭她们的车，说正好空一个位子，我微笑拒绝，她们笑言：我们很好的，不会怎么样你。

我心想，劫财不怕，万一劫色呢？

我选择跑步回去，原计划就是跑步，况且现在天亮了，可以仔细看看来时让我一再难辨的路是什么样。

几乎都是下坡，不到半小时就跑回宾馆。

澄清以下事实：

1. 金山村有许多狗，但都很小。
2. 路标很明显，白天绝对不会误入歧路。
3. 道观旁不是工地，是墓地。
4. 村外都是盘山路，可以看到大海和滩涂，风景很美。

小贴士

尽量避免荒郊野外跑夜路，即便非要跑，也要结伴前行，穿带有反光条的跑步服，带强光手电和能量胶之类的补给。

十二、杭州　下沙——极寒，大雪纷飞的浪漫

2016 年 01 月 25 日　杭州　大雪纷飞　74.2 公斤　零下 9℃　晴

昨天就开始大雪纷飞，大片的雪花，不是寒风凛冽那种，是有些许浪漫的飞舞，这场景更适合戴红围巾、穿长毛衣的小女孩，亦或恋人牵手奔跑。这在杭州很少见，以致昨天的微信朋友圈被雪花刷屏。对于我这东北黑龙江出生并生活了几十年的人来说，这点雪还不至于兴奋，其实见到什么样的雪我都不会兴奋。

但在积雪上跑步却是许久没有的体验了。

天气不正常，到处都是极寒的样子，这一次是席卷全国的极寒。杭州市政、媒体在到处寻找露宿的人，防止冻死。上海说这是 30 年未遇到的严寒低温；广州昨天也下雪了，据说上一次下雪是民国时期的 1925 年；全国唯一不下雪的省份是海南岛。昨天香港 100 越野赛也在最后节点 CP9 取消了比赛，风雪交加，风大路滑又结冰，许多选手被困山上，等待救援。

杭州的天气预报是今晨零下 9℃。

可以说，天气不正常。一贯爱凑热闹的杭州人已经在预报的前几天就去超市抢光了货架上的食品，囤积在家里，贻笑全世界，显得十分可怜且短视。

天气不正常，但生活得照常。

为什么不趁这时机体会下“极寒”跑步的乐趣，人家国际上极寒马拉松可是在零下 30℃ ~40℃跑啊，这里只不过才零下 9℃。

感谢老天给了在杭州的我这个机会，昨晚我就跃跃欲试了。

5 点半起床，喝热水，戴上手表测心率。衣服不能掉以轻心，翻出了多年前买的防寒腿套臂套，当时是为了骑车买的，一直未用。这样下身再加一条普通运动长裤即可，上身除了内衣，臂套外，加了件防风骑行外套。然后是手套、耳罩。

齐活，出发。

今天是腊月十六，月如银盘悬西天，天空是那种深深的蓝，月朗星稀用在此时最为恰当，我也一直认为这个词就是为拂晓前的天空创造的。

转身向东奔，明月照我身。

装备选择合适，未有冷的感觉，只是风吹过，面部发麻，温度低，用口呼吸有些冷，刺激肺部。放慢速度，调试用鼻呼吸。这时才发现，如果多带一条魔术头巾，围住口鼻，不至于呼吸困难，还可以延缓冷空气进入，并利用呼出的热气温暖面部。

下次尝试下魔术围巾的神奇。

防风骑行外套正当用，冷风吹不透，体感舒适。跑至江边，体感稍热，太阳还未出，显然我来早了，钱塘江当然也不会结冰，依然向东奔流不息。东边天际色彩变换，凭经验日出还需些时间。便继续沿着大堤跑步，此时风不大，跑步不久，迎面终于遇到一个晨跑者，之前几乎一个人影都看不见。

寒冬确实阻碍了许多人的脚步。

对面那人跑近后，我发现他穿着厚厚的冲锋衣，显见不是“专业”跑步者，迎面而过时，我打招呼：早上好。

对方愣了一下，最后确认附近没有其他人，我是在和他打招呼，礼貌地回应。

国内缺少这种晨练相遇问候的习惯或文化，记得在澳洲，遇到跑步者或者遛狗者无一例外地会问候。如果不打招呼会显得不礼貌，国内这方面要走的路还很长。

跑步不是为了看日出，日出可遇不可求。

看看时间，锻炼强度差不多够了，跑步回返。

回到家阳台上拉伸刚好日出。

看数据今天刚好一小时，跑步 9.5 公里。

估计此时还有许多人在被窝里，摸着自己日渐层叠的、可以抓起抖动的肚皮，暗下决心：明年春天我一定要开始锻炼。

最糟糕的不在于这个世界不够自由，而是在于人类已经忘记自由。我们选择了这个方法正如选择了自己的命运，只要自己选择了都是不可改变的。然而，每一个人都遗憾他不能过其他的生活。可能经常有人想过一过你所有未实现的可能性、所有可能的生活。只有当一个人上了年纪，他才可能对身边的人，对公众，对未来无所顾忌。他只和即将来临的死神朝夕相伴，而死神既没有眼睛也没有耳朵，他用不着讨好死神；他可以说他喜欢说的东西，做他喜欢做的事。

 **小贴士**

魔术围巾很神奇，比赛或日常跑步时建议必带，天热可缠手腕上，擦汗；天冷可用来做围巾防寒防风，擦鼻涕，还可以做耳包防冻伤。女生也可用来束头发。

十三、浙江　莫干山——跑步机上的午后时光

2016 年 1 月 28 日　莫干山　中雨

科技再如何发展、如何先进，有些事情我们终究还是要看老天的眼色，比如跑步，计划得再周密，准备得再充分，一场大雨也会让一切泡汤，让你只能在窗前看着室外的雨化作泪流进心里。

我和莫干山是干上了，三个月内已经是第三次来莫干山了，前两次都是有组织的跑步比赛：一次是德清市政府举办的“青梅竹马”半程马拉松，我陪跑邢老师，天气不给力，雾霾当道；第二次是红叶越野赛，陪个孕妇山地越野半马，全程下雨红叶无，有惊无险欢乐多。总之那两次天气都不尽如人意。

第三次机会来了，单位寒假疗养莫干山，我毫不犹豫加入，因为冬天的莫干山据说极有看头和玩头：滑雪，温泉，看风景。我是想到山上看雪景，到那个所谓的江南天池——天荒坪水库去跑步。

前些天江南极寒天气，连广东都下雪了，莫干山上雪绝不会小。这更激起了我的兴趣，去体验大雪中跑步的兴趣。

出发前天气预报显示，未来一周江南低温有雨，这给了我当头一棒。

可单位旅游疗养的计划不能变，今天一早，冒着大雨出发，中午抵达度假村时，雨下个不停。

午饭后，集体活动项目是参观 Hello Kitty 主题馆，不是我的菜。便一个人留在酒店休息，希望雨哪怕可以稍停一个小时，我就可以出去跑步了，沿着山路去跑。

立在窗前盯着前面那条小河，雨滴拍打着看不出流动迹象的水面，密集而清晰，10 分钟后，我预感到了，至少今天雨不可能停了。

打电话给前台：度假村有健身房吗？得到肯定答复后，迅速换好跑步衣服，带上一瓶水，根据服务员的指引找到了那个简陋的活动室。活动室内有一个乒乓球台，三个跑步机和一个健身器械，没有空调的小房间落满灰尘。显然这大冬天是没有人来锻炼的，也难怪，花大价钱来到这山清水秀的山里谁不去户外呢，谁会憋在室内健身房跑步呢？

恐怕今天我会被别人另眼相看了。在这冬雨连绵的午后，阴冷空寂的健身房，只有我一个人对着镜子在跑步机上奔跑。

这是我人生第一次正式在跑步机上锻炼，调试了半天发现只能用 6 公里的时速去跑，我也打开了运动手表，记录跑步成效。

电影或者现实中一些在健身房跑步的人，都会配合听音乐，甚至看电影，还有饮料供应，跑步的人大汗淋漓，不时擦一下汗。今天下午，这里啥都没有，自己带的一瓶水由于室温太低，即便身体发热后也不敢喝，怕引起胃痉挛。主要是汗不多，室内太冷了，不需要那么多水。

持续跑步一小时十分钟，寒冷的小活动室，外面雨不停，身上汗不断，方寸间的跑步机，我一个人，怎一个枯燥了得。

我也不孤单，在我的跑步过程中，透过面前的镜子，我知道共有三个人经过活动室。其中，一个是保安，年纪稍大的，打着伞，看活动室门开着过来看了一眼就离开了；一个是小年轻，从门前经过一次，没有返回，估计是路过，未带伞；有一个是阿姨，提着水桶往返四次，估计是度假村的工作人员，或许是洗衣房工作的，很有规律地15分钟往返一次，提着塑料水桶，雨天未打伞，应该就在这活动室后面工作。

其实人生大部分时间都是很枯燥的，每个人都是在枯燥重复中体味与众不同人生。

我敢说，没有几个跑步者可以拍着胸脯说他们能像我一样在一间阴冷空旷的小空间连续跑步这么长时间的，这期间只有一台不灵光的跑步机与我为伴。

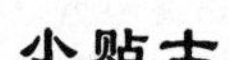

小贴士

初次跑步机训练应有教练指导，了解跑步机的使用要领、速度调节等。在跑步机上跑步与在室外马路上跑步完全不同，不可贸然打开使用，有摔倒受伤之虞。

十四、上海　新年——纵贯上海，只为那带着体温的礼物

2016 年 2 月 6 日　上海　晴

新年将近，即便是不通人情的我（家人评语，窃以为很中肯），多少也是要买点礼物送人的。

我的新年礼物通常只是书，送给可能看书的人，一般是自己写的书，当年没有新写出来的就去买自己喜欢的自以为是人家也会喜欢的。前几天选好的一本书本计划快递给上海同城的一个老朋友，打算除夕前让朋友收到，寄希望于人家春节假期随手翻。

可是，就连最靠谱的顺丰都拒绝上门取件，看来新年真的近了，快递小哥也大都回家过年，踏上归程了。

这本书如果不能春节前送达朋友手中，就要等正月十五之后，那时年都过了，况且我在书上已经提好字，岂不是给人以不诚心之感。

正烦恼如何解决，忽然一闪念，为什么不能亲自送去呢？我就做一回快递员，毕竟是同城，我可以跑步送去。

这样的礼物在除夕前送达朋友手中，是一种什么样的感觉？

说做就做，迅速查地图，看线路，大致是从上海长风公园到徐汇区大木桥路，看地铁是 10 站左右，目测距离应该是 15 公里。

慢跑找路，看上海街市风景，2 小时应可送达。

想一想，这年头，最靠谱的还是自己的双脚。

早饭后迅速给朋友打电话（已然在上班中）：中午有快递，办公室等着吧。

不去猜想人家如何惊诧，我放下电话，开始换跑步服，上身是防风骑行服，手机、钥匙、零钱、公交卡（回程地铁用）和一件皮肤风衣都放后背口袋里，礼物也就是那本书用塑料袋包好拿手上，喝一大杯温水，出发。

除夕前一天的上海街头，满是匆匆赶路回家的人。在这些手提大包小裹干货水果年货的行人之中，多了一个手拿一本书，穿单薄跑步服，穿大街，过小巷的跑步快递员。

先过苏州河，熟悉的苏州河，上学时每天在宿舍内就能看见的苏州河。除了名字之外和苏州一点关系都没有的河，娄烨电影中的苏州河，周迅惊艳亮相的苏州河。我是从大渡河路跑过的苏州河，大渡河路过了苏州河就叫古北路了，然后拐上天山路、中山西路，跑过东华大学——当年经常约伴打网球的地方。

再向前，凯旋路、宜山路，跑向徐家汇——上海核心地标之一。正好路过徐

光启公园，有纪念馆，旁边就是著名的天主堂，脚手架环立，应该是在大修。

过了徐家汇，跑上南丹路，在斜土路遇到小麻烦，根据事先的地图攻略，我见到斜土路的标示就拐了过去，跑了一公里左右，忽然发现已经到上海体育馆了，眼前就是高大的万体馆。肯定跑错了，不用想，这里是2015上海马拉松的终点，我很熟悉的。

哪里错了呢？南丹路换斜土路，没错啊，斜土路离终点就不远了，我问了一个停车收费员，那位大哥看我的打扮便知道是要跑步的主儿，有些惊讶地说：大木桥路离这里可远了去了。我没去理会这种说法，我知道那是不跑步的人无法理解的距离。我只是问：这个方向对吗？

看车收费的大哥告诉我，这个方向是不对的。其实就是我刚才来的方向，我果然跑反了。

我原路跑回斜土路南丹路口看究竟，四下一看才明白，南丹路和斜土路是一条路，看路标拐过来是斜土路，继续沿南丹路向前也是斜土路。可笑的是，路口斜土路上的路牌，一面写着南北走向，对面写着东西走向，不知什么逻辑。

或许是故意的，笑我看不穿。

再说这时代看路牌识方向的人还有吗？

管他呢，我是看明白了，就继续跑。下面就熟悉了，枫林路，东安路，那是复旦医学院所在地，多年前曾经住过一段，有过一段图书馆查资料和打网球的生涯。

转眼就到了大木桥路，按照门牌号码找到了快递投送点——朋友的单位。

门卫看我这打扮，还在门口拍照留念，一脸费解。当我说进去找人，他更是惊讶，但是，当我说要找的人的名字，他还是有些不情愿地放行了。

礼物就是要亲自送到手才有意义，特别是不远万里，在快递公司都不好使的情况下亲自送达。

为了表达谢意，也是为了给浑身汗透的我补充能量，当然也是为了防止我在这寒冷的天气里感冒，特别是别春节前感冒，朋友请我吃了一碗热乎乎的苏式汤面，加蛋一个。

苏州河开始，苏式汤面结束，很圆满。

吃面的当口，我问朋友：有没有要送的快递件，在我家附近的，顺便捎回去？

“老同学，老战友，我过年回不去东北了，现在请尽量给我一切帮助吧。”

我和这位老同学是东北同乡，我说在我家附近的，是指现在上海今早我来时的华东师大一带，她故意理解成东北老家。

小贴士

跑城对方位感要求很高，需要日常有意识地训练，特别是现实生活中根本分不清东西南北的跑者要慎重选择跑步送快递。

十五、杭州　大年初一——猴急跑钱江，春晚日不迟

2016年2月8日　杭州　晴　初一　74.8公斤

幸福的家庭家家相似，不幸的家庭各个不同。

大年初一怎么过，每个人的选择似乎不一样，不似除夕夜，守岁包饺子看春晚一直是绝大多数东北家庭的选择。初一，则是各有选择，那些通宵不睡的则大都初一补觉，睡得日上三竿。

家里虽然也是延续东北传统，除夕夜饺子吃好已经是初一凌晨，由于我没有熬夜习惯，早早便睡觉了。初一我还有任务，那就是跑步看日出，大年初一头一天，我要跑步看第一缕阳光，天气预报显示初一好天气，看日出没问题。

在睡了6小时后，早6点半准时起床，换装备跑步出小区，向东方。

胸中有红日，脚下舞东风。猴急跑钱江，春晚日不迟。（注：今年猴年）

除了小区门卫还在尽职尽责外，学林街上真的是空无一人，平时和我一样喜欢早起的芭比馒头店、甘其食包子店也都关了门。街面冷清空无一人，是那种喧嚣后的沉寂，把时间都给了每一个人，不再有外面的活动。几辆公交车准时驶过，无一例外的只有司机一个人，不知该为司机高兴还是悲伤，或许人家开的是车，和有没有乘客无关。

我跑的是步，和初一十五没有关系。

时间计算得刚刚好，跑到江堤，杭州主城区不许燃放鞭炮，但江对岸是鞭炮声一片，烟雾或许是雾霾，挡住了建筑。太阳红彤彤，好似刚被从被窝里被拎起来，从江水中拖出，悬在江面，没有一丝耀眼的光。许多人没见过太阳还有如此朴素的模样，铅华洗尽，任你直视。不到一分钟，太阳离江面渐高，便开始重新披挂，恢复原来高高在上，让人不敢直视的高傲，当然也就面目一新了。

迎新祈福，我把第一缕阳光收入手机，发给无缘得见的朋友。

按照老话说，初一当天的活动决定你一年的走势。

为了激励那些还没有走上运动健身正途的朋友，胡诌打油诗一首：

早起一年勤，晚起一身膘。

未等到年终，一准向俎刀。

小贴士

对于经常说一直想运动，就是下不了决心，也起不了床的人可以选择比较有纪念意义的日子开始跑步，比如，生日、年初、月初、节日等特别的日子。会有一种仪式感，激励自己坚持下去。

十六、意大利　威尼斯——两个人的圣马可广场

2016 年 2 月 11 日　意大利　威尼斯　晴

穿过连接本岛长长的跨海大桥，便是威尼斯了。

夜空下一片幽蓝。火车在信号灯前停了下来。

在生生过了 31 个小时后的 2 月 10 日(意大利和中国时差 7 小时)，海陆空联运终于在傍晚抵达寒假旅行第一站——威尼斯。

出了威尼斯的 Santa Lucia 火车站就是让人窒息的美景：太阳刚刚落下，天空呈现令人迷醉的夜空蓝，一弯新月斜挂东方，水城威尼斯的桥和水，灯光摇曳的水面，依然繁忙的水上交通，第一眼就令人满意。

此次旅行是我们夫妻二人同行，此时我们已经疲劳不堪，需要迅速休息，不敢留恋过多美景，因为接下来几天都在威尼斯，不急。按照宾馆预先提供的路线指引，很快就找到入住的接待处，办理入住。一位意大利美男子用意式英语和我交代好，并带领我们熟悉公寓，仔细介绍了公寓内部各处设施使用方法后离开。接下来的 3 天，这套 100 多平米的典型威尼斯民居就归我们了。

公寓门口信息显示这栋公寓建于 1908 年，房间宽敞异常，设备一应俱全，推开窗子就是人来人往狭窄的街道(威尼斯特色，这里是主要商业街之一)，公寓内浴室就有两个，厨房餐厅特别宽大，我可以大显身手了。总之，对于我们两个人用这么大的公寓还是略显奢侈。

现在是威尼斯晚上 7 点，杭州则应该是凌晨 2 点了。这时差 7 小时可不是闹着玩的。

迅速洗漱睡觉。

生物钟还是起作用，早上醒来一看表，凌晨一点(杭州早上 8 点)，睡意已无，但这时间是万万不能也不该起床的，或许有一些威尼斯夜猫子还没有睡呢。强迫自己继续睡觉。

天气预报显示，威尼斯今天晴，之后两天分别是阴和雨，按照我的习惯，今天必须早起跑步看日出，威尼斯的日出。

虽然有时差，跑步还是第一需要。

勉强又睡了 3 小时，4 点醒来，起床在公寓内熟悉厨房餐具，自己做早餐(昨晚入住时在公寓旁的超市临时买的)。自以为是的根据经验判断：昨天火车上看到是 5 点半日落，今早日出也应该是 5 点半左右，那我应该 5 点出门，寻路到著名的圣马可广场，估计也就差不多了，可以在广场附近跑步。

计划很完美，吃了些东西，出发。

根据地图，出门右转，左转……意大利的街道名也看不明白，大致就那个方向吧，凭感觉没多远，那么大的一个广场不可能找不到。

空无一人的街，偶尔有鸽子觅食，许多橱窗依然亮着灯，玻璃器皿和面具居多，威尼斯特色嘛！一年一度的狂欢节在我们到来的前一天刚刚结束，橱窗里的面具疲惫地盯着我们看。街道，应该说是小巷都很狭窄，且根本不直，拐过一个，马上又是一个，不断地过小桥，后来回想，有灯光的是主街道，虽然极为狭窄，其余的小巷里则是漆黑一片，水面也只有星光回映。

这样空无一人逛街对于我不是第一次了，对于被我拉出来跑步看日出的夫人则是第一次，新鲜而又紧张，一直担心这要是有人打劫可怎么办。我开导她说："哪里有那么敬业勤奋的劫匪呢？"

由于穿着跑步装备，要边寻路边跑，不然会冷。凭地图信息、直觉和经验，不到5分钟就来到了圣马可广场。威尼斯的地标嘛，即使在黑天也如此确定，因为这个广场太有名了，它的形象已深深印刻在了我的脑海里，那个高高的塔楼，有100多米。广场很是宽阔，有卢浮宫广场的感觉，就是没有那个玻璃金字塔。广场中心有一些凌乱的脚手架，想是刚结束的狂欢节主会场在这里，还没来得及撤掉，地面碎屑很多，一开始我以为是鸽子粪便之类的，细看却是纸屑，应该是狂欢节留下的。我真的很幸运，不是谁都有机会看到繁华落幕、高潮消退后的真实场景。世界上绝大多数人、事物或者活动都只给世人呈现精心装饰、华美的一面，不会也不愿意给世人机会看到其背后的一面。

天空繁星满满，显然离天亮还早，四周都是模糊的影像，继续跑步吧。

广场周边的围廊下是个好地方，没有风，长长的类似跑道，白天这里是不可能跑步的，因为边上都是各种商铺，肯定游人如织，估计这也是威尼斯圣马可广场历史上第一次这么早有人跑步。

我和夫人说，我们或许创造了威尼斯的记录和历史，至少是创造了中国人在威尼斯清早跑步的历史。起这么早看日出、跑步，在如此神圣的圣马可教堂前。

围廊跑了几圈后，我提议跑向海边港口看一看，虽然很黑，但路灯光足以看清路面，只是海风一吹有些冷罢了。港口岸边黑黑的密密麻麻的是那种特色小船贡多拉，还有几处码头应该是水上公交站台，这是威尼斯特有的，这是一个没有汽车的城市。

日出方向的海面依然毫无色彩变化的迹象，时间还早。

出广场向左不远就是一座桥，跑上桥不经意间一回头，水巷深处一个熟悉的场景出现了，是无数次在旅游网站、游记攻略中出现的叹息桥，虽然是黑暗中，我还是一眼认出了它。水面和两边的建筑都是黑无光亮，只有一束光打在桥上。想想这座桥曾经的功用：死囚犯从法院经过这座桥看窗外繁华人世最后一眼，发出叹息。现在这时间倍感阴森。

沿海边也不敢跑太远，海边路不熟，风也大，体感很冷，跑步都不起作用。跑快了又怕出汗多，于是又回到圣马可广场，在回廊下跑步，耐心待日出。

就这样，半个多小时后，终于出现了行人，匆匆赶往码头方向，这里没公交车，码头运行的就叫 Waterbus，陆续出现的行人应该是早起上班族或者旅行赶路的，因为码头是通往机场和火车站的唯一出口。

看到了行人，老婆反倒不再那么害怕，毕竟有了人气，总是空无一人是有些心发慌的。更亲切的是，岸边出现了晨跑者的身影，不过人家不是广场转圈，而是沿海边跑向远方。

我们慢跑着，维持身体热度又不至于出汗太多，熟悉着广场周边的建筑，依然傻傻地看不清。

一小时后，看天空和海上实在看不出有日出迹象，我们就跑向一条小巷，远处有灯光的小巷。判断没错，是一家刚刚开门迎客的早餐店。不像国内普遍意义上的豆浆油条早餐店，这里似乎只有甜点和咖啡，甜点就那么两三种。为了体验当地生活，也是身体需要，喝点热的，吃点东西，顺便避避风，我们两个亚洲面孔就这身跑步打扮进了咖啡店。

两个意大利帅哥(意大利怎么这么多帅哥!)在经营这家小店，我用刚学的意大利语问候早上好。几名当地人，明显是老顾客，和帅哥们熟练地打着招呼点单，大都是一杯咖啡，小小的一杯意式浓缩咖啡。我们也入乡随俗，每人一个小羊角包、一杯意式咖啡，夫人点了一杯国内更常见的卡布基诺。

总共才 5 欧元，真的是经济实惠的早餐。

有意思的是，喝咖啡要选位子，明明小店有很多空位子，帅哥还是让我们选择是站立吧台喝还是坐在我们常见的桌边喝，价格上并没有区别，后来想可能是为了服务到位把咖啡送到顾客手边吧。很是新奇，我们选择电影里常见的站立就餐。小小的一杯咖啡，真的就是一口，旁边的老夫妇认真用咖啡勺搅拌着，不知道有什么可搅拌的，还是习惯动作使然。十几分钟后，早餐结束，转身打招呼离开。我们故意拖延时间多坐一会，但还是十几分钟就吃完了，身体多了些暖意，关键是还得去看日出呢。

出门慢跑，回到海边，天空日出方向已经开始有了颜色变化，经验告诉我，日出前的色彩变化最美。夫人在旁边大呼过瘾，真的是绝世美景啊。因为之前没有这么早起过，今天又是在向往已久的意大利威尼斯的圣马可广场旁看日出。

海鸥和鸽子也都陆续出来觅食，远处海岛上的一座教堂也正好在日出方向，连同贡多拉和海里的木桩一起成为绝好的摄影取景素材，黑色的剪影极为漂亮，

现在时间是早上 6 点半，其实太阳还没有出来，而我们已经出来跑步 1 个半小时了，真的是早。看来有些判断失误，这里的太阳是 7 点出。

海边游客渐多，都是赶来看日出的，也有携着专业摄影器材找位置的。

游客多的时候，也是我该回去的时候了，断断续续晨跑威尼斯 1 个半小时，期间用早餐大约 15 分钟，如愿看到了美丽的日出。

今天，意大利的旅行才刚刚开始。

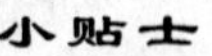

以看日出为目的的晨跑，一定要事先做功课，很容易就在网上搜索到当地日出时刻表。做到有的放矢，控制好时间，不至于过早空等或者错过。

十七、意大利 Lido——岛上游荡，牛排不见了，只剩盘子里的T骨

2016年2月12日　意大利　威尼斯　lido岛　阴　雨　晴

我究竟是什么时候什么地方开始迷上电影的，其实这并不重要。

当初查看意大利资料知道，Lido岛是个离威尼斯本岛不远的狭长小岛，有12公里长，脑子里的第一反应就是：往返一圈下来刚好一个半马。

这是怎么了？马拉松中毒？

对于Lido的另一个考虑就是，这里是威尼斯电影节的实际举办地，虽然现在不是电影节期间，但作为一个自诩的影迷还是要去朝圣一下的。记得在法国蔚蓝海岸，我就专门跑去戛纳朝圣，收获颇丰。

起床，天还未亮，穿好跑步装备，看窗外有些阴，丝丝拉拉下着雨，就又加了厚外套、雨衣，做两手准备，如果下雨就闲逛。预备一整天都在Lido，就带了些水果饮料之类的补给。

圣马可广场码头只能乘船去Lido，因为威尼斯没有公交车，船上几乎没有像我们这么早的游客，都是些上班族模样的当地人。

这种便捷的Waterbus是威尼斯人出行的主要交通工具，天阴沉，黑黑的，本来这个时间应该日出了。看来我们昨天很幸运，赶上了日出。十几分钟的样子就到了Lido，下起雨来，由于和夫人一起出行，还带着补给，无法做到风雨无阻地去跑步。

择地避雨成了首要的事。

出了码头四处张望，朝有灯光的店铺跑去，那里肯定是早餐店，可以喝杯咖啡避雨。码头旁早餐店很多，随便钻入一个模样亲切些的小店，店主竟然是中国面孔，聊天知道是在意大利长大的华人后裔，中文尚可，交流无碍。

一个羊角包，一杯意式浓缩咖啡。

闲坐待雨停。

半小时后，雨止。

问了店主威尼斯电影节主会场的方向。店主说，夏天电影节期间那叫一个热闹，现在只有沙滩了，很好找，一直走就看见了。

想想也是，之前做的功课，Lido就是一个极为狭长的岛，目测宽不足500米，只有两条街。这个岛上有公共汽车，私家车也很普遍。

和威尼斯本岛截然不同。

一早的阴雨打乱了我们的计划，且又穿了太多衣服，无法跑步，没有存衣的地方，不像在宾馆附近出汗后直接去洗澡，不至于感冒。Lido这里跑完步湿衣服再返回宾馆需要乘船，今天又是风大的阴天，肯定会感冒，得不偿失。

随遇而安，采用第二方案，改为中等强度的岛上徒步，走个十几公里，漫游。

我们沿着海滩一路西行，海滩上极为荒凉空旷，夏季的浴场设施体量巨大，密密麻麻排在沙滩上，可以想见夏季的火爆情景。过了旅游度假排屋区，就是荒凉的非度假区，沙滩上枯木怪石，天色阴沉，海面汹涌，风大浪急，这让我想起了电影中的以及冰岛的镜头。这种场景适合拍大片、时装或者臭美照，我们则是用苹果手机拍大片。

摆各种Pose，周围一个人都没有，享受只属于我们的海滩。

威尼斯电影节举办地也是空空荡荡，路边只有一段还没来得及拆除的广告牌是关于电影节的，大厅内已经看不到任何与电影有关的东西，只有玻璃门上还有金狮标志。连个买纪念品的地方都没有，更别说之前的想在这里看场电影的计划了。

真的是计划没有变化快，电影朝圣就此结束，专心徒步。

我们转向北，然后沿着岛的北侧海边西行，远处可以看见威尼斯本岛，几乎一模一样的教堂尖顶，有好多个，看不出高低。

虽然像逛自己家后花园一样胡乱走，但也走不乱，因为沿海只有一条路。右侧是海，左侧是民居，空旷无人。走下一座小桥，忽然前面出现很多人，其实也就二三十个的样子，但这在小岛上已经算是很多人了，因为之前几乎就没见到几个当地人。游客似乎就我们俩。这些人都在路上，路边还有许多车。是什么热闹？抓紧走几步，原来是当地小镇的路边集市，应该是限时开放的，商品就堆在路边，但摆放整齐。有许多摊位就是箱式小货车，总共有不到20个摊位。第一个是鲜花摊，这个要点赞，这么小的集市还有这么大的一个鲜花摊。可见当地居民对于鲜花的需求和食品的需求是放在同等重要的位置上的。再往前蔬菜水果摊居多，奶酪摊也有几个，火腿、鲜肉摊，还有橄榄油摊。在国内不是经常有小摊贩喊：走过路过不要错过，我们今天当然不能错过了。马上加入采购大军，摊主加上顾客其实总共也就几十个人。先买了块奶酪，再买了几片生吃的火腿（意大利的火腿似乎都是生吃的），现场就夹着面包，准备一会边闲逛边吃，正好有些饿了，是看见吃的就感觉饿了。之前听说本地牛排不错，正好决定就此采购，回宾馆自己烤牛排，我们选了最大的那块T骨牛排，厚厚的一大块，足有一公斤。店主不会讲英语，一个顾客主动过来帮我们翻译，买好牛排还教我们如何烤制，火候掌握，总之就是千万不能时间太久，不然就不鲜嫩了。担任翻译的那个大哥临走还留下一句："你买了一块高质量牛排。"当然，还买了上好的黄油一块，白色洋葱一个配牛排。水果也买了几个。

我们在露天集市流连了近一个小时，欣赏了独特的小镇风情，可遇不可求。

下一步就是在地中海的海风中，油画般威尼斯本岛的背景下，边走边吃面包火腿，咸鲜爽脆，美哉美哉。

下一段路也是清净无人的海边，偶尔有穿着精致得体衣服遛狗的老人，绝不是国内经常看到的穿睡衣遛狗的情形。

就这样一直闲逛了 4 个小时，Lido 也走了有一半的样子。

半马没跑成，徒步的路程也差不多了。荒凉海滩，路边集市，电影节朝圣，都是今天值得珍惜的经历。

回到威尼斯本岛公寓，迅速做牛排，为了防止烹饪事故发生，先切下一小块，试着做一下，仅仅是放了黄油、盐和洋葱，美味异常。食材好，不需太多调料。于是立马烹饪整块，同时准备了葡萄酒、奶酪，水果切块装盘，几分钟后，巨大的 T 骨牛排上桌。又过了十几分钟，牛排不见了，只有盘子里的 T 骨静静地躺在那。

小贴士

野外徒步要带那种专用的徒步背包，有贴身束带那种，走路时间久了，不至于肩膀痛。

十八、意大利　佛罗伦萨——清晨 5 点钟的翡冷翠

2016 年 2 月 14 日　意大利　佛罗伦萨　大雨　阴晴不定

晨跑翡冷翠，大雨不停歇，或许是瓦伦丁情人的眼泪。

昨天傍晚入住佛罗伦萨一家暖心公寓，说暖心是因为房东母女极为热情，准时等候在家中，耐心为我们讲解公寓中极为齐全的设备的用法，甚至包括电视机频道的选择，都一一演示。还免费提供了红酒一瓶、咖啡、鲜牛奶和点心，第二天的早餐都足够了。

外面一直下雨，情况不熟，加之已习惯时差，昨晚就提早睡了。

还有一个重要原因，早睡是为了早起，因为今天原计划是要跑步的，晨跑看风景，也是了解一座城市的极佳渠道。跑步不仅是手段，也是身体的需要，想想来意大利已经有几天了，还没有正式跑过步，还有一个原因是威尼斯那里不适合跑步。

简单喝水，补充点心出门，昨晚已经仔细研究佛罗伦萨地图，发现老城有四座城门，基本呈椭圆形配置，不似中国的城都是方形，比如北京、西安，这或许也和这里的地形地势有关。决定环城跑，先了解下城市的外围，白天旅游看景时再逛内城，因为地图显示所有景点都在这四座城门之内。

照例冬季跑步装备：手表、骑行服，后面口袋放手机，30 欧元零钱应急，地图、萨洛蒙长裤、越野跑鞋，因为昨天来公寓的路上注意到城市道路都是有几百年历史的石板路，不平整。6 点 20 分出门，高大的公寓门一推开，才发现外面竟然下着雨，大雨。

怎么办?

没有怎么办，跑步和天气无关，迅速回房间加了一件雨衣，出发。

街上依然漆黑一片，属于完全黑天的状态，只能借着路灯跑步，一个行人都没有，一辆车也没有。离公寓最近的是城市北门，根据地图指示，几分钟后就跑到了北门。北门是凯旋门的样子，有两座门，一个砖结构，一个石头结构，不知哪一个是原来的城门(后来比较其他城门发现，砖结构的是古城门)。

雨越下越大，我是街上唯一的人，不要说跑步了，走路的都没有。按照地图，向西门跑，这是一条宽阔的马路，路旁都是那种巨大的石头基础的建筑，类似于上海外滩那里的建筑，黑暗中更显厚重。偶尔路边出现的报纸摊，摊主已经在打理生意，看到活人和灯光心里也定了些，暖了些，觉得自己不孤单，心里也不那么发慌。一开始跑的时候真的有些心发慌。戴好雨衣帽子，不至于眼睛看不清路，这里城市路面铺设得好，几乎没有积水的地方，不用担心跑进水坑，一开始

鞋还是没进水的。

就这样，过了西门，又过了几组巨大的建筑群，黑黝黝看不清，地图上都是意大利文，应该是景点之一。路上私家车开始多起来，公交车也开始出现，现在已经早上快7点钟，该是上班的时间，只不过因大雨太阳还未出来，天比较黑罢了。

不久就来到了一条河边，根据地图显示，这条就是佛罗伦萨的母亲河阿诺河，按照跑步计划，我从桥上过河，河水汹涌，泛着浪花，和攻略上描述的舒缓地流淌大相径庭，或许是因为一直下雨的原因吧，让我看到了阿诺河的另一面。

更为亲切的是桥上遇到一个跑步的男子，从我后面超过，这么早也有同道中人，我心不孤啊！人家可是没穿雨衣，就是紧身跑步装扮，真正地无视大雨，看方向，也是环城跑。我尝试着跟了一百米，心慌，速度太快，不是我的节奏，只好放弃，转过一个路口，人家不见了。

这时进入了临近南门的复杂路段，似乎和地图不能完全对上，雨中看地图也是要讲技巧的，湿透可不成。在窄街巷中穿行，雨不停，已经不用顾虑地面是否有水了，因为半个多小时的雨中跑步，早已湿透，脚能明显感觉到水，这样反倒没了顾虑，只需要辨识方向即可。脚下是不知多少年的石板路，已经被磨得光滑透亮。或许是因为比较平整，亦或是我穿着越野鞋的缘故，没有一次脚下打滑的情况发生。

天已渐明，狭窄的街巷中已有行人，匆匆打伞的上班族。私家车不时穿过，几乎所有街道都是单向通行，因为太狭窄只能容一车通过。跑步只能在贴着建筑下极窄的几十厘米宽的人行道行进。身边不时有教堂出现，也不知这佛罗伦萨有多少教堂，几乎任何街道抬眼就能看见一个教堂的尖顶或圆顶。

穿梭寻路间，虽然是陌生的城市，但我相信自己的方向感，果然不一会就抬头看见了城墙，古老高大的城墙。看到了城墙就能找到城门，事实上，佛城只有南面保留了城墙，完整的长长的城墙，有西安城墙的感觉。但这里的城墙似乎更加坚固，因为巨大的石块清晰可见。十几分钟后，到了南门，明显比之前的北门、西门更高大，有5个门洞，分别供机动车和行人通行，中间大门还是木门，足有10多米高的木门，真不知这样高的木门开启要花多大力气，现在似乎已经不用了，永远开在那里。南门外有放射状5条街道通向远方，一个女性石雕立在门前面向南方，女性头上还顶着一个横躺的女性，造型怪异，令人惊叹的是石雕重心的把握，因为明显看着是不平衡的，但人家就是屹立不倒，估计也有千百年了。

南门外再往南就是罗马方向，所谓条条道路通罗马，这一条也不例外。因此进南门的主干道就叫罗马人大道，直通市区。

按照计划，我要顺着城墙跑向最后一道门——东门，于是沿着城墙外继续跑。雨不停，脚步也不停，现在已经跑了一个小时多了，浑身湿透，停下就会着凉，脚步也不能停。跑了不到一公里，感觉慌兮兮，因为我发现自己进山了，上坡进山，路边没了人家，荒野的感觉。怎么会这样？应该是跑到第四座城门——东门啊，可能是由于地图上的比例问题，只是标到了南门，没说这条路要多久才能拐回到东门。看天空雨不停，再看自己身体，已经跑了一个多小时，体能是个问题，保险起见，走最有把握的路，也就是回到南门，沿着罗马人大道跑到河边，然后沿河跑向东门。

迅速掉头，折返回南门，罗马人大道，想想这里当年不知有多少罗马大军踩过，现在这条路显得很窄，两旁都是商铺民居，已经不再适合大军通过。不一会就跑过皮蒂宫——美第奇家族曾经的居所，现在的艺术宝库，恢宏无比，据说是佛罗伦萨最宏伟的建筑。

震撼地从门前跑过。

河水依然汹涌奔腾，竟然还有几处落差，浪花翻卷，沿河向东，又遇到两个跑友，互打招呼，意大利语你好和中文“早”的发音极像，那俩哥们短衣短裤，无视风雨，真让人羡慕。

到东门，街上已经车水马龙，东门前看到熟悉的含苞待放的紫玉兰。

接下来轻车熟路，也是看了地图的缘故，椭圆形的路返回到北门。

环跑佛罗伦萨成功，看数据，12.8 公里，和西安环城墙一圈几乎相同（西安是 13.7 公里），用时 1 小时 43 分。

翡冷翠，是徐志摩对佛罗伦萨的翻译，浪漫、文艺而悲情，这一天是情人节，不知谁的眼泪在飞，并非所有恋人都是幸福的，也并非所有恋情都是被祝福的。

这一天早上，翡冷翠，我，在这城里，挨着墙，暗沉沉地跑着。

半夜跑到拂晓，拂晓跑到天明。

只愿天空不下雨，我望得见天。

天上那颗不变的大星，是你。

但愿你为我多放光明，隔着夜。

隔着天，通着爱与跑步的灵犀一点。

后记：正应了东北谚语，早上下雨一天晴，环跑回来洗漱早餐之后，当我们上街闲逛时，雨停了，偶尔还有蓝天白云，美好的一天开始了。

小贴士

旅游地图最好买防雨防撕坏的那种，另外，跑步旅游应随身带一些各种尺寸的防潮袋，雨天可以放东西。

十九、意大利　罗马——假日，跑过罗马

2016 年 2 月 17 日　意大利　罗马　阴晴不定

许多人来罗马旅游都是因为《罗马假日》这部电影，虽然有些久远了，却经典依然。罗马人似乎并未把这部电影太当回事，照理应该像中国庐山学习，一部《庐山恋》不停地放，创造个神记录。或许是罗马不需要借电影宣传，人家本身就是名片，是电影因它而出名。

不多说了，我是受了电影影响，把罗马的入住地点就选在了电影的经典场景——西班牙阶梯附近，就是赫本和派克一起在台阶上吃冰激凌那段的背景。昨天下午我们入住罗马老式公寓后，第一件事就是去西班牙广场，重温电影。不巧的是，台阶在大修，根本不让走，更不要说在上面吃冰激凌了。据说台阶上已经不允许吃东西，因为人太多，有安全和卫生隐患。

台阶下，破船喷泉人满为患，没办法，就这里有地方了。圣三一教堂高大的双塔告诉我们，电影就是在这里拍的。同理，不远处的许愿池更是人多得走不动路，池子边坐满了人。池子里硬币不多，看来是不久前刚清理过。我费劲地从背包里翻出一枚一角的人民币硬币，滑入许愿池，据说中国人扔欧元硬币许愿不灵。

回到今早吧。

晨跑罗马，是本次旅行计划中的一件大事。

根据这几天对意大利的时间、日出掌控，吃早饭，换装备，6 点 20 分准时出门，外面还是黑天。

第一站就是西班牙阶梯，夜色中，灯光下，罗马古老的石头街道闪闪发光，Brooks 超轻跑鞋踩在上面舒服异常，能明显感觉到街道上石头的存在，有按摩的感觉，不是生硬的按摩，是很舒服的那种传递到脚上的光滑石头的感觉。

跑步脚下生风，或许是一早还有些发凉，转眼两个街口就到了破船喷泉，空无一人，碧绿的泉水依然从破洞漏出，西班牙阶梯工地已停工。圣三一教堂双塔夜色中高高耸立，这一时刻西班牙广场只属于我们，别样静谧。

如此静谧，那就静静地享受一下。

刚停留一会，就有两位老人来这里碰头，贴面亲吻，传说是对的，这里是约会碰头绝佳地。

我的静谧既然已被破坏，那我就不影响两位老人家的静谧了。

跑步下一个地标是波波洛广场，那里曾经是现在依然是许多外地人进罗马的

必经之地，广场有高大的埃及方尖碑，据说是罗马皇帝出征埃及时抢来的。

罗马就是广场多，几乎到处都是广场(Plaza)，字形、发音和意大利披萨(Pizza)差不多，难怪。

东方已泛红，广场周边高大的城门和教堂留下了美丽的剪影。广场已有跑步人。我们没多做停留，出广场左转不远就是罗马的母亲河——台伯河。河水浑浊汹涌，水面还有大量断木漂浮其上，似乎上游刚刚暴发过大洪水一般。河岸堤坝坚固异常，其实罗马所有的建筑都给人十分坚固的感觉，我有时会怀疑整个罗马就是由一大块石头雕凿而成的。台伯河两岸都是些我叫不出名字的地标，石雕密布，教堂也很多，对照地图也叫不出名字。跑步，管不了那么多，今天的目的地，或者说折返点是梵蒂冈，我要看日出时刻的梵蒂冈圣彼得大教堂。

台伯河初看水位很低，因为河堤极高，有十几米高，无法想象是否会有那么大的水能逼近堤坝顶端。再仔细一看，水位其实已经很高，因为连续几日都是大雨，水流湍急，水色浑浊，已经逼近下面还有的那一层河岸。下面的河岸修建了跑步道和自行车道，是市民健身之所，看到不时有人跑步或者骑车而过。这里跑步不用担心因红绿灯而停顿，也没有机动车的打扰，可以保持运动的持续性。这一点我还暂时做不到，因为在下面跑步就看不到河两岸的风景了，似我这种跑步看风景的人是必须跑跑停停的，罗马市民当然不会边跑边拍照。

台伯河上每座桥都不相同，大多有精美的石雕在桥头，有的通车，有的仅供步行。跑过几座桥后，西方云彩已有彩霞之色，显然即将日出东方。这时，此行的目的地圣彼得大教堂已经出现在视野中。早已是耳熟能详的风景了，一眼便认出。台伯河，教堂，日出之光，无法言语形容的美景，相机是无法记录的，但俗人于我还是拍个不停。

跑到圣彼得教堂前长长的通道时，立刻被震晕，眼前的教堂，背景是蓝天，天上正好有几大片乌云，东方日未尽出，这几片乌云被染上了金边，比起纯粹的蓝天白云下的教堂更增加了庄严肃穆之感。几百米长直直的通道，不消一刻跑到教堂广场，由于时间还早，空旷的广场上只有横竖层叠摆放的隔离铁栏，想见平时有极多的教徒和游客。这里是梵蒂冈，世界上最小的国家，据说只有600人口，却是全世界天主教的中心所在。这几天的一个重要新闻就是教皇出访，到墨西哥和俄罗斯东正教大领导进行历史性会晤，意义重大。

广场边上已经开始陆续出现着黑色教会服装的人，不只一群，顿增庄严感。我穿着红色紧身跑步衣裤，自我感觉和教堂广场极不协调，真担心广场边逐渐增多的军警会制止我跑步、拍照。教堂前的广场宏伟异常，两侧的巨型石柱更是撼人心魄，在其间跑步会令人莫名兴奋。圣彼得教堂是世界上最大的教堂，是拉斐尔、米开朗基罗等大师参与建设的，里面真迹、宝贝甚多。今早任务是跑步，明天我再来好好参观，去看一看那世界第一大的穹顶。

在教堂外跑步一圈后，游人渐多，我则原路折返，日出后的台伯河另外有了一番景色，回到西班牙广场，已经是游人如织的景象了，没有人知道我这个亚洲面孔曾经在两小时前独占了这个破船喷泉。

罗马城里的跑步已经结束。一切都在无可挽回地走向庸俗。

小贴士

初次在陌生城市、地区跑步，务必记得带好手机、地图(手机可上网，随时查看则不必带)、零钱、巧克力等能量补充物，放在一个跑步腰包里为上。

二十、罗马 大竞技场——罗马不是一天建成的，也不是一天可以跑完的

2016年2月18日 意大利 罗马 先阴后晴

晨跑发现，罗马果然不是一天建成的，也不是一天可以跑完的。

计划连跑三天。今天是古罗马城遗址一带，核心目标是作为意大利国家标志的圆形竞技场，又叫斗兽场。

意大利人甚是热情，问路到一个并不知详情的男士，结果人家硬是掏出手机到处搜索定位，说了一通，似乎离着很远的样子。其实我之前看过地图，知道就在附近，我本以为每个意大利人都会对斗兽场十分熟悉，随便在哪里都能指出其位置。结果耽误了好几分钟，我也没怎么听明白，又不好失礼主动离开。最后终于可以走了，只跑了不到20米，路口转身就看到了路尽头圆形熟悉的竞技场。

竞技场高大残破，正在维护中，估计要耗费些时日，毕竟是国家门面，不能随便修修补补。高大的脚手架和地面的护栏圈起的工地多少影响了斗兽场的整体观感。虽然斗兽场本身就不是完整的，多处都能看出修补痕迹。或许这斗兽场千百年来一直在修补。

跑步绕场一周，是外场，因为这么早还没开门迎客，只能透过几处铁门缝隙看一看里面的雄伟。广场上有荷枪实弹的军警，罗马似乎每个热门景点都如此。绕着斗兽场跑步的有几个，大都是一跑而过的当地人，不似我流连一番，摆拍若干。斗兽场前的凯旋门也甚是壮观，雕刻繁复精美，据说是记载古罗马皇帝出征之英勇。整个古罗马遗址体量巨大，有些小路可以进去外围远观，已有工人在里面施工，似乎是游步道的施工，可以看到许多铁护栏。如果想进去要等8点半正式开门以后。

我是来晨跑的，便在凯旋门右拐，跑步到了一处更荒芜的也更“熟悉”的所在——古罗马大竞技场，其实就是一处运动场，现在是市民跑步遛狗之所，但它远远大出现代田径场几倍，有市民在里面跑步。据说这是古罗马的运动场，当年有马车比赛之类的，可容纳30万观众，具体场景可以参看电影《宾虚》中赛车一段。可惜现在四周看台都已不复存在，只有南面还有一些残破的墙矗立着，阳光下苍凉万分。这是近距离触摸古罗马的地方，我也下到运动场内，专上带着露水的草地，亲自体会，跑在古罗马的体育场，遥想当年万马奔腾的场景。

这一圈下来有一公里的感觉，除了跑步的还有遛狗的。

大竞技场西边就是科斯美汀圣母教堂，在罗马众多教堂中其外观毫不起眼，

体量也不大，静静地矗立在台伯河边。但这里每到开放时间就人满为患，需要排队入场，只因为这里有一个神奇的石头井盖，井盖上是海神形象，张着口，叫真理之口，据说可以测谎，说谎的人伸手进去会被咬。

电影《罗马假日》里有这一经典场景，人满为患、排队测谎也是因了这部电影。

跑步经过时，教堂还没有开门，其理之口大大地空张在角落里。

看看时间还早，就一直往前跑，不远处就是威尼斯广场，这是罗马最大的广场——四通八达的广场。这里可以鸟瞰古罗马广场，特别是农神神殿高大的石柱，可以右转弯回到斗兽场，左转弯回到许愿池。

由于在罗马住的仍然是公寓，一家120平米的超大公寓，厨房设备还算齐全，跑步正好在威尼斯广场看到一家中型的家乐福超市，毫不犹豫停下脚步，进去采购。都是经典意大利菜肴：意大利面、面包、啤酒、奶酪、蔬菜、水果，还有一份烤肉，这是今天的大餐了。回去公寓微波炉热一下即可。

超市出来，看看时间已到了真理之口开门的时间，不能免俗，打算去测一下谎，其实就是拍照到此一游。

跑回科斯美汀圣母教堂，远远就看见门口排起长队，近前一看原来是两个韩国旅游团，几十人在轮流依次测谎。既来之则安之，立刻穿上防风衣（跑步时缠在腰间，停下来排队感觉很冷，避免受凉感冒），排队拍照，手里提着蔬菜水果来测谎的估计也是很少见的。

事实证明，我是个诚实的人，至今还没有撒过谎。

回到公寓我夸张地对夫人形容我晨跑的感受：

“哦，我的夫人，不管我们今后怎样，我想，没有什么比这更能给我们带来巨大的幸福了！”

小贴士

以看风景为目的跑步，要多带一件衣服，避免流连风景时着凉。皮肤风衣是比较好的选择。

二十一、罗马　斗兽场——人家斗兽我斗狗

2016 年 2 月 19 日　意大利　罗马　晴

When in Rome, do as the Romans do. 入乡随俗嘛。

经过两天的地毯式跑步，已经熟悉了罗马的主要地标和绝大多数大街的走向。今天要像一个罗马人一样去晨跑，不再以拍照看景为主要目的，也不用带地图识路。今天就我一个人出门，晨跑罗马。

为了了却昨天在圆形竞技场(斗兽场)时阴天欣赏效果不好的遗憾，今天跑步选择的路线依然是古罗马遗址一带。

这几天已完全掌握了罗马的日出规律，斗兽场离我住的公寓也就十几分钟的跑步距离，稍稍提早 20 分钟出发，日出前的天空云彩的各种变幻最难以捉摸也最美，经常可以获得令人惊艳的大片。

围着斗兽场跑，目测比校园里常规的四百米田径场要大许多，因为四周都有护栏。但愿没有引起担任警戒任务的那几个荷枪实弹特种部队士兵的注意：这个外国人在干什么？昨天也来跑，边跑边左顾右盼，不时拍照，莫不是来勘察地形要做什么坏事的吧？

半小时后，斗兽场多角度全方位日出盛景尽收囊中。

期间为了取远景，我跑到斗兽场旁边一个公园里，也是古罗马遗迹。我跑步上坡，为了看身后日照下的圆形竞技场。一个中年男人遛狗，两只都解开了绳子的小狗，看见我这外国人穿着红衣服在跑步，估计是觉得眼生，立时狂叫着朝我冲来。

怎么办？

我当然要应对，不可能撒腿就跑吧，那多狼狈啊，主要是看这两狗并不大，不会把我怎么样。但是当狗跑到你跟前仍没有停下的意思时，我就慌了，再小的狗也是狗，被狗咬了免不了引起麻烦。于是我试着吓唬这两只狗，不让它们靠近，不停试着用腿踢这两只狗，抵挡进攻。如果踢到狗身上狗肯定飞出去。狗主人不知是怕狗咬到我，还是怕我踢伤狗，反正不停地喊着 No, No, No……不知是叫我停，还是叫狗停，反正我是没法停，因为狗也不停。有一脚我已经踢到了一条狗的嘴，只是很轻的碰到，我不停试着防御，狗也就不敢近身，但毕竟不是办法，两条狗围着叫，万一被一条偷袭到可就麻烦了。狗主人见大叫 No 对谁都不好用，迅速扑上来抓住其中一只狗，只剩一只我就好对付了，不用腹背受敌。事实上，主人抓住一只，另一只也就停下来不再往上冲了。

狗主人过来安抚我，不住地示意我应该双手举过头顶，站立不动，狗不会咬的。不停地说着对不起，驱赶着狗离开。惊魂一场，还算有惊无险。再一看周围环境，自己也是应变不灵，直接跑到旁边一处柱石上不就结了吗，公园里到处都是这种石头，那可是古罗马时期的。

这种经历还是不要的好，我再看公园里也有其他人在跑步的，狗也没追着咬人家，估计是我这陌生面孔惊着罗马的狗了。

事后，我还一直纠结，如果当时我站定举起双手不抵抗，狗真的不会咬我吗？

如果有下一次，我该不该试一下呢？

晨雾散处，华光普照，露珠滴翠，再也看不见憧憧狗影，似乎预示着，我再也没机会试验了。

小贴士

陌生的城市，不要去当地人遛狗的地方跑步。或者远离遛狗人群。

二十二、杭州　下沙江滨——钱江未暖鸭不见，春风十里还冻人

2016 年 2 月 25 日　杭州　阴　74.3 公斤

2016 年 2 月 25 日，在中国论干支则为丙申年（属猴），庚寅月，丁丑日。宜祭祀，忌嫁娶。这一天四海升平，全国并无大事可叙，无非发展新能源，提倡生态安葬，气候也不算反常，华北雾霾袭城，江南阴雨流行。倒是审计机关查出了问题 3260 个，这个数目，以我国幅员之大，似乎也在所难免。只要小事未曾酿成大灾，也就无关宏旨。总之，在历史上，2016 年 2 月 25 日实为平平淡淡的一天。

这一天，远在江南名城杭州郊区的一所高校寒假结束刚刚开学。

这也很平常。

我原计划昨天早上开始从意大利回来之后的第一次跑步，因为昨天是学校第一天开学，也有意义。

不巧的是，竟然失眠，百年不遇的事，或许是旅途疲劳，且回来白天喝两次红茶，当晚又忍不住喝了绿茶所致。

结果昨天早上睁开眼已经 6 点多了，还要准备第一天上班，跑步取消。

今早不能再起不来了，昨晚也没有喝茶，必须找到失眠原因。

老节奏又回来了，早上 5 点半醒来，身体极不情愿，犹豫了好一会要不要起来。因为还是感觉很冷，马上就开始鄙视自己，啥时候起床都要做思想斗争了。迅速跳起来，下床，抓起昨晚就准备好的衣裤，包括那件在意大利买的安德玛紧身裤，适合冬季跑步，极为贴合。戴上运动手表、耳包、手套。

明月依然高悬西天，除了小区门卫，看不到其他人，外面还很寒冷，戴手套、耳罩是正确的。

脚步极为轻快，没有不适感，毕竟前几天在罗马还坚持跑步嘛，又不是荒废好久了，只不过晨跑钱塘江这条线路是生疏半月了。

照例没有日出，不是雾霾，是阴天。回国几天来就没看见过一丝蓝天，记得最后一天我们在罗马火车站前广场，夫人不顾车流流连拍摄蓝天白云，被我催促，现在想来是多么浪费，不知珍惜。那样的蓝天白云不知何时才能再见，至少在今天的江南是不可能了。

江水灰蒙蒙的很平静，或许有波澜，但晨雾中看不见。今天还要上班，不可能再等日出，看这阵势一小时内出不来。

回程依然不见一个行人，难道学生还没开学？其实即便开学也极少有学生这么早出来晨跑，除非学校强迫要求。

今天有一个巨大的教训，有些惨痛。一早因为稍犹豫一下做了心理斗争，后来一激动跳下床，喝了口水就出门跑步，忘了一件大事。多少年从来没有忘记过的一件大事，那就是上厕所“办大事”。今天是真的忽视了，结果回程开始感觉不对，只带了手机，根本没带厕纸，再说路边也根本没有方便可上的厕所，这一路我是太熟悉了，已经是跑过无数次的一条路线了。

怎么办？

憋着吧。

跑步加速，快点回家。可越加速下坠感越严重，简直就要破门而出。只好憋着，放慢速度，调节到可以忍耐的限度。这后半程几乎就是在调节自己身体中度过的。这十几分钟太过漫长，那份酸爽无法表达。

小贴士

跑步前，特别是比赛前，大便必须处理干净，特别是有晨起上厕所习惯的人，务必切记。另，比赛前一晚千万不要吃陌生不熟悉的东西，要按照最日常的习惯去进食。现在马拉松比赛遍布世界各地，各地饮食风俗不同，美食遍地，难免会嘴馋，但享受美食的事最好留到比赛后。水土不服吃坏肚子，影响比赛成绩不说，找不到厕所，或者厕所排队有的你难堪了。当然，这也提示一件事，跑步随身携带装备中，除了盐丸，能量胶，最好携带一小包纸巾，以防万一。

二十三、杭州　周末——天气好，留在室内是种罪过

2016 年 2 月 27 日　杭州　晴　74.5 公斤

水是眼波横，山是眉峰聚。欲问行人去哪边？眉眼盈盈处。

才始送春归，又送君归去。若到江南赶上春，千万和春住。

江南春天不该错过，杭州的春天更要珍惜，没办法，主要是近几年雾霾严重啊。

今天周六，阳光明媚的日子，虽然没法和前些天意大利的蓝天白云相比，但对于杭州已经是难得了。

这样的日子，留在室内是种罪过。

毫不犹豫赶往西湖，断桥上游人如织，现在是赏梅的季节，梅花已经完全进入盛开期。杭州市区最佳赏梅地除了常规的灵峰外，就要数孤山了。

这里是知名典故梅妻鹤子的主人公林逋隐居的地方，估计大半游人不知。大多数游人只知道越过护栏，尽情拍照，全然不顾其他人。

再往前不远是西泠印社后山门，书法篆刻爱好者可以寻路前往。这个水域野鸭甚多，仔细观察有一对鸳鸯在其中，于是就有父母教孩子识别鸳鸯和鸭子的不同。

今天的主要任务，除了赏梅就是爬山，锻炼一下，所谓踏青赏景，登高望远。西湖边最近的山就是宝石山、栖霞岭和葛岭了，它们也只有几十米高，不过一样可以达到锻炼目的。

游步道上游人不断，登山练脚力，对于跑步有帮助，属于交叉训练的一种。

前后徒步登山总计 3 小时，效果很好。

第二天，周日，天气依然好得让人认为留在室内是种罪过。

西湖不能再去了，运动成为首选，骑车好了，对，就是骑车，也该骑骑车了。

几辆单车在房间里已经积了一层灰尘，想想冷落单车很久了。前些天还暗下决心，2016 年跑步单车同时进行，那就从今天开始吧。

迅速擦掉山地车上的灰尘，公路车暂时放一边，因为无论从心理还是装备上还没准备好去骑公路车。山地车更方便些，只是休闲骑一下，也不用头盔手套骑行服，就是休闲地在江边骑骑，活动一下筋骨。

今天是重车熟路(相对于公路车，我这大齿山地可是有些重)，山地车去年换的把横、把立和把套，亮银色，还没怎么用过，宽把握起来非常舒服，抓上去感觉瞬间提高了车的可操控性。

路线当然是沿江了，不然怎么说是熟路呢。计划骑行一圈，20 公里。江还是那条江，由于年前之江东路全线通车，明显感觉到私家车多了，甚至还通了一路公交车，原来闻名骑友圈的溜车大道已经变了味道。私家车太多，空气质量也就下降，最主要的是安全系数也急剧下降了。原来傍晚溜车几乎没有什么私家车，可以飙车。可能是周末的关系，路边禁止烧烤停车的路牌下，到处是停车烧烤的城里人。

还好我骑的是山地车，速度不快。私家车对我干扰不大，干扰主要来自于大逆风，江边的逆风，不过也好，正好锻炼，经常需要摇车前进。

原本出门时的好天气，到了江边竟然突变，伴随大逆风的是阴云和雾霾，真是骑虎难下，已经到了江边，往前往后回家的距离是一样的，索性只能向前骑回家。

聊以自慰的是，半路遇到钱江潮水，一条白线远远而来，潮水显然不大，没有形成一线潮，但毕竟是潮水，也是个好兆头。

该死的雾霾，卷土重来，狼狈地逆风骑车回家。

今天的交叉训练，效果不佳，主要是雾霾影响心情。

小贴士

骑车、游泳、爬山都可作为跑步的交叉训练方式。

二十四、苏州 金鸡湖——读书人的马拉松

2016 年 3 月 13 日　苏州金鸡湖　雾霾严重

人必须跑很多马，然后归于沉静。

人必须读很多书，然后归于沉静。

动静相宜，知行合一。

跑马和读书没啥关系吧？

“读万卷书，行万里路”是说一个人应该多读书，知晓道理，也应该多出去走走看世界，都对人生大有裨益。

苏州人硬是让跑马和读书扯上了关系，牵线的就是 2016 年的苏州金鸡湖马拉松和“闻名天下”的台湾诚品书店。

2015 年 11 月末，诚品书店在大陆开了第一家书店，选址就在苏州。据说开业时的盛况堪比迪斯尼开业。作为一个经常读书的人，开在大陆的诚品还是勾起了我的兴致，虽不至于立马赶去朝拜，也私下盘算，找个理由一定要去苏州逛一下，看看还有没有当年在台北半夜逛诚品的感觉。

当春节前苏州金鸡湖马拉松开始报名的时候，我第一动作是上网查看马拉松起始点和诚品书店的位置关系，令我兴奋的是，主办方没有让我失望，马拉松和诚品在一起，看地图绝对不超过 500 米，都在金鸡湖月光码头附近。

毫不犹豫报了名。

春节过后，新年第一马，主题就成了：金鸡湖畔跑跑马，诚品书店买买书。

为此，我甚至把回程（苏州回杭州）的火车票都买成了 K 字头的绿皮火车，（原本苏杭之间最多的是高铁，只要一个多小时），为的就是在路上有 3 个多小时时间，我可以慢慢地看书，诚品买的书。

绝不仅仅只有我把诚品书店当作报名金鸡湖马拉松的动因，比赛结束后，和我一样，打听诚品怎么走的跑马者为数不少，后来发现，只要随着分散撤离终点的人流走就是诚品书店了，可见民心所向，也可说是大势所趋。

比赛结束，恢复拉伸，简单洗漱换衣后，第一时间赶到诚品书店。第一件事却不是逛书店，而是找地方填饱肚子。

在书店吃饭？

对的，因为这是诚品书店。诚品绝不仅仅是一家书店，大楼外立面上的名字写的是“诚品生活”，所谓生活，就是吃穿用都得有了，书只是其中一部分。事先已经做了功课，诚品里美食多多。跑马习惯，我们几人找了个有汤面的店，美美茶餐厅。我这次跑马结束得稍早，第一次跑进了 2 小时（值得纪念下），到餐厅也

就稍早一些，顺利找到了位子。不一会，就在我们的菜还没上齐的时候，餐厅外面已经开始排队叫号了。中国式的喧闹拥挤，仿佛饭口时分的杭州外婆家餐厅。再看餐厅里坐着的和外面排队的，几乎都无一例外地背着小红包——跑马装备包。我点了海鲜冬阴功汤面和烧鹅饭，两个人的量，跑马结束要大补一下，也确实饿。再看周边餐桌，也都是满满一桌子。估计今天餐厅营业额会让老板笑得嘴都合不拢。

吃饱喝足逛书店，四肢血液回流，消化成为当前的主要任务，于是腿有些软，毕竟半马。匆匆逛了下，苏州诚品绝不仅仅是家书店，最多只能说是一家有书卖的大商场。书，也是看的人多，买的人少，大多似我般买两本做个纪念，意思我来过诚品了。买多了背着很重，这里又不打折。随手挑了 4 本书：《岛上书店》《圆点女王，草间弥生》《当我跑步时，我谈些什么》《北欧，冰与火之地的寻真之旅》，一眼就可以看出我最近的关注点：读书、艺术、跑步和旅游。

这四项也是我近些年的生活重心所在。

说了半天，都是“诚品生活”，半点没说金鸡湖马拉松。今年这个金鸡湖赛事全让这该死的雾霾给毁了。今天雾霾应该是严重污染级别，能见度不足 500 米，整个 21 公里跑下来没有一点美景可看，即便是经过湖上那一段，原本该春风拂面，绿柳依依，也只有雾霾渐欲迷人眼，桃花不敢笑春风。雾霾已经成了中国大多数地区的常规天气，沿途依然有游人和看热闹的市民。

忽略雾霾（真的无法忽略，倒是之后的所有关于金鸡湖马拉松的报道都不约而同地忽略了雾霾，只字未提），马拉松还是有一些亮点的：奖牌设计惊艳，琵琶造型，色彩搭配赏心悦目，甚至赛后朋友圈里有人问哪里可以买到。还有人说，有了这奖牌，吸点雾霾也值了。

路上许多有组织的演出助威团体，助威的人群中还有许多小学生模样的，显然也是有组织的，不知领导是怎么想的，这么严重的雾霾还组织孩子到路边敲鼓助威。惊艳的是，其实也是理所当然的，有苏州评弹演出。如果是摇滚乐配跑马让人热血沸腾，脚下有力，可这苏州评弹的细软酥麻，配上这奋力向前的跑者，绝对有跨界混搭后现代的感觉。

我该不该停下脚步坐下来泡一壶茶慢慢欣赏呢？

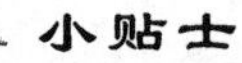
小贴士

若想跑马取得好成绩，最好提前到出发区，尽量占据靠前的位置，不然以目前国内跑马的火爆程度，前几公里只能跟在别人的后面跑。分段成绩显示，我第一个 5 公里用时 30 分钟，后三个 5 公里都是 27 分钟。显然，前面被堵在人群里了。

附录　仿写名著目录

跑过四季——春

一、香港　星光大道——跑步维港，电影不再是唯一

37 岁的我端坐在波音 747 客机上。庞大的机体穿过厚重的夹雨云层，俯身向汉堡机场降落。11 月砭人肌肤的冷雨，将大地涂得一片阴沉。使得身披雨衣的地勤工、呆然垂向地面的候机楼上的旗，以及 BMW 广告板等的一切的一切，看上去竟同佛兰德派抑郁画幅的背景一般。罢了罢了，又是德国，我想。

——村上春树《挪威的森林》

二、浙江　开化——百马人生

我家门前有两棵树，一棵是枣树，另一棵也是枣树。

——鲁迅《野草》

三、杭州　下沙——晨跑遇大神

那是个下雪的早晨，我躺在床上，听见一群野画眉在窗子外边声声叫唤。

——阿来《尘埃落定》

四、浙江　嘉兴——没有粽子的马拉松

你坐的是长途公共汽车，那破旧的车子，城市里淘汰下来的，在保养的极差的山区公路上，路面到处是坑坑，从早起颠簸了十二个小时，来到这座南方山区的小县城。

——高行健《灵山》

五、西安　大学——世人皆知西南联大

It was the best of times, it was the worst of times.

那是最美好的时代，那是最糟糕的时代。

——查尔斯·狄更斯《双城记》

六、西安　城墙——13.7 公里长的古城墙

一个富有的单身汉必得讨个老婆，这是放诸四海皆准的事实。

——简·奥斯汀《傲慢与偏见》

七、西安　泡馍——夜晚以泡馍结束，清晨则从掰馍开始

我年纪还轻、阅历不深的时候，我父亲教导过我一句话，我至今还念念不忘。“每逢你想要批评任何人的时候，”他对我说，“你就记住，这个世界上所有的人，并不是个个都有过你拥有的那些优越条件。”

——弗·司各特·菲茨杰拉德《了不起的盖茨比》

八、西安　美院——最难忘那数不尽的拴马桩

我只等了一会儿，然后钻进车里，驶向我应该待的地方。

——石黑一雄《别让我走》

九、西安　小巷——假行僧、胡辣汤

我要从南走到北
我还要从白走到黑
我要人们都看到我
但不知我是谁
假如你看我有点累
就请你给我倒碗水
假如你已经爱上我
就请你吻我嘴
我有这双脚 我有这双腿
我有这千山和万水
我要这所有的所有
但不要恨和悔
……

——崔健《假行僧》

十、秦皇岛　马拉松——假装内行看门道

但这个游戏只和男性的名字有关。因为，如果他是个女孩，莱拉已经给她取好名字了。

——卡勒德·胡塞尼《灿烂千阳》

跑过四季——夏

一、杭州　西湖——跑步，打开杭州的最好方式

往上面看看，又往仓棚外看看，渐渐合拢嘴唇，神秘地微笑了。

——约翰·斯坦贝克《愤怒的葡萄》

二、上海　长风公园——初跑长风，本是旧时相识；再战影院，皆因佳片有约

但是这就是巴黎早期的样子，那时候我们很穷，却很幸福。

——欧内斯特·海明威《流动的盛宴》

三、上海　端午——爱上跑步后，不跑不约

春风杨柳万千条，六亿神州尽舜尧。
红雨随心翻作浪，青山着意化为桥。
天连五岭银锄落，地动三河铁臂摇。
借问瘟君欲何往，纸船明烛照天烧。

——毛泽东《送瘟神》

四、杭州　涂色书——生活本无色，灿烂要靠自己涂抹

贾尔纯和顾利瞧着他们的背影："喂，你看他们两个在搞什么鸟名堂呢？"

——约翰·斯坦贝克《人鼠之间》

五、杭州　买菜——母亲眼中跑步的实用价值

从这天晚上起，聂赫留朵夫开始了一种全新的生活，不仅因为他进入了一个新的生活境

界，还因为从这时起他所遭遇的一切，对他来说都具有一种跟以前截然不同的意义。至于他生活中的这个新阶段将怎样结束，将来自会明白。

——列夫·托尔斯泰《复活》

六、杭州　接力赛——那一群在雨中跑步的疯子

在大路另一头老人的窝棚里，他又睡着了。他依旧脸朝下躺着，孩子坐在他身边，守着他。老人正梦见狮子。

——欧内斯特·海明威《老人与海》

七、上海　三天——台风都挡不住的学习脚步

人类的一切智慧是包含在这四个字里面的："等待"和"希望"！

——大仲马《基督山伯爵》

八、杭州　实践——跑步谁不会，还用教？

我现在做的是一桩大好事情，远远胜过我一向所作所为；我现在去的是一处大好归宿，远远胜过我一切所知所解。

——查尔斯·狄更斯《双城记》

九、巴黎　下马威——痛饮巴黎，和平咖啡馆内的洋相

巴黎是一个节日

——欧内斯特·海明威《巴黎是一个节日》

十、巴黎　地标——去欧洲跑步，你一定会说我疯了

在巴黎，我们像空气一般自由。

——欧内斯特·海明威《巴黎是一个节日》

十一、法国　阿维尼翁——古城的阳光，马赛的鱼汤

K到达村子的时候，已经是后半夜了。村子深深地陷在雪地里。城堡所在的那个山岗笼罩在雾霭和夜色里看不见了，连一星儿显示出有一座城堡屹立在那儿的光亮也看不见。K站在一座从大路通向村子的木桥上，对着他头上那一片空洞虚无的幻景，凝视了好一会儿。

——弗兰兹·卡夫卡《城堡》

十二、法国　马赛——喝完鱼汤去跑步，老城迷路

乞力马扎罗是一座海拔19710英尺的长年积雪的高山，据说它是非洲最高的一座山，西高峰叫马塞人的"鄂阿奇－鄂阿伊"，即上帝的庙殿。在西高峰的近旁，有一具已经风干冻僵的豹子的尸体，豹子到这样高寒的地方来寻找什么，没有人做过解释。

——欧内斯特·海明威《乞力马扎罗的雪》

十三、法国　蔚蓝海岸——酷热下的清凉美女

马克斯走进他的小船，挥手跟大家告别，然后开始返航。经过一年多的航行，他终于在深夜回到了自己的房间，发现他的晚餐还没有动——还是热的。

——莫里斯·森达克《野兽家园》

十四、法国　尼斯——老城跑山，美丽的尼斯湾

不管我活着，
还是我死去，
我都是一只牛虻，
快乐地飞来飞去。

——伏尼契《牛虻》

十五、法国　地中海——跑步入海，尼斯晨练的标准版

这会儿我又一次站在这幅镶着简单画框的小画前面。明天一早我就要动身回家乡去，因此我久久地，出神地望着这幅小画，好像它能够对我说些吉祥的临别赠言似的。

——艾特玛托夫《查密莉雅》

十六、巴黎　环法——那一场彻骨的寒

请你在半小时内穿戴好，途中我们还可以到玛尼齐饭店吃个晚饭。

——柯南·道尔《巴斯克威尔的猎犬》

十七、巴黎　索邦——复习巴黎

一个人只要年轻时在巴黎生活过，尔后无论身处何地，巴黎总历历在目。因为，巴黎是个永恒的节日。

——欧内斯特·海明威《巴黎是一个节日》

十八、广州　珠江——那些奇怪的钓鱼人

你到底是什么人物？

有一种力量，它总是想作恶，又永远在造福，我就是它的一股。

——歌德《浮士德》

十九、墨尔本　菲利普湾——跑步冻出鼻涕

在很远很远的海上，那里水像最美丽的矢车菊那么蓝，像水晶那么清澈，非常非常深，说实在的，深得没法用锚链来测量它的深度。

——安徒生《海的女儿》

二十、墨尔本　晨跑——我本将心向明大海

不存在十全十美的文章，就如同不存在彻头彻尾的绝望。

——村上春树《且听风吟》

二十一、墨尔本　澳网——朝圣罗德拉沃尔

她打开了门，重新接受了他。

——史迪格·拉森《捅马蜂窝的女孩》

二十二、墨尔本　天然草地——跑步，让人纠结的遛狗

因为就像人们说的那样，你种下什么就会收获什么，而这个男孩，播种下的是优良的玉米种子。

——汉斯·法拉达《独自在柏林》

二十三、墨尔本　破风——撞到电影节

他和曼桢认识，已经是多年前的事了。算起来倒已经有十四年了——真吓人一跳！马上使他连带地觉得自己老了许多。日子过得真快，尤其对于中年以后的人，十年八年都好像是指顾之间的事。

——张爱玲《半生缘》

二十四、澳洲　房车游——“滚大街（读音该为 gai）”上的 U 型转弯

瓦尔库尔如今一片平静。

——吉尔·科特曼奇《基加利游泳池的星期天》

二十五、澳洲　Wagga Wagga——开着房车露宿街头是什么概念？

但现在我必须睡了。

——伊恩·麦克尤恩《赎罪》

二十六、悉尼　City2Surf——世界上最大的跑步 party

我现在已做的远比我所做过的一切都美好；我将获得的休息远比我所知道的一切都甜蜜。

——查尔斯·狄更斯《双城记》

二十七、澳洲　徒步——“倪萍”河上的大鸟

蜜蜂嗡嗡地叫，石竹花的芳香在空气中飘溢开来。

——凯特·肖邦《觉醒》

二十八、澳洲　Kiama——日落下的喷水洞

火炭灰随着咸涩的海风朝我们这吹来。

——达芙妮·杜穆里埃《吕贝卡》

二十九、澳洲　东海岸——把每一个普通的日子都过成良辰

我明天回塔拉再去想吧，那时我就经受得住一切了。明天，我会想出一个办法把他弄回来，毕竟，明天又是新的一天呢。

——玛格丽特·米切尔《飘》

三十、澳洲　Lakes Entrance——湖海之间，无人沙滩，日出天边

春天是破晓的时候最好。渐渐发白的山顶，有点亮了起来，紫色的云彩微细地横在那里，这是很有意思的。

——清少纳言《枕草子》

三十一、墨尔本　皇家植物园——草地上的跑步者

我祝大家都幸福长寿。

——爱丽丝·西伯德《可爱的骨头》

三十二、上海　家中——跑步禅

当我写后面那些篇页，或者后面那一大堆文字的时候，我是在孤独地生活着，在森林中，在马萨诸塞州的康科德城，瓦尔登湖的湖岸上，在我亲手建筑的木屋里，距离任何邻居一英里，只靠着我双手劳动，养活我自己。在那里，我住了两年又两个月。目前，我又是文明生活中的过客了。

——亨利·梭罗《瓦尔登湖》

三十三、舟山　朱家尖——海滨度假，不仅要自己带盐，还要自己带锅

初次相见，约塞连便狂热地恋上了随军牧师。

——约瑟夫·海勒《第二十二条军规》

三十四、舟山　大青山——晨跑风景区，收费就说再见

灯罩下的一只巨大的蝴蝶，被头顶的光吓得一惊，扑扑飞起，开始在夜晚的房间里盘旋。钢琴和小提琴的旋律依稀可闻，从楼下丝丝缕缕地升上来。

——米兰·昆德拉《不能承受的生命之轻》

三十五、舟山　朱乌线——最美朱家尖，不是海，不是山，而是清晨独自奔跑在山海间

我追。风拂过我的脸庞，我唇上挂着一个像潘杰希尔峡谷那样大大的微笑。我追。

——卡勒德·胡塞尼《追风筝的人》

跑过四季——秋

一、上海　华东师大——又见丽娃河

1975年二三月间，一个平平常常的日子，细蒙蒙的雨丝夹着一星半点的雪花，正纷纷淋淋地向大地飘洒着。时令已快到惊蛰，雪当然再不会存留，往往还没等落地，就已经消失得无踪无影了。黄土高原严寒而漫长的冬天看来就要过去，但那真正温暖的春天还远远地没有到来。

——路遥《平凡的世界》

二、杭州　校友会——和医生交流，学而时习之

三十五年了，我置身在废纸堆中，这是我的love story。

——博胡米尔·赫拉巴尔《过于喧嚣的孤独》

三、杭州　聚会——西湖日落和钱江日出之间只隔着一只烤羊腿

我在好几篇小说中都提到过一座废弃的古园，实际就是地坛。许多年前旅游业还没有开展，园子荒芜冷落得如同一片野地，很少被人记起。

——史铁生《我与地坛》

四、杭州　报名——又是一年跑马季

大考的早晨，那惨淡的心情大概只有军队作战前的黎明可以比拟，像《斯巴达克斯》里奴隶起义的叛军在晨雾中遥望罗马大军摆阵，所有的战争片中最恐怖的一幕，因为完全是等待。

——张爱玲《小团圆》

五、浙江　淳安——鱼头细雨桂花香，山地半马千岛湖

西塞山前白鹭飞，桃花流水鳜鱼肥。
青箬笠，绿蓑衣，斜风细雨不须归。

——张志和《渔歌子·西塞山前白鹭飞》

六、杭州　理论与实践——要做得很专业，而不是显得很专业

我一直在想这样的大海，直到有人走来把手轻轻放在我的肩上。

——村上春树《国境以南，太阳以西》

七、杭州　心率——月圆中秋，来点有技术含量的

却听得杨过朗声说道："今番良晤，豪兴不浅，他日江湖相逢，再当杯酒言欢。咱们就此别过。"说着袍袖一拂，携着小龙女之手，与神雕并肩下山。

其时明月在天，清风吹叶，树巅乌鸦呀啊而鸣，郭襄再也忍耐不住，泪珠夺眶而出。

正是："秋风清，秋月明；落叶聚还散，寒鸦栖复惊。相思相见知何日，此时此夜难为情。"

——金庸《神雕侠侣》

八、杭州　潮——钱江潮，壮观天下无；跑马潮，汹涌世少有

八月十五夜，月色随处好。
不择茅檐与市楼，况我官居似蓬岛。
凤咮堂前野桔香，剑潭桥畔秋荷老。
八月十八潮，壮观天下无。
鲲鹏水击三千里，组练长驱十万夫。
红旗青盖互明灭，黑沙白浪相吞屠。
人生会合古难必，此景此行那两得。

愿君闻此添蜡烛，门外白袍如立鹄。

——苏轼《催试官考较戏作》

九、上海　十一——长假有多长，用脚来丈量

我不是邪恶的鼓吹者，但不论我在什么地方，只要听到高尚的人不幸哀鸣，我都会为他应声呼吁。

我再说一遍，玛格丽特的故事非常特殊，要是司空见惯，就没有必要写它了。

——小仲马《茶花女》

十、上海　网球——跑步，去看费德勒

这个人也许永远不回来了，也许明天回来。

——沈从文《边城》

十一、杭州　手表——人人都挂在嘴边的心率控制

祁老太爷什么也不怕，只怕庆不了八十大寿。

——老舍《四世同堂》

十二、杭州　向日葵——意外带来惊喜，计划竟然失望

但是，毋庸讳言，婚礼中朋友们真诚的祝福和希望却是千真万确的，尽管还有些美中不足。

——简·奥斯汀《爱玛》

十三、江苏　常熟——常马不再来，只是不舍那碗销魂羊肉面

那天雪子拉肚子始终没有好，坐上火车还在拉。

——谷崎润一郎《细雪》

十四、杭州　盐仓——不看回头潮，170 分钟的 LSD（长距离慢跑），只为上马

今天，妈妈死了。也许是昨天，我不知道。

——加缪《局外人》

十五、杭州　杭马——央视直播，看到我没？

说来好笑。你千万别跟任何人谈任何事情。你只要一谈起，就会想念起每一个人。

——杰罗姆·大卫·塞林格《麦田守望者》

十六、上海　上马——大叔战全马，究竟要做多少准备才算充分？

很多年以后，奥雷连诺上校站在行刑队面前，准会想起父亲带他去参观冰块的那个遥远的下午。当时，马孔多是个二十户人家的村庄，一座座土房都盖在河岸上，河水清澈，沿着遍布石头的河床流去，河里的石头光滑、洁白，活像史前的巨蛋。

——加西亚·马尔克斯《百年孤独》

十七、浙江　绍兴——出差，背包里的那双跑鞋

一双双眼睛，一张张脸都转向我，我被这些目光牵引着，仿佛被一根魔线牵着似的，迈步走了进去。

——西尔维娅·普拉斯《钟形罩》

十八、浙江　德清——两个老男人的青梅竹马

他安息了。尽管命运多舛，他仍偷生。失去了他的天使他就丧生；事情是自然而然地发生，就如同夜幕降临，白日西沉。

——维克多·雨果《悲惨世界》

十九、上海　杭州——和时间赛跑的日子

他知道发生了什么事，却无法相信它，如今已回天乏力，于事无补，只好默默承受。

——安妮·普鲁克斯《断背山》

二十、广东　东莞——晨跑，误入坟场

如今我已是一个死人，成了一具躺在井底的死尸。

——奥尔罕·帕慕克《我的名字叫红》

跑过四季——冬

一、浙江　宁波——三江六岸十公里，一人一晨一座城

话说天下大势，分久必合，合久必分。

——罗贯中《三国演义》

二、广东　深圳——亲历死亡，深马我受冷风吹

我们都得死，没有例外，这我知道，但是上帝啊，有时候，这条路真的太长了。

——史蒂芬·金《绿色奇迹》

三、广州　广马——私兔是个什么鬼？

这可是实实在在的一见钟情。初次相见，约塞连便狂热地恋上了随军牧师。

——约瑟夫·海勒《第二十二条军规》

四、广州·中山大学——荣光堂的主人

他没有想这个，而是直接走到一个面朝前的座位上，这样就能看到他要去哪里。

——汉斯·法拉达《流浪者》

五、杭州　民马——钱塘江边的风景

这并不意味着结束。生命还在继续，让我们重整旗鼓，下一次我们将会获得成功。

——亚历山德拉·福勒《今夜，我们不再受责难》

六、浙江　德清——冬天，下雨，孕妇，首马，山地，越野……

白嘉轩后来引以豪壮的是一生里娶过七房女人。

——陈忠实《白鹿原》

七、上海　嘉定——上海人很幽默，元旦跑就做了个圆蛋形的奖牌

我爱老大哥。

——乔治·奥威尔《一九八四》

八、东北　农村——跑步遇狼

我知道黄昏正在转瞬即逝，黑夜从天而降了。我看到广阔的土地袒露着结实的胸膛，那是召唤的姿态，就像女人召唤着她们的儿女，土地召唤着黑夜来临。

——余华《活着》

九、香港　港马——卓比雨战港马，勤勤星耀香江

她看到桑迪·福赛斯穿过柏油碎石路向她走来，面对英国阳光明媚的午后，像一个充满渴望和好奇的小学生一样微笑着。

——C·J·桑塞姆《马德里的冬天》

十、福建　霞浦——东南形胜，霞浦竟然如此繁华

东南形胜，三吴都会，钱塘自古繁华。烟柳画桥，风帘翠幕，参差十万人家。云树绕堤沙。怒涛卷霜雪，天堑无涯。市列珠玑，户盈罗绮、竞豪奢。重湖叠山献(音 yǎn)清佳。有三秋桂子，十里荷花。羌管弄晴，菱歌泛夜，嘻嘻钓叟莲娃。千骑拥高牙，乘醉听箫鼓，吟赏烟霞。异日图将好景，归去凤池夸。

——柳永《望海潮(东南形胜)》

十一、福建　霞浦花竹——劫财不怕，万一劫色呢？

因为书中和我有关的人物无不如愿以偿：艾略特成为社交界名流；伊莎贝尔在一个活跃而有文化的社会里取得巩固地位。并且有一笔财产做靠山；格雷找到一个稳定而赚钱的职业可以每天从早上九点到下午六点上班；苏姗·鲁维埃得到生活保障；索菲获得死；拉里找到了安身立命之道。所以，不管那些自命风雅的人多么挑剔，一般公众从心眼里还是喜欢一部如愿以偿的小说的；所以，也许我的故事结局毕竟并不是怎样不如人意呢。

——威廉·萨默塞特·毛姆《刀锋》

十二、杭州　下沙——极寒，大雪纷飞的浪漫

这是一个流行离开的世界，但是我们都不擅长告别。最糟糕的不在于这个世界不够自由，而是在于人类已经忘记自由。我们选择了这个方法正如你选择了你的命运，你我的选择都同样是不可改变的。然而，每一个人都遗憾他不能过其他的生活。你也会想过一过你所有未实现的可能性，你所有可能的生活。只有当一个人上了年纪，他才可能对身边的人，对公众，对未来无所顾忌。他只和即将来临的死神朝夕相伴，而死神既没有眼睛也没有耳朵，他用不着讨好死神；他可以说他喜欢说的东西，做他喜欢做的事。

——米兰·昆德拉《生活在别处》

十三、浙江　莫干山——跑步机上的午后时光

没有几个漂流者可以拍着肚子说他们能像帕特尔先生一样在海上生存这么长时间，期间只有一只成年孟加拉虎陪伴。

——杨·马特尔《少年派的奇幻漂流》

十四、上海　新年——纵贯上海，只为那带着体温的礼物

老父亲，老技师，现在请尽量给我一切帮助吧。

——詹姆斯·乔伊斯《一个青年艺术家的画像》

十五、杭州　大年初一——猴急跑钱江，春晚日不迟

幸福的家庭家家相似，不幸的家庭各个不同。

——列夫·托尔斯泰《安娜·卡列尼娜》

十六、意大利　威尼斯——两个人的圣马可广场

穿过县界长长的隧道，便是雪国。

夜空下一片白茫茫。火车在信号所前停了下来。

一位姑娘从对面座位上站起身子，把岛村座位前的玻璃窗打开。一股冷空气卷袭进来。

姑娘将身子探出窗外，仿佛向远方呼唤似地喊道：

站长先生，站长先生！

——川端康成《雪国》

十七、意大利 Lido——岛上游荡，牛排不见了，只剩盘子里的 T 骨

究竟是什么时候什么地方怀上诗人的？

——米兰·昆德拉《生活在别处》

十八、意大利 佛罗伦萨——清晨 5 点钟的翡冷翠

……

在这园里，挨着草根，暗沉沉地飞，
黄昏飞到半夜，半夜飞到天明，
只愿天空不生云，我望得见天
天上那颗不变的大星，那是你，
但愿你为我多放光明，隔着夜，
隔着天，通着恋爱的灵犀一点
……

——徐志摩《翡冷翠的一夜》

十九、意大利 罗马——假日，跑过罗马

长安城里的一切已经结束。一切都在无可挽回地走向庸俗。

——王小波《万寿寺》

二十、罗马 大竞技场——罗马不是一天建成的，也不是一天可以跑完的

哦，我的姑娘们，不管你们今后怎样，我想，没有什么比这更能给你们带来巨大的幸福了！

——路易莎·梅·奥尔科特《小妇人》

二十一、罗马 斗兽场——人家斗兽我斗狗

夜雾散处，月华皎洁，静穆寥廓，再也看不见憧憧幽影，似乎预示着，我们再也不会分离了。

——查尔斯·狄更斯《远大前程》

二十二、杭州 下沙江滨——钱江未暖鸭不见，春风十里还冻人

公元 1587 年，在中国为明万历十五年，论干支则为丁亥，属猪。当日四海升平，全年并无大事可叙，纵是气候有点反常，夏季北京缺雨，五六月间时疫流行，旱情延及山东，南直隶却又因降雨过多而患水，入秋之后山西又有地震，但这种小灾小患，以我国幅员之大，似乎年年在所难免。只要小事未曾酿成大灾，也就无关宏旨。总之，在历史上，万历十五年实为平平淡淡的一年。

——黄仁宇《万历十五年》

二十三、杭州 周末——天气好，留在室内是种罪过

水是眼波横，山是眉峰聚。欲问行人去那边？眉眼盈盈处。
才始送春归，又送君归去。若到江南赶上春，千万和春住。

——王观《卜算子·送鲍浩然之浙东》

二十四、苏州 金鸡湖——读书人的马拉松

人必须说很多话，然后归于静默。

——冯友兰《中国哲学简史》

后记：跑步健身，用数据说话

慕景强

关于跑步一年（2015 年 3 月 1 日—2016 年 2 月 29 日，值得纪念，这一年 2 月有 29 号）的一些数据，首先是许多人关心的跑步是否减肥或者说跑步减肥效果问题，这个可能要让许多人失望，因为你们在我这里看不到近些年流行的励志哥的故事了。真是抱歉，我这些年一直有计划地锻炼，特别前几年的单车和网球，体重保持得很好，由于本人有数据意识，可能和学过一段历史有关，喜欢有意识地收集保存数据，所以从跑步的第一天开始，就开始记录相关数据，体重也是其中之一，家中备有便利的体重秤。2015 年 3 月初开始跑步时体重记录是 76.8 公斤，开始跑步后体重是逐渐下降趋势的，但下降的不多，整个这跑步的一年中，体重基本维持在 73 ~ 74 公斤之间，从来再也没有上过 75 公斤，最低的记录是 72.3 公斤。通过参加马拉松比赛，也逐渐摸索出最佳参赛体重是 73.5 公斤。在这一体重附近，我的跑步状态和日常生活工作状态都是最好的。虽然业内一直流传的是马拉松的安全体重是 50 ~ 70 公斤，实践发现，以我的身高（180 cm），体重降到 70 公斤以下，用家人的话讲就是“瘦得不成样子了”。因此，跑步更不能教条，安全体重是大致的数据，虽然科学，但每个人经过实践检验，应该摸索出自己的最适宜的安全跑马体重。随之而来的是迷信心理，后来，每次跑马前如果体重不刚好控制在 73.5 附近就有一种心慌感。

这一体重我一直保持着，我很喜欢这种状态。

和跑步减肥相近的概念是美食，经常有帖子说，跑步就是为了可以肆无忌惮地“腐败”，想吃什么就吃什么。这有些运动鸡汤味道，是用来诱骗或者说吸引那些还没有运动健身习惯的人加入健身队伍的说辞。当你真正进入跑步（运动健身）圈子后，或者说养成了跑步（运动健身）习惯，甚至成为狂热的马拉松爱好者之后，美食会逐渐淡出，甚至不再成为诱惑，兴趣点发生转移，美食（食物）不再以菜系或者网上口碑分类，而是化身为六大人体必需的营养素，任何食物摆在你面前都会简化成：碳水化合物（糖类）、脂肪、蛋白质、维生素、矿物质和水。你会根据你的训练计划、参赛要求来决定摄入哪一种、多少量。

美食这个概念会淡出你的生活，垃圾食品也基本离你而去。当然，对于依然沉溺于美食追求、无肉（美味）不欢的人群来说，我属于失去了人生一大乐趣，但我不得不说，那是你们那个圈子或者说层面的人认为的乐趣，所谓子非鱼，安知鱼之乐。

我已过上这样的生活。

关于跑步（运动）频率，一年中，我运动127次，基本上是每三天运动一次，每周三次还差一点，按照运动科学要求，每周至少运动三次，没有达到，接下来还需加强。127次运动中，骑车5次，总计才130公里，和之前运动年的骑车里程相差甚远，甚至不及一次骑车的量，这说明，这一年单车运动淡出生活；127次中其余122次都是跑步，合计里程是1245公里，平均每次跑步约10.2公里，这一数据很是不错，符合跑步健身的科学要求，也就是跑步强度控制合理，10公里，大约就是每次跑步一小时。这122次的跑步中，有15次是参加比赛活动，其中，3次越野赛，1次境外（悉尼）慈善跑，1次全马（上海马拉松），10次半马。15次比赛活动中，12次都是发生在2015年7月我参加了RSLab跑步教练专业培训，系统学习了跑步基本知识之后。科学的指导和训练，效果极好，不再有跑步后遗症，体感也越来越好，并于当年11月完成了人生首个全马——上海马拉松，成绩也比较理想，4小时39分。按照科学的健身要求，以健身为目的的选手不宜参加过多的全马比赛，一年两次为宜。就在本书截稿前，本人又参加了第二次全马——2016武汉马拉松，成绩提高到4小时23分。

这一年，跑步逐渐变成生活的一部分，不可或缺的一部分，不仅出差会带上跑鞋，旅游方式也发生了根本改变，跑步看世界成了主题。每到一地晨跑看风景成了习惯，乐趣多多，视角独特。122次跑步中，境外跑步有22次，路线遍及法国、澳洲、意大利。国内的100次跑步中，涉及国内20个城市和地区（含香港跑步2次），当然最多的是杭州和上海两地。最熟悉的晨跑线路是杭州钱塘江下沙段和上海长风公园。

在我的数据中，有12次雾霾天气下跑步的记录，包括比赛和日常跑步训练，虽然英国剑桥大学的研究人员说："即使是在空气污染的环境下，骑自行车和步行对健康所带来的好处仍然大于暴露于有害空气中带来的风险。在污染比较集中的城市，只有每天骑自行车7个小时或步行16个小时以上，其带来的危害才大于运动带来的好处。"总结来说就是运动总比不动强。但雾霾天跑步会使呼吸受阻、视线不清，还会不断吸入污染物，如非必要，还是减少雾霾天锻炼为妙。

周跑量也是个话题，对于刚起步或者跑步初入门的跑者，喜欢在微信朋友圈、微博等社交媒体上晒自己的跑量，也有些软件提供竞争排名功能，也有笑话传出，比如为了在朋友圈中争面子，把计步器绑在宠物狗身上。我的朋友圈中也不时有大神晒自己的周跑量，60～100公里的都有，一开始惊为天人，后来也就习以为常了——不是正常人的常。纯粹以锻炼健身为目的，是不需要刻意追求跑量的，只要满足每周至少3次的频率，每次1个小时左右的60%～70%最高心率的强度即可，也有国外数据说最佳跑步健身距离是8英里(约13公里)。我从来没关注过自己的周跑量，一年后统计才发现，我的周跑量平均是30公里，于是我仔细查看了自己的跑步数据记录，最大周跑量是西安出差那一周，在炎热的夏天我跑了三次环城墙跑及两次市区跑，周跑量创了个人记录，57公里。大神看来或许毛毛雨，要知道，毛毛雨，才有润物细无声之功效，贵在持续，乐在其中。

这本书的内容十分琐碎，几乎没什么价值。一个普通人，没有名气，不是网红，并非大咖，文采缺乏，灵气未见，只是固执地记录自己跑步的流水账，有人能够看到这里是我的福气，那我就在这里抛出个彩蛋，关于这本书可能有的小乐趣、小意义。

本书有个附录，有些突兀地列在书尾那里。仔细看应该能看得出是一些知名文学(含诗词)作品的开头或结尾，偶尔也有几个是作品中的经典语句。再仔细看这个附录其实是个索引，指向书中的每一个具体篇章。

这个埋伏我是留给文学青年的，或者说是文学爱好者的。

是的，我在每一篇里都戏仿了名著的开头或者结尾。我希望不留痕迹，完美融进我的文字内容里，读者根本发现不了我的戏仿。但不可否认，有一些过于著名，即便毫无文学功底，也没读过几本书的人也会从别的渠道知道这些伟大的开头、结尾，只是觉得眼熟想不起来哪里见过罢了。

我不希望读者先看附录，我想你能够在阅读中有似曾相识之感，疑惑间又摇头，最后再笃定地确认，再翻看附录，会心一笑，体验找到宝了的愉悦。当然，这一切的前提都在于你有一定的文学阅读基础。

有些仿得很生硬，和上下文有违和感，请一笑置之。毕竟伟大作品的光辉不是任谁都能驾驭的。

说说封面吧，本书定位并非跑步指导书，所以一开始就没想做一个硬朗的时下常见的跑步风格的封面。书的内容是关于健康生活、旅游新方式的选择，还有个人心情记录的性质。我只想做一个简单大方，有些文艺气质的封面。符合这一气质的当然还是青年美女版画家，王艺璇小姐了。在此对艺璇小姐多年的包容和倾力相助表示感谢，包容我那最初层出不穷的一塌糊涂的封面设计思路。

感谢一年来经常一起参加活动的跑友，你们都或多或少实名出现在了我的跑步记录里。本书许多相关内容都是一厢情愿的记录，也有些许的夸张和戏谑，有不实或者冒犯之处在此一并致歉。接下来的日子我还希望和你们一起跑过，也希望跑步健身的队伍不断壮大。希望我能切实地影响到身边更多的人加入到健身队伍中来。

感谢一年来跑步路上遇到的每一位跑友,我们或互不相识,我们或擦肩而过,我们或并肩前行,是你们丰富了我的跑步风景。

特别感谢丁香园李天天同学为我拍摄作者像。

特别感谢跑友冯唐先生为本书做序。

最后致谢我的家人,纵容我的不务正业,不理家务,希望跑步健身在给我自己带来益处的同时,也能给家人带来身体和观念上改变,如冯唐先生所言:多去空气中跑跑。

改变正在发生。

于杭州　清雅苑

2016 年 12 月 22 日

图书在版编目(CIP)数据

脚下的世界/慕景强著．—长沙：中南大学出版社，2016.12
ISBN 978－7－5487－2684－5

Ⅰ.脚... Ⅱ.慕... Ⅲ.跑－健身运动－基本知识 Ⅳ.R161.1

中国版本图书馆 CIP 数据核字(2016)第 325172 号

脚下的世界

JIAOXIA DE SHIJIE

慕景强　著

□责任编辑　浦　石
□责任印制　易红卫
□出版发行　中南大学出版社
社址：长沙市麓山南路　　邮编：410083
发行科电话：0731-88876770　　传真：0731-88710482
□印　　装　长沙市宏发印刷有限公司

□开　　本　720×1000　1/16　□印张　20.25　□字数　392 千字
□版　　次　2016 年 12 月第 1 版　□印次　2016 年 12 月第 1 次印刷
□书　　号　ISBN 978－7－5487－2684－5
□定　　价　48.00 元